文明、资本与投资

丁昶◎著

中信出版集团|北京

图书在版编目（CIP）数据

文明、资本与投资 / 丁昶著. -- 北京：中信出版社, 2021.8（2025.3重印）
ISBN 978-7-5217-3098-2

Ⅰ.①文… Ⅱ.①丁… Ⅲ.①金融投资 Ⅳ.①F830.59

中国版本图书馆CIP数据核字（2021）第079354号

文明、资本与投资

著　　者：丁昶
出版发行：中信出版集团股份有限公司
　　　　　（北京市朝阳区东三环北路 27 号嘉铭中心　邮编　100020）
承　印　者：北京通州皇家印刷厂

开　本：880mm×1230mm　1/32　　印　张：10.25　字　数：245千字
版　次：2021年8月第1版　　　　　印　次：2025年3月第7次印刷
书　号：ISBN 978-7-5217-3098-2
定　价：58.00元

版权所有·侵权必究
如有印刷、装订问题，本公司负责调换。
服务热线：400-600-8099
投稿邮箱：author@citicpub.com

目 录

001 —— 导论：写在变局前夕

金融投资篇 ——029

股神之末

032 —— 伯克希尔
035 —— 美国的国运
038 —— 纸币
042 —— 太阳谷演讲
048 —— "巴菲特指标"
052 —— 偶像

金融炼金术

056 —— 索罗斯与巴菲特
058 —— 英镑风云
063 —— 沉浮东南亚
068 —— 反身性
074 —— 美国大循环

万神殿

- 078 —— 赛道
- 084 —— 杠杆
- 091 —— 高频
- 096 —— PK 游戏

公募基金行业往事

- 099 —— 激情岁月
- 103 —— 腹背受敌
- 108 —— 折溢价之谜
- 112 —— 第一桶金
- 115 —— 分级基金

地效飞行器策略简介

- 123 —— 本福特法则
- 127 —— 地效飞行器策略

资本经济篇 —133

应运而生

136 —— 19世纪中叶的世界
140 —— 贵族与平民
143 —— 投机
149 —— 金本位
152 —— 大分流
155 —— 黄金争夺战
158 —— 大萧条
163 —— 罗斯福新政
166 —— 荣耀之末
169 —— 新的时代
172 —— 王侯将相,宁有种乎?
176 —— 华尔街今昔

现代经济制度中的四大发明

181 —— 唯物史观
183 —— 所得税
187 —— 文官制度
192 —— 专利
197 —— 非金属本位
201 —— 社会的进化

股份公司制度溯源

205 —— 新型资本主义
207 —— 俄罗斯公司
210 —— 英国东印度公司
212 —— 荷兰东印度公司
215 —— 南海公司
218 —— 人赋人权

货币古今谈

222 —— 神秘的货币
223 —— 中国铜钱
228 —— 钱荒
231 —— 为重商主义正名
237 —— 大自然的束缚

社会文明篇 —— 243

伊斯兰金融的后现代意义
- 246 —— 非债原则
- 257 —— 非权原则
- 265 —— 非赌原则

蒙古源流
- 269 —— 华北困局
- 274 —— 草原上的科技革命
- 281 —— 犁庭与锁国

罗马的兴衰
- 288 —— 国运在农
- 293 —— 国运在军
- 297 —— 国运在政
- 301 —— 国运在民

官山海
- 307 —— 管仲
- 310 —— 商鞅
- 313 —— 汉武帝
- 317 —— 利弊之辩

导论

写在变局前夕

一、市场病了

笔者曾经长期在券商、公募基金和 QFII（合格的境外机构投资者）负责投研工作。最近一段时间，许多仍然活跃在投资第一线的朋友向我抱怨：这个市场越来越看不懂了。不过在他们当中，很少有人敢于公开如此宣称。因为这有一点儿像童话《皇帝的新衣》：想要坦白说出自己的看法，就得冒着被人视为愚蠢或不称职的风险。

作为一介布衣，我自己倒并不介意来当一回"心直口快的孩子"。在我看来，这个市场病了。不仅是 A 股市场，全球资本市场都病了，而且病了好多年了。

这个市场比较严重的症状就是资产价格的极端分化。在自由市场上，价格分化是正常的，但是极端分化是不正常的。为什么呢？因为市场有一个最基本的功能，就是通过价格信号影响资源配置。它通常体现为两条规律：第一，需求与价格反向变化；第二，供给与价格同向变化。

比如说，市场上的西瓜价格上涨，吃西瓜的人就会减少，因为他们可以改吃其他水果。而种西瓜的人则会增加，因为他们更愿意放弃种植其他作物的机会。这两个结果，都会构成西瓜价格继续上涨的抑制因素。如果西瓜价格一定要涨，那也通常会把其他相关品种的价格全都带动上涨。所以在一个健康运行的商品市场上,极端的价格分化是不容易出现的。

在资本市场上,价格信号的作用规律也差不多。假设某一个公司的市场估值明显上升,董事会的理性决策应该是高位融资,拿到便宜资金用于扩大产能,以利润的增长去支撑更高的市值。如此循环,直到利润总额达到极值,继续扩产将不能增加盈利为止。如果这家公司坚持不扩产,那么其他公司就可以切入它的市场,提供替代性的产品,争取享受类似的高估值。

以上是从供给侧来说的。从需求侧来说,如果一个公司的股票价格过高,投资者可以买入其他股票。如果股票市场整体估值偏高,那么投资者还可以投资固定收益产品。总之,在资本市场上,极端的价格分化也是不容易出现的。"皇帝轮流做,明年到我家"式的风格轮动,才是一般意义上的股市常态。

是否可以配置资源,是市场与赌场的本质区别之一。市场交易可以造成盈亏,赌场博彩也会造成盈亏。仅就这一点来说,两者是相同的。但是市场交易形成的价格信号,可以引导生产与消费。赌场就没有这个功能。反过来说,假如有一个市场,它所形成的价格只能给投资者造成盈亏,而不能为实体经济提供指引,那么这个市场也就跟赌场没什么区别了。

所以,一个健康运行的市场,应当给好东西高价,从而让好东西变得更多;应当给坏东西低价,从而让坏东西变得更少。前半句是现象,后半句是结果。最终形成一个优胜劣汰的动态机制。如果只有前半句"区别定价",没有后半句"优胜劣汰",那就不能算是一个健康的市场,只能算是一个病态的市场。

讲完了这通理论,现在让我们看看,当今全球资本市场的整体状态是什么样的呢?根据标普公司的统计,从2010年年底到

2020年年底，全世界各国可以自由流通的股票市值从大约30万亿美元增加到了62万亿美元，增加了一倍多。但在这32万亿美元的增量中，有24万亿美元来自美国股市。其他发达国家、发展中国家加在一起，只增加了8万亿美元。

美国股市总共有5000多家上市公司。可是在它的24万亿美元增量中，纳斯达克指数中最大的100家公司就占了差不多一半，12万亿美元。其中苹果、微软、亚马逊、脸书、特斯拉和谷歌，这6家公司加起来就贡献了超过7万亿美元的增量。

总结起来，当今全球资本市场的特征就是三个层次的极端分化：美国股市与其他国家股市极端分化，科技股与其他行业股极端分化，少数科技巨头股与其他科技公司股极端分化。

如果我们只是在某些时间节点上观察到价格的极端分化，那也没什么大不了的，因为市场具有调节供需、配置资源的功能。我们有理由预期，按照资本市场给出的价格信号，科技公司，尤其是科技巨头的投资活动应该极其旺盛，从而产生更多的科技产品供给。每年，甚至每月，都有新的革命性产品问世。相应地，其他行业投资金额应当趋缓，甚至收缩产能，从而加强赢利能力。假如真能如此，则资产价格极端分化的现象很快就会缓解。

然而事实却不是这样的。从2010年到2020年这十年间，全球股市处于整体净投资的状态。但是一枝独秀的美国股市却处于整体净回报的状态。也就是说，美国的上市公司利润多、投资少，每年都有几千亿美元的结余资金被拿出来，以红利或回购的形式分配给投资者。如果我们再把美国股市拆开来看，结果就更加令人奇怪了。分配资金的主力军，正是那些科技公司，尤其是科技巨头！

我们经常听说，某某公司又投入"巨资"进行技术研究。这些项目的绝对体量确实不小，因此产生了一种科技巨头正在大量投资的错觉。可是要知道，苹果公司的市值已经超过2万亿美元，而整个日本一年的GDP不过5万亿美元左右。我们在评价科技巨头投资是否激进的时候，要用这个量级的参照系来比较，不要被个人观感蒙蔽了。事实是，科技巨头的投资冲动远远跟不上它们的赚钱能力。

由于A股市场发展较快，十年前的情况已经显得过于久远了。所以我们把比较周期缩短一些。从2015年年底到2020年年底，上证指数基本持平，都在3500点左右。截至2015年年底，A股共有2771家上市公司。其中有713家公司的市值在其后5年中出现了增长。另外2058家公司在其后5年中出现下跌。增长和下跌的比例约为1∶3。如果剔除增发股本的影响，只计算股价涨跌，则上涨比例还不到1/4。

从2015年年底到2020年年底，当年的2771家上市公司合计市值增加了8.8万亿元人民币，而其中贵州茅台一家公司就增加了2.2万亿元人民币。有意思的是，贵州茅台这家公司从2001年IPO（首次公开募股）之后就没有融过资。也就是说，股票市场给了它将近20倍净资产的估值，但是在实体经济中，我们并没有多喝到一瓶茅台酒。当然，茅台酒的产量一直在爬坡，不过那都是自然增长，本来就应该有这么多，跟资本市场上的估值信号没有关系。

我们甚至可以设想，假如贵州茅台上市之后就立即长期停牌直到今天突然复牌，那么它的产品将会同样优秀，它的竞争优势同样明显，它的财务状态同样健康，甚至它的估值也应当与今天相近。所以过去20年熙熙攘攘的市场交易，只是把原本属于这部分人的资本利得转移到了另一部分人手中,如此而已。说难听一点,就是它仅仅发挥了赌场的作用,没有发挥市场的作用。

对贵州茅台这家公司来说,资本市场配置资源的功能只发挥过一次,也就是2001年IPO的那一次,此后20年就再也没有发挥过作用。在更加广阔的全球资本市场上也有类似情况。由于市场不能配置资源,价格信号不能调节供需,所以才出现了资产价格极端分化的结果。因此我们完全可以依据价格极端分化这个症状,断定资本市场未能健康运行,最后得出的结论就是:市场病了。

二、从金融到实体

2008年大衰退以来,许多人在分析股市异象时,都会提到宽松的货币政策。这是可以理解的。因为这就像悬疑侦探小说里的套路。当这个人在场的时候发生了命案,那么他肯定就免不了有作案的嫌疑。

不过,如果我们只是把这两个现象简单地直接联系在一起,逻辑上可能不够严谨。比如说,美国、欧盟、日本这三个经济体都实行了零利率和量化宽松政策。从中长期无风险利率来看,欧盟和日本的货币环境甚至比美国更加宽松。可是在欧洲和日本股市上,并没有出现美股那样的极端分化现象。

传统的估值理论认为,任何资产的价格都应该等于其未来现金流的贴现。所以当利率降低的时候,远期现金流的贴现值增加,从而提高资产价格。然而这还是大水漫灌、水涨船高的逻辑,无法解释美国与欧洲、日本的股市分化：为什么美国股市大涨，日本股市只能小涨，欧洲股市几乎不涨。同样，它也无法解释美国科技股与其他公司股票的分化。

其实这也难怪，贴现模型只考虑金融市场内部的变量。它无法区分不同区域、行业的实体经济特征，当然也就不可能解释区域、行业之间的分化现象。所以我们如果要对资产价格的极端分化追根溯源，就必须把眼光投放到金融市场之外，在实体经济层面寻找原因。

侦探小说里鉴别嫌疑人，总要分析他的动机，那么我们不妨也来分析一下货币当局的动机。他们为什么要实行宽松的货币政策？总的答案是为了推动经济。具体的传导途径有两条：一条是降低个人信贷成本，增加消费；另一条是降低企业融资成本，推动投资。从各大经济体的实践来看，后一条是起主要作用的。

可是这里有一个问题。新增投资对应的市场份额也不是从天上掉下来的，它们势必与原有产能形成竞争。如果需求不能同步扩张，那么行业整体的赢利能力就会恶化。所以一个行业如果没有门槛，新增资金能够轻易地涌入其中形成产能，那么它就很有可能成为宽松货币政策的牺牲品。

所以从实体经济的角度看，宽松的货币政策是一种扭曲性的力量。它通过"威逼利诱"的手段，让原本不会发生的投资变为现实。虽然宽松货币政策对个人消费也有刺激作用，但是反应弹性通常没有企业投资那么大。所以最终结果往往是产能供给跑到了消费需求的前面。GDP 增加了，行业产值也增加了，企业盈利却没有增加多少，甚至还有可能下滑。

那么哪些行业最能够抵抗这种扭曲性的力量呢？正是那些对

新增资金有门槛的行业,光凭砸钱不能形成替代性产能的行业,比如美股的科技巨头,再比如 A 股的品牌消费品。

十年前,苹果公司市值 3000 亿美元。那时候我给你一笔预算,300 亿美元打造一个 1/10 的"小苹果",你能够实现吗?恐怕不行。现在苹果公司市值 2.2 万亿美元。于是我给你增加预算,2200 亿美元打造一个 1/10 的"小苹果",你能够实现吗?恐怕还是不行。哪怕预算增加了 7 倍,不行还是不行。这根本就不是一个砸多少钱的问题。

说到这里,我们的分析就与前面观察到的现象贯通起来了。我们说资本市场具有资源配置的功能,而它所能够配置的资源,主要是指资本,也就是钱。可是尖端技术是钱买不来的,成熟产业链是钱买不来的,用户群体的品牌忠诚度也是钱买不来的。所以在这些领域,资本市场无法发挥资源配置的功能,价格信号失去了效果。极端的价格分化因此具有了存在的可能性。

不过,可能存在的现象并不等于必然发生的现象。比方说,西瓜是夏天的时令水果,春节期间的西瓜完全是限量供给的。假如出现了意外强劲的需求,春节期间的西瓜价格涨到多少都有可能。那么是不是但凡春节期间,西瓜就可以随便标什么价都合理呢?显然不是的。因为大家都知道,冬天的西瓜供给确实没多少价格弹性,可是只要等到夏天,它的供给潜力就变得十分充足了。

事实上,如果我们拉长了看,科技巨头的竞争优势其实是非常难以保持的。苹果公司在 20 世纪 80 年代曾经凭借麦金托什计算机风光了十几年,可是最终还是被 IBM PC(个人电脑)的兼容机打败。苹果公司的初代 iPhone 是 2007 年发布的,至今已经有 13 个年头。它的竞争优势还能保持多久,谁也不好说。但是如果有人现在就断定，苹果公司在二三十年之后仍能稳居科技巨头之列，那显然是妄语。讽刺的是，当券商研究员在做贴现模型的时候，往往不得不做这样的妄语。

相对来说，消费品牌的生命力会强一些，但是也远远谈不上永葆青春、长盛不衰。我国许多在20世纪八九十年代闻名遐迩的消费品牌，今天都已经没落了。即使是堪称国粹的顶级白酒，30年前的品牌座次也与今天有很大的差异。股神巴菲特旗下的卡夫亨氏公司，因为品牌老化的问题，现在正面临着巨大的商誉减值压力。有的时候，年轻人没有其他想法，只是单纯不想跟自己的父母辈、祖父母辈使用同一个牌子的东西而已。《水浒传》里有个说法，叫"三九二十七年，天下为之一变"，我觉得这话有一定启发性。因为三十年左右，恰好是一代新人成长为社会中坚的周期长度。

再说一个令我非常感慨的案例。我个人非常看好中国的科技发展。在我看来，全球产业链就像一株植物，市场就像它的根系，技术就像它的枝叶。如果有外力强行把它砍成两段，那么只要有足够的时间，根系迟早能长出新的枝叶，而枝叶要生出新的根系就很困难了。所以中美贸易摩擦发生的时候，我一点儿都不担心。可是即便如此，我一直觉得中国企业在互联网内容领域是无法挑战美国同行的。因为你要对互联网内容进行分析，总归绕不开最基础的语言文字，而英语是世界目前的通用语言。中国的GDP超过美国很容易，人民币与美元分庭抗礼也是可以预期的，但是英语的全球地位实在难以撼动。所以我总觉得中国的互联网巨头只能"窝里横"。然而事实证明我错了。短视频软件横空出世，它们直接跨越了语言层面，用人工智能技术对视频内容进行分析，一下子就在谷歌、脸书的后院挖掉一大块墙脚。这个真叫日新月异，始料未及。

所以我们在做投资分析的时候一定要注意,不要混淆了两种不同性质的财务特征。有些行业,确实对新增资金有门槛,短期内不容易砸钱扩产能,但是这绝不意味着它自身的赢利能力就可以永久保持,更不要说无限增长了。随随便便给一家公司40倍、60倍甚至80倍市盈率的估值水平,那是非常危险的。除非,有一股外力推动着你不得不这样做。

回到我们前面的比方。春节期间的西瓜虽然供给有限,但是并不一定会爆出天价。除非有人硬要逼着你大量采购,那么出现天价也就不那么令人意外了。

三、从经济到社会

有效市场假说认为,价格可以反映全部已知的信息。货币当局设定的政策利率是5%也好,是0.5%也好,哪怕是-0.5%,只要这个变量给定了,再结合其他基本面信息,市场就可以对其中的各类证券进行系统性估值。这个行业前景不好,普遍给15倍市盈率;那个行业前景好,普遍给30倍市盈率。两者之间呈替代关系。如果这边涨多了,我可以换到那边去。这样说来,价格极端分化的情况还是不容易出现的。

可是如果一个行业的估值中枢不断提高、垂直起飞,前年是30倍,去年是40倍,今年是50倍。这说明什么呢?不外乎两种可能:一种是市场非理性、自欺欺人,不客气地说,A股有不少"抱团股"即属此列；另一种则是有一股场外势力源源不断地向市场输送能量，催促估值水平不断上升。

这就让我们产生了一个新的猜想。如果货币政策只是一个静态变量，市场是可以把它纳入估值系统进行处理的。可是如果货币当局亲自下场参与博弈，不断释放信号干预定价，那么出现极端异常的可能性就大大上升了。

这样的指控有没有依据呢？至少从最近几年美联储的表现来看，这种说法不能算是冤枉了它。众所周知，为了应对2008年大衰退，美联储把基准利率降至0.25%，并且明确宣布将在经济恢复后重新加息。时至2013年，美国的GDP和股市都已经远远超过了大衰退之前的水平。然后又等了两年，到2015年年底，美联储尝试性地加息到0.5%。美股应声大跌。时任美联储主席耶伦赶紧出来安抚市场，宣布暂缓加息。这完全是美联储与华尔街之间的一场博弈。它在GDP、就业、信贷等中央银行传统监视数据上几乎没有留下任何痕迹，以股市下跌开始，以股市上涨结束。

从2015年年底到2016年年底，美联储加息暂停了一年，随后开始以大约每季度0.25%的速度缓慢加息。时至2018年年底，此时标普500指数已经较2015年年底上涨了大约50%。美股市场再次出现了15%以上的调整。美联储也立即做出反应，先是推迟加息半年，然后干脆转为连续降息，这才使得股市重新掉头向上。请注意，在这个过程中，美国经济数据一片向好，失业率屡创新低。美联储的一系列宽松动作，很明显地不是指向实体经济的。它的调控目标其实很简单：股市不许回调，必须涨。

2020年3月的新冠危机就更加戏剧性了。美联储的一系列操作，既不是根据确诊、检测等医学数据来推进的，也不是根据坏账、现金流等信贷数据推进的，更不是根据贸易、失业等实体数据推进的，完完全全是针对股票市场来的。白天股市跌熔断了，晚上立马加班出救市政策。美联储可以说是不惜一切代价，强行贯彻"只许涨，不许跌"的原则。难怪有人开玩笑说，假如有一天外星人入侵地球，人类只要让美联储降息就行了。

在上述过程中，现任美联储主席鲍威尔的心路历程是比较典型的。在2018年之前，他是一个纯粹学者型的人物。通过各种模型研究，他相信美国的长期均衡利率应该远高于2%。所以在2018年年底大跌之前，他反复放风说加息过程"远远没有到位"。可是股市大跌之后，时任美国总统特朗普立即就向他施压，理由是要他挽救千千万万美国人的养老金账户。

我可以想象，在鲍威尔的脑海里，一边是民众的痛苦，它真真切切、近在眼前；另一边是自己的学术理想，可它却是虚无缥缈、可望而不可即的。在学术领域，科学家发表论文应该是没有什么道德压力的，哪怕预测错了也没关系，只要不是故意造假，说不定还能从上篇的误差中再引出一篇论文。可是如果你研究工作上的一个差池立马就会造成哀鸿遍野、民不聊生呢？恐怕很少有学者能够顶得住这种压力。说穿了，美联储主席首先是官员，其次才是专家。毕竟在现实世界中，任何一个重大经济问题的背后都是社会问题。

面对特朗普的压力，鲍威尔的反应很有意思。他表示，美联储的法定责权都是国会赋予的，所以只要国会那边点头，同意放水，那么我个人的观点就不重要了。说白了就是向上甩锅。而美国国会议员们的思维方式其实是跟特朗普差不多的，管他三七二十一，先把股市拉起来再说。2020年新冠危机之后，有些国会议员甚至要求把性别和种族平等加入美联储的法定职责。也就是说，整体上的充分就业还不够，美联储还要保证黑人、移民、妇女等弱势群体的充分就业。怎么保证？放更多的水呗。而以鲍威尔为首的美联储官员对于这种要求也不做抗辩，照单全收。

在这里，我们可以把美联储和华尔街之间的博弈拆解得更清楚一些。公允地说，美联储强拉股市，并不一定就是他们真的那么在乎涨跌多少点。更合理的解释是，美联储仍然相信资本市场配置资源的能力。他们相信，只要把资产价格拉得足够高，终究会引发增量融资和投资，从而推动GDP和就业。

从逻辑上讲，美联储的这个选择没有什么问题，可以算是仁政、善举。不过请允许我替华尔街问一句，假设我现在投了资，推动了GDP和就业，之后又当如何？答案也是显然的，经济改善之后，美联储就会提高利率，退出宽松。那么这个故事就很明白了：你现在天天给我送花，希望我当你的女朋友，可是如果我哪天真的答应了，你就不再送花了，说不定还要把以前送花的成本捞回去，那么请问，我是应该答应你呢，还是不答应你呢？

假如美股市场像欧洲、日本一样，没有一个强大的科技股板块，那么华尔街等于没有选择权。美联储想叫你跳舞，你就不得不跳舞。可是偏偏美股有这么一个板块，它的独特业务对于新增资金有非常高的门槛，同时它的规模也庞大到足以容纳海量的资金。所以如果美联储规定了指数必须上涨，那么华尔街宁可选择无限追高科技巨头，也不去碰那些传统行业。因为他们知道，要是真把传统行业炒起来了，就等着被美联储关门打狗吧。

大家不要觉得我是在危言耸听，搞阴谋论。这些可都是阳谋。不信你复盘一下2008年大衰退是怎么发生的。2001年，为了应对科网泡沫崩溃和"9·11"事件，美联储大幅降息，刺激经济，吸引投资。基准利率从6.5%跳水到1%。"吃瓜群众"看到利率那么低，就都跑去贷款买房，为拉动GDP贡献了一份力量。可是他们万万没有想到，等到经济回暖之后，美联储还会再来一手迅速加息，把基准利率从1%直升到5.25%，大义凛然地把泡沫戳破。请问，这不是关门打狗是什么？

正因为有美联储和华尔街的这一层博弈关系在里面，所以现在的美股市场成了一锅夹生饭。美联储想要把整锅饭蒸熟，可是华尔街不愿意把热量往别处传导。于是美联储就不断加大火力，结果是锅底都焦透了，上面的米粒才微微热。从这个意义上说，资产价格的极端分化，恰恰映射出美国社会的极端分化。

这个"夹生饭"的局面，美国的精英阶层当然也都看得明白。美国经济现在需要的是细致绵密的结构性改革。中国俗话说：事缓则圆。也有美国智库说过：你没法修理一辆高速行驶的汽车。可是一碰到危机，他们的本能反应还是选择加火猛攻。

为什么会这样呢？我想大概有内外两个原因。内部原因其实就是特朗普说的，美国股市联系着千家万户的养老金。英美两国的养老体系跟德、法、日等国不同，他们的个人账户是直接投资股票的。所以即使完全不考虑企业投融资那一侧的事情，提振股市至少可以支持个人消费，有助于社会安定。光这一条理由就足够让大多数持质疑态度的学者闭嘴了。

外部原因讲起来有点儿无厘头。绝大多数美国精英都认定，目前美国正在跟中国进行一场史诗性的对决。所以在这个紧要关头，美国没有空闲来进行一场彻底的内部改革，只能寄希望于打强心针，坚决挺住。只要能够熬到"击败"中国的那一天，那么一切矛盾就都容易处理了。

公允地说，这种看法有一定的道理。虽然从战术上看，中国是防守的一方，是美国在不断出招、改变现状，但是从战略上看，其实中国才是进攻的一方。中国的稳步发展，本身就在持续推动着战略均势的倾斜。对此，美国精英无法坐视不理。

也许有人会问，就算中国的经济总量超过美国，甚至达到美国的2倍，人均也还不到美国的一半。美国人值得这样紧张吗？答案是肯定的。中国崛起并不必然意味着中国将获得世界霸权，但是必然意味着美国将失去它。这个议题非常宏大，我这里仅取"铸币税"这一点来简单展开。

所谓铸币税，是指现阶段美国进口外国商品并不需要等价交换，只需要印刷美元进行支付即可。仅就这一点来说，美国就像是从全世界白吃白拿，如同收税一般。可是美元毕竟不是白条。现在大家愿意储备美元，是看中它的世界硬通货地位，假如哪天它失去了这个地位，那么我完全可以拿着美元到美国超市里去搬东西，美国的商家不得拒绝。美国人现在付出来的美元越多，将来我去他家搬的东西也越多。虽然不一定等价，但至少"出来混总是要还的"。

这样的事情可不是我个人的幻想。它在历史上真实发生过。二战后，美元取代英镑的世界硬通货地位，历史上积累的海外英镑都产生了强烈的回流需求。一开始英国还想搞一个包括印度、南非、澳大利亚等国家在内的英镑区，作为海外英镑的蓄水池。结果美国人不答应，很快就把英镑区给肢解了。在此后二三十年间，英镑连续贬值，英国国内物价飞涨，失业率畸高。昔日雄姿英发的"日不落帝国"，一时竟被讥讽为"英国病人"。

有一个成语叫作"食髓知味"。看似没有成本的放水发福利，就像吸毒一样，是会上瘾的。如果没有极其巨大的痛苦来打断这个过程，我们有理由认为，美股的这锅夹生饭将不得不继续煮下去。而由于美元是世界硬通货，所以虽然病根深扎于美国的肌体之中，症状却有可能泛滥于世界的各个角落。

四、百年变局

　　通过前面三节的分析，我们发现金融市场的异常必须用实体经济的特征来解释，然后又发现经济现象反映出更加根本的社会问题。从金融而经济，从经济而社会，这是一个递进关系。那么这种方法论是否可以任意运用，放之四海而皆准呢？答案是否定的。因为我们日常接触到的市场表现，绝大多数都是随机漫步。只有重大的金融现象才可以准确对应基本面原因。同样也只有重大的经济现象才可以准确对应社会原因。这个方法论必须在两个"重大"的前提下才能发挥作用，否则便是滥用。当然，我们也可以反过来说，一旦出现了满足两个"重大"的异常现象，投资者必须要有足够的警觉。

　　我们都知道，海水每天会有两次高潮顶峰。早上的顶峰叫潮，晚上的顶峰叫汐，合称潮汐。可是对海里的小鱼小虾来说，潮汐的周期性变化是很难感受到的。毕竟在绝大多数时间，海水不是持续涨潮，就是持续落潮，似乎总是朝着一个方向运动。只有在达到顶峰的前后一小段时间，潮汐转换的力量才会真正显露出来。

在金融工程学里，有一个最基本的假设叫"价格随机漫步"。在日常交易中，我们满眼看到的都是杂乱无章，真的存在像潮汐那样规律的金融现象吗？它在哪儿？为什么人们都看不到？正所谓：不识庐山真面目，只缘身在此山中。你看不见是因为你离市场太近了，退一步海阔天空。不信请看图1：

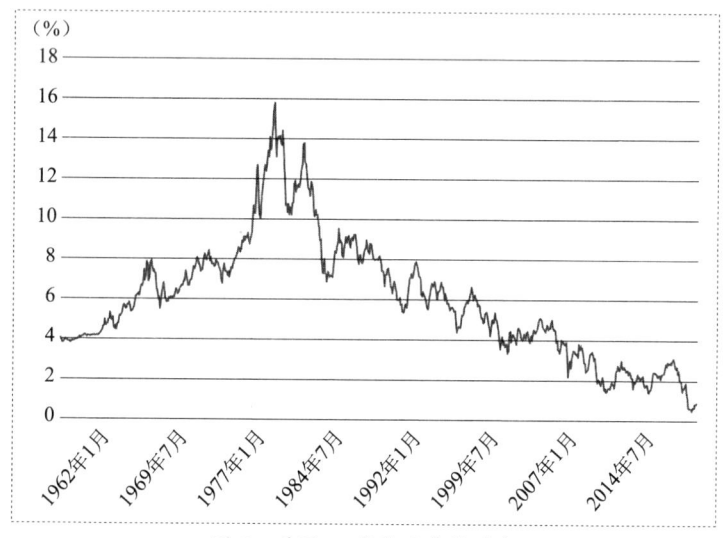

图 1　美国 10 年期国债收益率

此图显示的是美国 10 年期国债的收益率。以 1980 年为界，该利率前几十年持续走高，后几十年持续走低。受彭博数据库限制，这里的历史数据最早只能取到 1962 年。但是查阅历史资料可知，二战前后美国国债利率一度维持在 1% 附近，从 1950 年才开始缓慢上升。所以我们可以大致这样总结：从 1940 年到 1980 年是 40 年大升息，从 1980 年到 2020 年是 40 年大降息。两者合起来就是一个完整的 80 年大周期，再加上前 30 年的两次世界大战，差不多可以称"百年变局"吧。

现在我们把这"两个 40 年"的周期划分对应到股市上去，看看效果如何。1940 年年底，标普 500 指数收于 10.6 点，1980 年年底收于 137.2 点，2020 年年底收于 3645.8 点。前 40 年，标普 500 指数上升了 12.9 倍，后 40 年上升了 26.6 倍。股市的上涨速度提高了一倍多！假如说这样前后 40 年之间的反差还不够大，那么我们还可以稍微"变通"一下，把前 40 年算成前 50 年，那么从 1930 年到 1980 年这 50 年的股市涨幅是多少呢？只有 8.9 倍！原因是 1929 年之后，美股挖了一个大坑，你从坑底开始算，涨幅其实是偏高的。假如我们再极端一点，从 1929 年的顶点开始算，一直到 1980 年年底，这 51 年里标普 500 指数的涨幅只有 4.26 倍，年化 2.88%！总之，在 1980 年之前的美股市场，赚钱远远没有之后那么容易。"投资股票可以发大财"的想法，是在"后 40 年"里才流行开来的。

假如你对美股历史比较熟悉，应该听说过"40 年降息大牛市"这个说法。整个 20 世纪 70 年代，美股经历了"10 年上涨幅度为零"。美联储使基准利率在 1980 年达到 20% 的极值，随后升息趋势扭转，开始了持续至今 40 年的降息大牛市。巴菲特、索罗斯、彼得·林奇等行业大佬，都曾经在这个时代大放异彩。而那些没有充分参与这波股票牛市的"远古大神"，比如斯坦哈特、保罗·都铎·琼斯等，无论从名气还是身家来说，就都和前面几位拉开了差距。

按照我们前面的分析方法论，金融的背后是经济，经济的背后是社会，那么我们这个从金融市场上归纳出来的、以 1980 年为界、前后各 40 年的周期划分，同样也适用于经济和社会领域吗？

从经济领域看，1980年之前的40年基本上是凯恩斯主义经济学的天下。今天生活在"后40年"的人们对凯恩斯主义批评较多。然而公允地说，凯恩斯主义也是应运而生。世界上本来并没有凯恩斯主义，是因为从1929年开始的大萧条实在太痛苦了，人们没有办法，只好"病急乱投医"，创造出一个"凯恩斯主义"来，先把生存和就业问题解决了再说。

其实更早期的经济学家也不是完全没有注意到贫富差距问题。可是在数学模型里面，年收入100万美元和10万美元是10倍的差距，10万美元和1万美元也是10倍的差距。两者都是10倍，似乎没有什么不同。而在现实生活中，前一个10倍，只是出门坐头等舱和经济舱的区别；后一个10倍，则是活得下去和活不下去的区别。统计数据谁都可以看到，但是"鞋子合不合脚"只有当事人才最有发言权。所以，任何脱离具体历史环境的"云批评"都是没有意义的。

另外我还想说，在大历史图景下，个人其实是非常渺小的。凯恩斯只是一介书生，哪里有能量去掀起什么凯恩斯革命！其实当年类似的想法早就已经在千千万万社会精英的脑海中生根发芽了，只不过后世以凯恩斯之名加以统称罢了。比如罗斯福新政，以现在的定义去看，它是典型的凯恩斯主义政策。可是你仔细捋一下时间线，1933年罗斯福组建田纳西河流域管理局（当年全球最大的国有企业）的时候，凯恩斯自己的"凯恩斯主义"思想都还没有成形呢！

体现到财务数据上，凯恩斯主义的最大特点就是高税收、高开支、高赤字。这也是为什么1940年到1980年的美国国债利率一路上行。与这"三高"伴行的，往往还有一个高通胀。所以从

1960年开始,以弗里德曼为首的自由主义经济学家开始活跃,从各个角度攻击大政府,反对过度干预。

1971年,美国总统尼克松宣布退出金本位。这是人类历史上一件划时代的大事,它彻底破坏了所谓私有产权神圣不可侵犯的法理基础。从此之后,通过调节货币政策的松紧,中央银行可以把手伸进任何一个人的钱包。你依然可以盯住自己账户的名义金额,但是它对应的实际购买力则由央行官员说了算。次年,尼克松秘密访华。这又是改写人类政治史的一件大事。

1979年撒切尔夫人出任英国首相,1981年里根当选美国总统,他俩都是除旧迎新的改革派。历史终于走到了转折的关口,减税、私有化和放松监管成了新的世界潮流。事实上,我们可以把中国的改革开放和苏联的新思维运动也放到这个全球背景下来考察。就像我们前面说的,很多事物,你贴得太近了反而看不清楚,退一步往往有意外的发现。

在社会领域,"前40年"的主要特征是贫富差距从大萧条的极点开始逐渐缓和。要知道,贫富差距并不是一连串干巴巴的数字。我们可以从两个侧面去考察它的社会意义:从需求侧看,就是我们前面提到的效用曲线形状问题,是头等舱和经济舱的区别,还是活得下去和活不下去的区别;从供给侧看,顶尖专家的报酬比普通劳动者高出10倍是可以理解的,但是强度相当的普通劳动者之间相差10倍可能就有点儿难以忍受了。

在"前40年"间,汽车和收音机逐渐普及,它们使民众的眼界见识更加广阔,同时加快了信息和工艺技巧的传播。各国的识字率明显上升,发展中国家逐渐普及初等教育,发达国家则在普及中等教育的基础上发展高等教育。这一切,都缩小了精英群体与普通民众、主体民族与少数族裔之间的劳动效率差距。劳动效率差距的缩小,事实上使得贫富差距显得更加难以容忍。而世界范围内的去殖民化,民族解放运动更加滋长了"王侯将相,宁有种乎"的意识。美国黑人的民权运动就是在这种背景下发生的。同期在欧洲也出现了各式各样强调个人权利、反对资本力量的社会运动。以中东战争和石油危机为标志,第三世界中小型国家对世界格局的影响权重逐渐增加。

无论凯恩斯主义的副作用有多大,高税收、高开支、高赤字的政策组合确实达到了缓和贫富差距的效果。同时由于生产力绝对水平的提高,欧美国家成功地把相当一部分贫富差距问题从"活不下去"转变为"坐经济舱"。与此同时,许多更加强调政府干预的国家却仍然还在"能否活得下去"的泥潭里挣扎。于是此消彼长,矛盾的焦点开始逐渐转移到人浮于事和生产效率上面去了。主导前40年世界潮流的民族、种族、文化和国际关系矛盾纷纷转入低潮。

公平与效率是社会学中一对永恒的矛盾。前40年,人们更多地关注公平,年轻人的偶像是切·格瓦拉和马丁·路德·金这样的革命英雄。后40年,人们更多地关注效率,年轻人的偶像变成了比尔·盖茨和埃隆·马斯克这样的商业巨子。再往后40年,历史的钟摆又将摆向何方呢?

立足今天,我们可以观察到许多百年变局的前夕迹象。在最为基础的社会层面,再次出现了贫富差距的极端拉大,幅度甚至超越百年之前。请注意,我们这里说的贫富差距问题,既包括一般意义上资产、收入金额差距扩大的问题,也包括劳动效率差距缩小甚至反超而收入不能同步缩小的问题。前者主要体现在一国之内,人们容易看得清楚。后者主要体现在跨国产业链中,往往不被重视,因此反而可能更加危险。在经济层面,我们观察到普遍的经济增速放缓,实业资本利得下降。然而在金融层面,却出现了市场交易亢奋,资产价格极端分化的异常现象。

不过,请大家不要误会我的意思。我们这里做的是几十年、上百年的长波分析,因此"变局前夕"这个判断并不意味着百年变局将在数周、数月之内迅速到来,也许我们还要等待一年、两年、三年……但是我想说,它一旦到来,必将惊天动地。

投资者之于时代,就像鱼虾之于潮汐。到底是生活在大趋势中更幸福,还是生活在大变局中更幸福?也许这个问题不必回答。因为无论幸与不幸,我们都没有选择,只能做好准备,迎接自己的命运。

五、跨界大视野

我们经常可以听到跨界、跨学科等说法。事实上,大自然里并没有界的概念,是人们为了研究方便,才创造出了动物界、植物界,门、纲、目、科、属、种等分类。同样,人类世界本来也没有学科的概念,是人们为了研究方便,才创造出了政治、经济、军事、历史等学科。

为什么要创造这些概念出来呢?因为适当地划分边界有助于分工。有了这些概念,你就可以集中精力研究一个领域,而对于这个领域之外的事物暂时不作理会。在正常情况下,各个领域都会发展出自己的理论。今天我们能在教科书里看到的各种理论,在逻辑推导的正确性基本上不存在问题。如果现有理论不能解释某些重大的异常现象，比如我们前面提到的"三个极端分化"，那么很有可能是它的前提假设和适用范围出了问题。这就要求我们不得不跳出原有的边界划分，在时间和空间这两个维度上去拓宽视野、寻求答案。打个比方来说，我们在城市里开车，只需要一本驾照就行了，但是如果要去未知的戈壁跑拉力赛，那么就必须懂得一些汽车维修的原理。

时间上的跨界大视野，主要是指历史案例的研究。我们今天遇到的新情况，很有可能只是历史上曾经出现过的旧情况改头换面了而已。许多要素在时间轴上反复出现，就形成了周期。有些周期很短，在我们日常生活经验之内，比如白天黑夜、春夏秋冬，那就很容易认识它们。但是有些周期很长，甚至超出了人类的寿命长度，这些我们就不可能单凭经验来认识它们，只能通过学习历史来认识它们。

空间上的跨界大视野，对我们投资者来说，主要是指金融、经济和社会这三个领域的综合研究，同时兼顾一些其他领域的知识。当然，绝大多数的金融、经济和社会问题，都可以在各自的领域内找到答案。这就好比医院里的各个科室，什么内科、外科、放射科、耳鼻喉科，绝大多数时候都是分科治疗的。可是一旦遇到疑难杂症、危重患者，那就需要多科会诊、综合施治了。

也许有些投资者会问，说了半天"跨界大视野"，能不能直接给我一个结论？大盘会涨还是会跌？应该买这只股票还是那只股票？抱歉，让您失望了，跨界大视野是一种破解困局的研究思路，它就像一套炊具，可以用来做菜，但是它本身不是菜。

可能有人还是不服气：我做投资那么多年，从来不知道什么

"跨界大视野"，还不是照样炒股票？本文前面已经论证过了，现在的世界经济、社会矛盾重重，金融市场异常现象频频发生，时代已经走到了百年变局的前夕。当此紧要关头，任何一个有志于把握自己命运的投资者，都应该多少具备一些"跨界大视野"。

为了更好地向大家介绍"跨界大视野"这个研究工具，我精心选取了13个历史案例，对它们进行跨界分析，形成了一系列兼具新颖性和逻辑性的研究成果。它们分别对应金融投资、资本经济和社会文明这三个领域，汇集起来就成了这本《文明、资本与投资》。

在金融投资领域，我选择了5个案例。

《股神之末》的研究对象是巴菲特。市面上关于巴菲特的研究可谓汗牛充栋，不过此文首先超越了个人层面，将巴菲特的长期巨大成功视为一个"异常"的金融现象进行分析，然后再从这个金融现象挖掘它的经济和社会根源，这样就构成了一个完整的金融、经济、社会跨界大视野。

《金融炼金术》的研究对象是索罗斯。同样，此文将索罗斯的成功视为一个具有经济、社会背景的金融现象进行跨界分析。

在巴菲特、索罗斯两位大师之外，其他一些成功投资人的故事被我集中收录在《万神殿》一文中。在我看来，这些人在金融市场上的成功，无一不是一个时代的经济现象的反映。当然，由于规模上的差异，他们的成功往往不至于影响到社会层面。所以，此文至少可以算是金融、经济两界的跨界分析。

《公募基金行业往事》回顾了中国公募基金行业过去20多年的发展历程，以金融市场之外的制度建设视角和金融市场之内的证券投资视角相互穿插，形成横跨金融、经济的两界分析。另外，我还将我个人的成功经验写成一篇文章,叫《地效飞行器策略简介》。我也对它进行了金融、经济的两界分析。

在资本经济领域,我选择4个案例。《应运而生》的研究主题是华尔街的百年崛起史。此文分内外两条主线,分别讲述了贵族银行家与平民投机者之间此消彼长的故事,以及华尔街从偏安一隅到世界金融中心的成长历程,再加上这两条主线之间的互动,信息量极大。如非运用金融、经济、社会三界的跨界分析,上述内容是不可能讲清楚的。

《现代经济制度中的四大发明》则聚焦于最近一百多年间,主流经济制度从近代向现代蜕变的过程。在上述过程中,笔者认为有四项制度创新最为关键,它们分别是所得税、文官制度、专利和非金属本位。此文主要运用经济、社会两界分析的视角,分别介绍它们的来龙去脉。

顾名思义,《股份公司制度溯源》以股份公司制度为研究对象。当今世界的整个资本市场体系都建立在这个制度的基石之上。此文运用金融、经济、社会三界分析的视角,回顾了在大航海时代欧洲强国崛起的背景下,人们不断摸索、创建这一重要制度的曲折过程,并且由此展望它的未来发展。

《货币古今谈》将尝试回答一个经济学中千古争讼的问题:货币供应量对实体经济到底有何影响?此文不仅覆盖金融、经济和社会三界,还引入了一个非常关键的技术因素作为问题解答的关键,推理过程非常巧妙,并且极具原创性。

在社会文明领域,我同样选择了4个案例。与金融、经济领域的案例不同,社会案例对投资者来说,研究的意义似乎不够直接,但是这并不影响它们的重要性。比如《伊斯兰金融的后现代意义》，此文的研究对象是在当今世界上保存最完整的古代金融法规集合——伊斯兰金融。通过金融、经济、社会三界分析，我们发现当今世界的许多"新"问题，其实是古已有之的"旧"问题，比如零利率债务，比如富人应当如何支配自己的财富，比如投资者应当怎样克制自己的赌博倾向。对于这些问题，古人已有的答案应当可以为我们提供借鉴。

《蒙古源流》一文同样致力于考察新兴问题的历史参照。它的研究对象并不局限于蒙古帝国本身，而是延伸到蒙古帝国崛起的前因，以及元朝统治对中华文明的影响。就"前因"而言，蒙古崛起是一个气候变化导致经济重心迁移，进一步导致政权更替的历史案例。就"后果"而言，重新认识明、清两代"闭关锁国"的那段历史，将有助于我们真正理解当今世界的反全球化和贸易战。

从长期视角观察一个民族，我们常常能够发现所谓"国运"的存在。《罗马的兴衰》关注罗马从兴盛、衰落、建立帝国再到分裂崩溃的过程。通过经济、社会两界分析，此文指出，罗马国运变迁的根本动力并非一成不变，而是会随着生产、军事、人口和技术等条件的变化而不断变化的。农、军、政、民的发展顺序或许对其他文明也有隐喻性的意义。

与其他人类社会相比，中华文明的一项重要特征就是其大统一的政治文化和经济上的顶层设计。《官山海》一文详细讨论了管仲、商鞅和汉武帝对经济制度的顶层设计，以及它们对经济、社会和历史进程的影响。

笔者自以为，上述三个领域的13篇文章，足以展示"跨界大视野"的分析威力。希望读者也能够运用这一工具，厘清异常现象，破解重大问题，应对时代变迁。

ptimismo
金融投资篇

FINANCE & INVESTMENT

股神之末

作为一个极其成功的投资者,巴菲特本身就是一个重大的异常金融现象。在这个金融现象的背后,必然存在着经济和社会层面的理由。只有打通这三个层次,我们才能看到一个真实立体的巴菲特。

本文将讨论巴菲特乘势而起的原因,也将分析他受制于时代的难处。唯有努力弄清这两个方面,才能端正看待投资大师的态度。

伯克希尔

在中国股民中，沃伦·巴菲特可谓家喻户晓，人称"股神"。这位投资大师长年居全球富豪榜前三名。光有钱还不算，更加难得的是，他在投资圈中地位极高，非常受人尊崇。

在行业内，巴菲特大概是什么段位呢？中国的高瓴资本因为投资了腾讯和京东而闻名，它可能是目前中国最成功的投资基金。高瓴资本的创始人叫张磊。张磊的恩师，也是他的第一位投资人，叫大卫·斯文森。斯文森是耶鲁大学捐赠基金的投资总监，在美国也是开宗立派的人物。笔者有一次当面向斯文森问起，巴菲特和他，两个人怎么比较。斯文森听到后，立即正色严肃地回答："我永远不能与巴菲特相比。"

从 1965 年算起，巴菲特的财富增长了将近 3 万倍。他的年化收益率接近 20%，保持了半个多世纪，平均每年都可以跑赢指数 10 个百分点。这个业绩是任何基金产品和投资经理都无法比拟的。

不过严格来说，这样做比较并不公平。因为巴菲特不管理任何基金产品，他是通过一个叫"伯克希尔·哈撒韦"（以下简称"伯克希尔"）的金融控股集团进行投资的。他的角色更类似于企业家、投资银行家和对冲基金经理的混合体。

巴菲特自己是企业家，可以直接干预被投资企业的经营管理，出席董事会，撤换管理层；他也是投资银行家，可以为自己创造投资标的，比如要求被投资公司向他定向发行优先股或者可转债。更重要的是，伯克希尔在财务上更加类似于对冲基金，常年保持着 2 倍的财务杠杆。即使去掉现金、国债和其他固定收益产品，其权益资产的杠杆也至少有 1.5 倍。

巴菲特自己也承认，伯克希尔的保险业务为他提供了源源不断的低成本杠杆资金，而这正是他成功的奥秘之一。而且伯克希尔作为投资平台，还具有许多无与伦比的特性：它的负债永远不会被提前催收，它的投资标的不受交易所限制，它持有的衍生品不需要盯市……如果我们把投资经理的投资想象成一场汽车拉力赛，那么巴菲特驾驶的就是一辆装备了涡轮喷气发动机的超级改装跑车。

既然股神的故事如此诱人，那么广大投资者的第一反应难道不应该是抢着买入伯克希尔的股票吗？

事情没有那么简单。对中国投资者来说，买入伯克希尔股票有两个困难：首先，伯克希尔的股价奇高，大约 30 万美元一股，折合人民币超过 200 万元；其次，买入伯克希尔股票需要使用外汇。

不过，这两个障碍也并非不可逾越。因为伯克希尔的股票可以拆细交易，分拆比例为 1∶1500，也就是说，最低 200 美元，你就可以成为巴菲特的合伙人了。至于外汇，人们可以为了 10%、20% 的折扣去找海外代购，假如伯克希尔真有点石成金的魔力，还有什么能够阻挡逐利者的脚步呢？

事实上，伯克希尔的股票并没有成为热门交易，真正的原因在于它的表现并没有人们想象的那么好。从 1998 年 5 月到 2020 年年底，伯克希尔的股价上涨了 3.9 倍，同期标普 500 全收益指数上涨了 4.3 倍。换句话说，最近 22 年来，伯克希尔的股价增长并没有跑赢指数，而且波动率还更高一些。

巴菲特的威名在中国广泛传播，大约是21世纪之后的事情。所以对绝大多数中国投资者来说，即使他们在听说股神事迹之后立即买入伯克希尔的股票，也无法跑赢指数了。

价格是金融市场的核心变量。有些投资者津津乐道于各种关于巴菲特的逸事，但是却从来没有认真研究过伯克希尔的股价走势。这是很不应该的。当然，看图不等于盯盘。短期价格中包含的噪声太多。根据笔者的个人经验，投资新手看图大多只看分时图和日K线，而高手往往会兼顾周K线和月K线。

图2显示了过去50年间，伯克希尔的净资产增长曲线。从形状上看，它似乎在世纪之交形成了一个拐点。我们前面刚刚说过，正是从1998年开始，伯克希尔的股价表现便不再跑赢指数了。

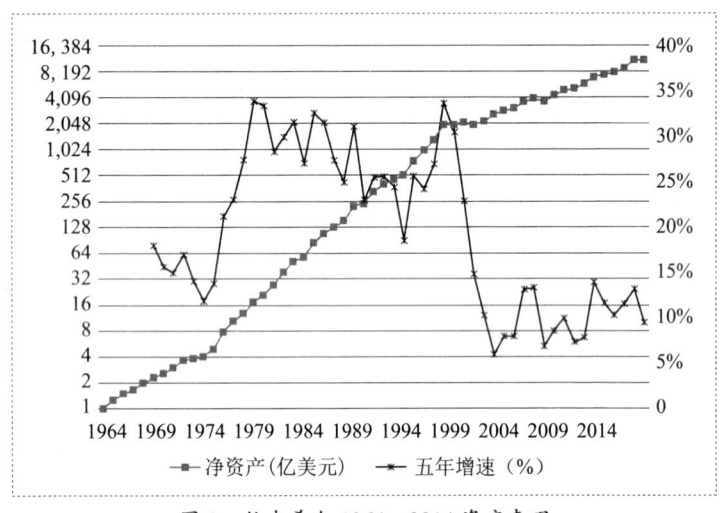

图2 伯克希尔1964—2014资产表现

以1998年为界，此前35年，伯克希尔的净资产年均增长

24%；此后20年，伯克希尔的净资产年均增长只有9%。如此强烈的反差，难道就没有一点儿故事在里面？

接下来，我们先用两个小节，从择时和选股这两方面，分析一下巴菲特是如何成为一代"股神"的，然后再探究他最近20年光环失色的原因。

美国的国运

要讨论巴菲特的择时原则，就不能不谈到美国的国运。巴菲特的择时原则很简单，说出来几乎尽人皆知：别人贪婪时我恐惧，别人恐惧时我贪婪。不过他这两句话可不是没有前提的，更不会放之四海皆准。他自己就曾多次表示，出生在美国，就相当于中了一张"卵巢彩票"。美国的国运，是他投资业绩的基础。那么美国的国运究竟如何，我想从空间和时间这两个维度来做一个基本评价。

从空间上看，美国是一个大国。我们知道，世界上有197个国家，无论从地理、人口还是经济上看，美国都是与整个欧洲平级的单位实体，而不是与英国、法国、德国平级的单位实体。放眼全球，能够与美国并称大国的，恐怕只有中国，印度和俄罗斯都差点意思。

世界银行和IMF（国际货币基金组织）的经济学家做了许多模型和指标，把几十个中型国家的数据样本放在一起分析，预测效果看起来都挺好，但是它们往往不适用于中、美等大国。

比如说，美国的基尼系数比欧洲国家都高。按照一般理解，这说明美国的贫富差距比较大。但是如果把欧洲作为一个整体来计算基尼系数，那比美国还要高，因为它把东欧、西欧之间的国家不平衡计算进去了。同样道理，要是把中国的东部几个省份单独计算基尼系数，那也会比现在的全国统计低得多。

在投资上，规模差异造成一个什么结果呢？我们可以看到，欧洲、日本股市的龙头公司，往往是一国之豪强，顶多占据一个细分领域；而美国股市的龙头公司，常常是一个大行业的世界霸主。这里的规模效应非常显著。截至2020年年底，全球市值1万亿美元以上的公司一共只有5家，其中4家是美国的，它们是苹果、微软、亚马逊、谷歌，还有一家是沙特阿美石油公司。市值5000亿美元到1万亿美元的公司有5家：美国的脸书、特斯拉，中国的阿里巴巴、腾讯和台积电。其他的各国龙头公司都只能从3000亿美元往下排，中间差着一大截呢。要知道，伯克希尔自身的市值都接近5000亿美元，超过很多小国家的股市总规模。如果不是在美股市场这样的"深海"里，是不可能养出巴菲特这样的"大鱼"的。

从时间上看，美国是世界群雄舞台的一个后来者，但是它最近一百年的崛起非常迅猛。美国建国是在1776年，一直到1850年，美国的人口仍然只有2000万出头，跟今天的一个大城市差不了多少，所以当年的欧洲列强并不把美国放在眼里。19世纪中期的法国社会学家阿历克西·德·托克维尔，曾经预言美国将成长为伟大的国家，这在当年还属于新奇之语。

大家知道，美国至今保留着一个上百年的老政策，即在美国出生的婴儿可以自动获得美国国籍。这其实不算什么，要是放在一百多年前，欧洲移民到美国是可以自动获得土地的。通过迅速、大量吸收移民，到19世纪末，美国人口一举超过英、法、德，成为西方第一。

1945年二战结束后，美国国运进入巅峰时刻。当时整个欧洲都打烂了，最优秀的人才、资本全都跑到美国去了。经过一番"乾坤大挪移"，美国GDP（国内生产总值）一度占到全球的50%，黄金储备占全球的75%，可谓权倾一时，如日中天。

1945年，巴菲特15岁，正值青春年少建立世界观的时候。巴菲特一直笃信美国国运。这相当于他的思想钢印。思想钢印不是理性分析的结果。其实，世界上的事情很少能够分析得像小葱拌豆腐那样一清二白，往往分析到最后还是有几个趋势相互矛盾，几个证据相互冲突，那么你到底押注哪一边？这时候就只能靠思想钢印了。

正是带着这个思想钢印，巴菲特才能坚决践行"别人贪婪时我恐惧，别人恐惧时我贪婪"。2008年金融危机，全球股市暴跌，人人自危。巴菲特却跑去电视台发表讲话，表示坚定看好美国经济，并且公开宣布自己正在买入股票。

我们今天看巴菲特，似乎只能看到一个智慧的老者，但是在这个形象背后，其实还有一个执着的少年。要是没有这样的历史眼光，我们就无法真正认识这位传奇人物。

从整体趋势上看，美国股市百年长牛，坚定看好美国股市似乎是一件非常轻松的事情，并不需要用什么脑子。可是许多上了年纪的美国人并不这么想。1929年美国股市大崩盘之后，全球经济进入大萧条。美元对黄金贬值了40%，这就相当于给所有资产价格立即注水了40%，道琼斯指数趴了25年，一直到1954年才创新高。所以说，美股也有坑死整整一代人的时候，无脑抄底可没有那么简单。

巴菲特的幸运之处就在于，他出生在1930年，即大萧条之后的第二年。许多股民跳楼的时候，他还在吃奶。而当他长大成人，崭露头角的时候，正赶上一个百年历史大底。当然，在人人谈股色变的年代，少年巴菲特却偏偏钟情于证券投资这个领域，并且终生一以贯之，这大概就是"别人恐惧时我贪婪"的最高境界吧。

纸币

巴菲特谈论选股的内容很多。在每年致股东的信里和股东大会的问答中，他都会花大量篇幅介绍他分析公司基本面的经验。可是这些内容纷繁复杂，似乎很难用一条主线把它们串起来。事实上，我认为巴菲特选股的秘诀，总结起来就是两个字——复利。

巴菲特曾多次强调复利的作用。所谓复利，就是资产金额按照指数函数增长，就像滚雪球一样，雪球自身体积越大，在地上滚一圈，沾上的雪花也就越多。

比如说，你每天赚1%，365天之后的结果就是1.01的365次方，大约可以增长36倍多；你每天亏1%，那么365天之后的结果就是0.99的365次方，只能剩下不到3%。两者相差1233倍，这就是复利的威力。

复利致富的原理如此简单，无数人津津乐道。不过思辨能力强的读者应该会觉得有点蹊跷，凭什么这么简单的原理，会轮到巴菲特来发现呢？

仅就数学意义而言，按指数函数增长的意义很早就被认识清楚了。18世纪末，英国人口学家、政治经济学家托马斯·马尔萨斯的《人口原理》出版，该书的核心逻辑就是人口数量按照指数函数增长，迟早会突破生存资源的上限。但是在巴菲特之前，似乎没有哪位名人曾经提出过，资产金额也可以按照指数函数增长。

原因其实也很简单。因为那些先贤们全都生活在金本位时代，而巴菲特则生活在纸币时代。大家请注意，资产金额按照指数函数增长，是纸币时代的特有现象。

众所周知，美国股市是百年长牛，典型地按照指数函数增长，但是如果我们把道琼斯工业平均指数除以黄金价格，得出的曲线便再也看不出一点儿指数增长的样子（见图3）。

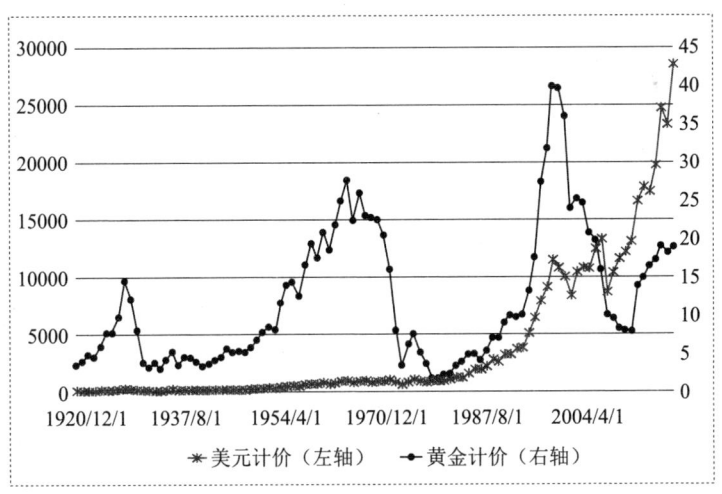

图3 道琼斯工业平均指数

1931年英镑脱离金本位。1933年，美元脱离金本位。1944年，巴菲特14岁的时候，布雷顿森林体系成立，美元取代黄金成为世界硬通货。展现在少年巴菲特面前的，是一个全新的纸币时代。而他的历史使命，就是认识、研究、发掘、验证这个新时代的投资规律。

巴菲特向历史交出了一份精彩的答卷。这份答卷当然包含着许多智慧亮点，但是如果把其中的时代精神归纳起来，我想大概主要就是两条：资产端尽量与物价相关，负债端尽量与物价无关。

前一条"资产端尽量与物价相关"比较好理解。喜诗糖果、华盛顿邮报、吉列剃须刀、内布拉斯加家具商场、可口可乐、DQ冰激凌……股神旗下的这些招牌资产，大多与普通人的生活消费息息相关。随着物价上涨，这些公司的收入随之上升，甚至因为品牌效应而上升得更快，但是成本却不会同步增加，腾挪出来的就都是利润。

巴菲特的老师格雷厄姆在《聪明的投资者》一书中强调，投资者应当关注上市公司在过去10年间的平均每股净利润。他的本意是希望投资者不要被某一两年的异常情况误导。可是在纸币时代，物价变动不居，10年前的财务数据本身可能就是一种误导。所以巴菲特抛弃了导师的教诲，改为关注上市公司的定价能力，即上市公司随着物价上涨提高产品价格的能力，并将这种能力称为企业的"护城河"。

后一条"负债端尽量与物价无关"可能更难理解一些。毕竟借钱给你的人也不是傻子，既然物价不断上涨，那么他们索取的利率肯定也会更高。这似乎是一个在合理假设下无解的问题。但是股神创造性地走出了一条新路。

1970年，巴菲特收购蓝筹印花公司。这家公司的业务很有意思。它发行一些小巧的印花贴纸，如果有人集齐了一定数量的贴纸，就可以找公司兑换烤箱、水壶之类的奖品。据说兑换商品的目录多达116页。你可以把它理解为一种储蓄游戏。杂货店、加油站甚至殡仪馆都愿意出钱买进贴纸，然后发放给顾客。

请注意，印花公司从商家那里拿到了现金，但是向顾客承兑奖品则是很久以后的事情，甚至永远不会发生，随着销售和兑付不断滚动，印花公司的账面上始终存着一笔资金。按照今天的会计准则，它应该被计为预收账款，不过从资金性质上来说，它确实是一笔不受通货膨胀影响的负债。

理解了印花公司，你就会发现保险公司的商业逻辑与其并无二致。保险人把现金交给保险公司，换取一个在未来兑现或者永远不会兑现的赔付承诺。在实际发生事故之前，这笔资金将由保险公司支配，后者却不必为此支付利息。而且保险公司的规模可以做得很大。与保险公司相比，印花公司就是一场小把戏。所以后来伯克希尔的整个投资平台，都建立在保险业务的基石之上。

公允地说，印花公司也好，保险公司也好，它们的负债并非没有成本，前者需要承兑奖品，后者需要承兑赔付。但是它们的成本都与通胀无关，不会随物价上涨而上涨。巴菲特看中的正是这一点。

"资产端尽量与物价相关，负债端尽量与物价无关"，这是贯穿巴菲特一生选股的核心逻辑。而它的运行机理也很简单：只要物价不断上涨，收入也会随之上涨，而成本则不然。因此物价越涨，利润越多，最终的结果就体现为复利的指数增长。

金融投资篇

太阳谷演讲

现在让我们回到 1998 年,看一看当年发生了什么。

首先澄清一点,巴菲特的整体投资框架并没有过时。1998 年之后,伯克希尔的股价仍然上涨了大约 3.4 倍。换句话说,巴菲特今天的财富,超过 3/4 都是在 1998 年之后才赚到的。他仍然是世界上最成功的投资大师之一。

我们只是想讨论,为什么在 1998 年之后,美股又经历了 20 多年长牛,而伯克希尔的股票自带 1.5 倍杠杆却仍然不能跑赢市场?

也许部分巴菲特的粉丝会觉得,这个问题近乎明知故问。因为巴菲特坚持低配科技股,所以错过了 21 世纪美股市场上的最大机遇。这是大家都知道的事。

可是为什么巴菲特坚持低配科技股?他自己的解释是"看不懂"。可是如果真的只是看不懂,那么对于美股市场第一大权重板块,他完全可以采取"标配"。他曾经多次建议散户买入指数基金。他如果真觉得看不懂市场,那么只要 1.5 倍杠杆买入指数基金,他的"伯克希尔号"超级跑车照样可以跑个一骑绝尘。所以很明显,他不是"看不懂",而是"看得懂"。他有明确的观点,那就是不看好科技股,所以才低配。

股神本人的谦虚和隐晦,使得我们很难窥见他的真实内心。而仅有的一次机会,可能还得从 20 年前说起……

伯克希尔作为一家横跨多个行业的综合性巨型资本集团,它的股价走势在绝大多数时候都与标普 500 指数保持同向波动。但是 1998—2002 年间,两者之间出现了一次罕见的背离。

1998—1999年，标普500指数上涨而伯克希尔的股价下跌。2000—2002年，标普500指数下跌而伯克希尔的股价上涨。挖完一个大坑之后，两者的比值回到原点，并且一直保持到今天。

这两次罕见背离的背后，是巴菲特与华尔街之间的一次惊心动魄的激烈对抗——华尔街看多，巴菲特看空。

1999年夏天，巴菲特发表了著名的太阳谷演讲，明确了他对股市，尤其是对科技股的看空态度。据说这是他职业生涯中唯一一次公开看空股市。

随后纳斯达克指数加速上涨，而伯克希尔股票则遭遇巨量抛售，股价在10个多月里几乎腰斩，以致巴菲特史无前例地在1999年致股东的信中致歉："在资产配置这门课上，今年我的考试成绩是D。"

2000年2月，纳斯达克指数崩盘。2001年，"9·11"事件发生。截至2002年9月，纳斯达克100指数下跌超过80%。而在标普500见顶回落的同时，伯克希尔的股价却从底部稳步回升了。

许多人因此宣布巴菲特在这次史诗级交锋中获得胜利。不过事情并没有那么简单。他们可能没有注意到另一件史无前例的事情正在发生，即美联储把基准利率从6.5%一路降至1%，甚至打破了大萧条时期的最低纪录。

在1999年的太阳谷演讲中，巴菲特给自己的看空结论做了三条风险提示。也就是说，如果发生了以下三件事，则他的看空逻辑不再成立。

第一件事，美国GDP加速增长。

我想，作为一名爱国者，巴菲特如果一定要认错，他肯定最愿意在这个问题上认错。可惜这件事情没有发生。从20世纪80年

金融投资篇 —— 043

代开始，美国的 GDP 增速就一直在下行，从两位数下降到 6% 左右，然后再下降到 4%。

请注意，我们这里说的是名义 GDP 增速，而不是通常经济学家关注的实际 GDP 增速。名义 GDP 增速通常会高于实际 GDP 增速。因为经济学家关注的是效率提升，所以要剔除物价因素。而我们关注公司财务的时候，1 美元就是 1 美元，用不着剔除物价因素。

第二件事，企业盈利占 GDP 比重明显上升。

这个视角很有意思。因为一个经济体的总产出不外乎三个分配方向：劳动、政府和资本。如果前两家拿的少了，资本拿的份额自然就多了。

站在 1999 年的时点上看，当时美国企业税后利润占 GDP 的比重大约是 5.6%。此前 30 多年，此比例最高只短暂突破过 8%。所以，巴菲特有理由认为这个比例不会大幅上升。

然而这种状况确实发生了。21 世纪的前 19 年，美国企业税后利润占 GDP 的比重平均值为 8.7%，超过历史最高值，比 1999 年的 5.6% 上升了一半多。这使得美国企业在 GDP 总盘子增速不快的情况下，维持了较快的利润增速。

在资本多拿的 3.1 个百分点里，大约有 1.7 个百分点是从政府那里拿来的，另外 1.4 个百分点是从劳动那里拿来的。也就是说，企业同时侵蚀了政府和劳动的份额，其中政府让利更多一些。

可是与此同时，美国政府的开支却明显扩大了。这些钱是从哪里来的？发行国债呗。那政府如何负担大量发行国债的利息？这就要说到第三件事情了。

第三件事，利率大幅下降并且长期维持在历史低位。

对巴菲特来说，这件事情可能是最与他的人生经验相抵触、最难以接受的，但这件事情确实发生了。

2003年，美联储将基准利率下调到1%，而此时代表华尔街长期观点的十年期国债利率还在4.1%左右。再经过2008年大衰退，美联储将基准利率下调到0.25%，十年期国债利率下降到2%左右。在最近的新冠肺炎疫情中，当美国基准利率再次回到0.25%时，十年期国债利率已经下降到0.6%左右。

事实上，在过去数十年间，美联储形成了一种条件反射，那就是遇到危机就降息：在应对储贷危机、科网泡沫和次贷危机时，它会降息；在应对"9·11"事件和新冠肺炎疫情时，它也会降息。等危机稳定之后，它会试图再把利率加回去。可是每次重新加息的尝试，都会引发更大的危机，于是它就只能把利率降得更低。

降低利率可以推高资产价格，其效果是立竿见影的。但凡手上有股票、有债券、有房子的，一降息，资产都增值了，似乎应该皆大欢喜。

可是实际上呢？企业的经营效率并没有改进，技术水平并没有提高，债券的票息并没有增加，房子的舒适度并没有改善。除了价格，其实什么都没有变。

巴菲特的好友霍华德·马克斯曾经说过，资本主义没有破产，就像天主教没有地狱。100多年前，约瑟夫·熊彼特就在名著《经济发展理论》中提出了"创造性破坏"的概念。熊彼特认为，衰退是必然的，也是必要的。在衰退中淘汰弱者，是推动革新创造、重新迎来繁荣的必经之路。

从更加技术性的层面来讲，世界上最早的中央银行是英格兰银行，最早的央行操作规范——白芝浩原则，也诞生于英国。所谓白芝浩原则，核心逻辑跟我们中国的一句老话很像，叫作"救急不救穷"。也就是说,由金融市场恐慌导致的非理性下跌是需要救市的,但由基本面恶化导致的正常下跌则是不应该救市的。

白芝浩原则的核心思想是维护市场的判断能力,不要轻易假设政府比市场聪明。确实,金融市场经常会因短期情绪做出超额调整。但是至少在美国,无论是比硬件条件还是比人才储备,华尔街对长期经济前景的判断能力,都没有理由弱于美联储。所以美联储那些存续期长达数月、数季度甚至数年的救市工具,无疑都是违背白芝浩原则的。其实很多时候,华尔街非但不恐慌,反而非常冷静地跟美联储在货币政策上讨价还价。那就是彻底的道德风险了。

在2008年大衰退之后,美国的政治、经济、学术各界曾经进行过普遍的反思。如果2001年格林斯潘领导的美联储没有戏剧性地大幅降息,或者至少把基准利率保持在2%的通胀水平之上,那么按照常识推断,大概会有以下结果:美国股市的估值水平会比实际情况更低,指数跌幅更大,更多弱小的企业倒闭;美国的GDP增速会更低,失业率会更高;但是与此同时,美国的房价泡沫很可能可以避免,次贷泡沫不会产生,外贸和财政双赤字将会缩小,金融系统更加稳健,2008年大衰退也很可能不会出现;贫富差距将会缩小,社会和经济的发展也会更加平稳。如果换一种选择,人民是否会感到更加幸福呢?

也有一些经济学家认为,中央银行的货币政策不应该以经济体的短期盈缩为目标,唯一重要的事情是尽可能地推动技术进步。那么如果没有超低利率,没有资产泡沫,美国的科技进步是否会减缓?

这个问题并不容易回答。风险投资最早可以追溯到20世纪70年代的硅谷,那时的基准利率高达20%。美国科技的繁荣,更多地取决于学术、科技、市场规模和语言等条件。很难想象,如果基准利率高于2%,脸书公司就不会出现,或者出现在日本。当然,风险投资人肯定会更谨慎一些,许多垃圾项目大概是拿不到投资了。

俗话说,心急吃不了热豆腐。培育科技进步需要解决很多问题,其中能够靠砸钱来解决的只是一小部分。事实上,过分的资产泡沫有可能分散创业者和技术人员的注意力,使他们心猿意马、心有旁骛,甚至拖累科技进步。有些公司本来干得挺好,上市暴富之后,竟沉迷于资本运作,玩弄财技,反而荒废了主业。这样的例子太多了。

较高的利率肯定会加重美国政府的国债利息负担。不过在巴菲特看来,这大概是最不重要的事情了。支持国家财政,纳税光荣,何必玩什么花招呢?在2008年大衰退中,他就曾多次公开喊话:别借那么多债务了,给我加税!

几乎所有20世纪90年代在美国销售的街机游戏,都会在开机画面上显示一行来自FBI(联邦调查局)的禁毒标语:Winners don't use drugs,意思是胜者不靠毒品。这句话同样适合用来形容巴菲特:不要央行放水,不要政府让利,只要物竞天择,笃信美国必胜。这才是股神精神的硬核。

我们可以设想,在2001年纳斯达克指数崩盘之后,假如没有超强力度的财政和货币政策勉力扶持,那么巴菲特在21世纪继续跑赢指数就是大概率事件。只可惜,"东风不与周郎便",历史是没有办法假设的。

当然,巴菲特还是那个打着思想钢印的巴菲特,他对美国的热爱大概是不会变的,但是如果他对美股第一大板块喜欢不起来,那么他对美股的热爱肯定也回不到当年的程度。21世纪的美国，真的让他有点儿不太适应。

"巴菲特指标"

2001年，巴菲特与华尔街之间史诗般的战役接近尾声。他在《财富》杂志上发表了一篇"胜利檄文"。文章指出，可以用总市值与GDP之间的比率来判断股市的整体估值是过高还是过低，并且将这一比率称为判断股市的"最佳单一指标"。

这个指标的设计是非常大胆的。从会计角度说，市值是一个存量概念，GDP是一个流量概念。所以严格来说，市值的量纲是"元"，GDP的量纲是"元/年"或者"元/季度"。这两个数值能够相除，得出来的结果还能用于判断股市，岂非怪哉？假如这篇文章不是股神写的，恐怕《财富》杂志编辑部早就把它扔进废纸篓了。

这个指标的问世实在太突兀了。巴菲特从来没有详细解释过它的理论基础和逻辑推导过程，在学术界也找不到它的任何出处和师承，所以大家都称"市值/GDP"为"巴菲特指标"。

公允地说，"巴菲特指标"在21世纪前20年的预测效果并不好，所以市场关注度不高，巴菲特本人也很少再提。不过我倒是认为，"巴菲特指标"与太阳谷演讲之间，存在着内在的逻辑传承关系。无论它是否合乎当下的时宜，都是股神晚年（请原谅我这么说）对自己一生投资思想的提炼和升华，值得我们慢慢咀嚼。

事实上，笔者在研究古代金融思想时，发现其中有不少精华与"巴菲特指标"暗合。可以说,这一思想框架的影响已经超出金融和经济领域,到达了社会文明的层面。我们将在社会文明篇的《伊斯兰金融的后现代意义》中就此进行详细讨论。

如果"巴菲特指标"能够用于判断股市估值,那么总市值与GDP之间应当存在比较稳定的比例关系。这个比率可能不是一个精确的数值,而是一个区间。估值向上超出这个区间,则下跌的可能性增加;估值向下跌破这个区间,则上涨的可能性增加。

所谓总市值与GDP之间存在稳定的比例关系,这个命题可以分解成以下3个子命题:

A:上市公司总市值与全体企业总估值之间的比率稳定;
B:全体企业总估值与全体企业净利润总额之间的比率稳定;
C:全体企业净利润总额与GDP之间的比率稳定。

很显然,以上三个子命题中的比率(以下分别简称A值、B值、C值)连乘起来,就等于"巴菲特指标"。如果我们能够证明在合理情况下,上述三个比率都是稳定的,则"巴菲特指标"自然也应该是稳定的。

我们先来看A子命题。

巴菲特曾多次强调,他根本不关心一个企业是否上市交易。在他看来,上市公司与非上市公司这两个群体的整体发展速度应该是差不多的,并不存在上市公司发展更快这个定律。

当然,巴菲特所说的是美股的情况。在A股市场,上市与否确实会影响基本面。在A股上市之后,企业的负债能力提高了,融资成本下降了,进行资本运作的可能性也增加了。而在华尔街看来，这些操作在私募市场一样可以进行，上市公司的身份并不能改变什么。

所以对中国这样的新兴市场来说，大量企业 IPO，从非上市公司转变为上市公司，那么 A 值肯定会迅速提高。但是对美国这样的成熟市场来说，交易所只是一个舞台，进出两便，"你方唱罢我登场"，并没有什么特别的意义。

所以在成熟市场，合理情况下，A 值应该是比较稳定的。

我们再来看 B 子命题。

不难看出，B 值其实就是全体企业的整体市盈率（P/E）。通常我们在给个股估值时，会考虑这个公司的利润增长前景。利润增长较快，说明企业经营水平比较高，可以给予较高的 P/E 估值；利润增长较慢，说明企业经营水平比较低，可以给予较低的 P/E 估值。

可是如果全体企业的利润增长都很快，说明什么呢？这并不能说明全体企业的经营水平都很高。因为企业之间本来就是相互竞争的，总有赢家和输家，没有全赢或者全输的道理。所以如果全体企业的利润增长都很快，那只能说明通货膨胀了。而在通货膨胀时，利率也会相应提高，所以债权和股权的吸引力仍然是平衡的，并不能因此就给予全体企业更高的 P/E 估值。

逻辑推导到这里，结论又跟中国投资者的经验不一样了。在中国，债权和股权的吸引力是非常不平衡的。在通胀环境下，债权产品的提供方（通常是商业银行）反应相当迟钝，往往坐视资金流出而无动于衷。许多投资者为了抵御通胀只能选择股权投资。不过，这种情况在近些年已经明显改善了。

在美股市场，有一个非常著名的席勒 P/E 指标。它是由诺贝尔经济学奖得主罗伯特·席勒设计的。与普通 P/E 不同，它采用了格雷厄姆在《聪明的投资者》里提出的建议。它不是只看上市公司在最近一年的净利润，而是考虑上市公司在过去 10 年间的净利润数据。可是通胀怎么办呢？它先分别对过去 10 年里每一年的净利润进行通胀水平调整，然后再算平均数。最后，席勒博士还用文献研究的方法，把历史数据一直挖掘到 19 世纪下半叶。

根据席勒的研究，无论是金本位时代，还是通胀达两位数的 20 世纪 70 年代，或者是通胀低于 2% 的 21 世纪，美股的席勒 P/E 都是非常稳定的。高于 25 和低于 10 的情况都很罕见，而且一旦出现异常也都会很快向中心回归。

这说明，在合理情况下，B 值也应该是比较稳定的。

最后我们来看 C 子命题。

C 值稳定的命题，正是巴菲特 1999 年在太阳谷演讲中给自己留下的三条风险提示中的第二条。他当年认为 C 值应该稳定在 6% 左右。可是 21 世纪的前 19 年，C 值的平均值上升到了 8.7%，提高了差不多一半。

我们能够据此判定巴菲特错了吗？其实未必。我们知道，在美国的两党政治中，共和党倾向于增加资本分配份额，民主党倾向于增加劳动分配份额。两党轮流执政，事实上形成了一个政治周期。资本在 GDP 中的分配份额应该是随着这个政治周期波动的，没有理由永远上升或者永远下降。

在 21 世纪的前 20 年里，美国一共有 5 个总统任期。最前面两期是共和党的小布什，他搞了一大波减税。最后一期是共和党的特朗普，他也搞了一大波减税。中间两期是民主党的奥巴马，按理应该是加税加福利的，可是碰到 2008 年大衰退，急需逆周期财政支持，他索性也不加税了，直接借债加福利。

金融投资篇　051

我们可以把眼光放远一些，下五届美国总统会不会继续像前面五届那样，强力推行亲资本路线，把 C 值进一步大幅推高？这种可能性非常小。目前美国的贫富差距问题已经相当尖锐。伯尼·桑德斯、伊丽莎白·沃伦等政治家都提出了非常激进的税收计划，甚至像"实行社会主义"这样的口号都获得了大量民众的支持。一旦轮到民主党执政，C 值重新转为下降的可能性很大。

假如上述分析成立，那么在合理情况下，C 值也应该是稳定的，只不过可能需要把它放到更长的时间框架里去考察。

从最近 20 年的实证看，"巴菲特指标"似乎已经失败了。巴菲特一直说他不关心政府采用什么样的财政和货币政策，但是事实证明，美国政府和美联储对市场的干预力度，已经大到了任何人都无法忽视的程度。巴菲特因为坚持自己的理念而看错了科技股，也因此不再能够跑赢指数，续写神话。

俗话说，天下没有常胜将军。以前的美国股市大约是有股神的，但是 1998 年之后，美国股市便不再有股神了，只有一个顽固的爱国老头巴菲特而已。如果一定要说美国股市还有神，那么它的名字也只能是——美联储。

偶像

关于巴菲特与时代的互动，前面几节已经讲了很多了。最后笔者想谈一谈我们对待偶像的态度。

我知道，巴菲特是许多投资者的偶像。我见过有些投资者能够把巴菲特的语录逐字逐句地背诵出来。我还知道有些投资者全面模仿巴菲特的生活习惯，甚至只吃他喜欢的食物，只喝他喜欢的饮料。那种虔诚的态度，简直就像初中生追逐娱乐明星一样。

散户如此，机构投资者也不遑多让。2008年，巴菲特在香港股市买入比亚迪。2011年比亚迪登陆A股。许多基金经理都表示，无论如何都要持有一些A股比亚迪，有些甚至还提出一定要重仓，似乎不如此，就不能算是一个合格的巴菲特信徒，进而也就算不上价值投资者。

模仿强者可能是人类的天性。英语里有一句谚语：模仿是最真诚的恭维。这句话在许多领域都适用，证券投资也一样。华尔街也有一句行话"打不过它，就加入它"，同样也是顺应潮流，跟着趋势走的意思。

事实上，对中国投资者来说，如果你从30年前，哪怕20年前开始模仿巴菲特的择时和选股原则，那么到今天一定已经获得了相当大的成功了。可是模仿者最危险的时候是什么呢？就是潮流趋势已经悄悄起了变化，而你自己还没有意识到的时候。

巴菲特的老师格雷厄姆活跃在20世纪20年代以前，他非常擅长以远远低于净资产的价格买入优质龙头企业。这个买入标准放到今天来看也没有什么问题，可是在纸币时代，通货膨胀的存在使得市场几乎不可能给你这样的机会。巴菲特在20世纪七八十年代的惯例是差不多以8~12倍市盈率买入业绩可持续增长的公司。这个标准其实也没有什么问题，唯一的问题是现在还有没有这样的机会。如果暂时没有，你可以等待。可是如果一直没有呢？20世纪80年代，无风险利率接近两位数，谁都不用急着哄抬股价。可是现在全球零利率，你愿意等到低点再买，人家不愿意等怎么办？

对于这种时代主题的变迁，我觉得投资者没有什么可抱怨的。在实体经济中，技术、产品、管理等方面的创新都是可以带来超额回报的。但是随着时间的推移，任何创新总会被消化、超越、颠覆，没有谁能够躺在"功劳簿"上吃一辈子。假使有这种人，那么他就成了社会资源的净消耗者，那就肯定会在下一次变革时被清理掉。

从宏观视角来看，无论哪个行业，垄断总是偶然的，竞争才是必然的；创新总是偶然的，平庸才是必然的；赚钱总是偶然的，不赚钱才是必然的。而我们普通二级市场投资者所处的正是一种典型的完全竞争的局面。所以我建议投资者也要摆正心态：要想有效地获取超额收益，仅凭某一粉丝的标签和虔诚是肯定不行的，必须得用自己的智力劳动来争取。怎么争取呢？那就要研究社会、经济问题，通过在市场中"用脚投票"来发出正确的信号。这就是我们投资者的本职工作，也是我们得以存在并要求获得社会分配的根本理由。

巴菲特自己曾经说过，人不能看着后视镜开车。任何基金销售材料里也都会提示：历史业绩不代表未来。巴菲特成功了几十年，这确实是奇迹，但是这并不代表他的投资方式就能够一成不变地永远成功下去。当然，对巴菲特本人来说，他的历史地位已经确定了，更何况他已经年过九旬，人生走到了晚年。所以对他来说，完全没有必要抛弃过去几十年的经验，想方设法开发一套新的投资原则，去追求人生最后几年的收益最大化。

不过我相信，绝大多数读者的年纪都没有那么大，我们还有很长的岁月要在未来的时代中度过，所以我们有必要把眼光放得更长远一些。假如一定要做些什么来向"股神"致敬，那就像他一样，更好地顺应自己所处的时代吧！

金融炼金术

索罗斯其人可谓毁誉参半。有些人对他顶礼膜拜，有些人则恨得咬牙切齿。其实这些观点都已超出了他区区一身所能承受的范围。打个比方来说，一条极其清澈的小溪，我们往往看不出它的流速有多快。如果这时候有一片树叶落上水面，我们便立即可以从它漂流的状态感知到溪流的速度了。在本文中，我们将会看到，时代发展的洪流滚滚向前，而索罗斯不过是其上一片特别的漂叶而已。

当然，这种"时势造英雄"的历史观，并不否认索罗斯"金融炼金术"的理论价值。我们将会指出，他的"反身性"理论对于百年变局前夕的世界金融市场，有着十分显著的现实意义。

索罗斯与巴菲特

巴菲特的财富都集中在上市公司"伯克希尔",所以他的身家很容易计算。相比之下,乔治·索罗斯就神秘得多。他的财富主要集中在一个叫作量子基金的对冲基金中,基金净值信息不对外披露。华尔街一般认为,索罗斯的身家超过 200 亿美元。这个数字虽然比不上巴菲特,但是仍然远多于其他任何金融投资人,索罗斯稳坐第二把交椅没有问题。

因为索罗斯曾经多次在国际金融市场上引起轩然大波,所以在中文媒体上,他常被称为"大鳄"。这个比喻非常形象。鳄鱼的捕食方法就是平时趴在水里,一动不动,隐藏自己的同时,露出两个眼睛在水面上,密切观察着猎物的动态,等到最适合出击的一刹那,鳄鱼才张开血盆大口,以迅雷不及掩耳之势,把猎物拖入水中。

索罗斯与巴菲特同岁,都出生于 1930 年。区别是巴菲特出身于美国富贵之家,而索罗斯则是从纳粹统治下逃脱的匈牙利难民。巴菲特 30 岁时,已经坐拥千万美元身家。1960 年的 1000 万美元是什么概念呢?当年美国的人均 GDP 不过 3000 美元,而现在是 6.5 万美元。这样换算过来,当年的 1000 万美元至少相当于今天的 2 亿美元。而索罗斯 30 岁时刚刚在华尔街安身。他当时对金融还没有什么兴趣,梦想着赚到衣食无忧的本金(据说是 50 万美元)之后，就改行去当哲学家。

有人戏言，想要通过金融投资成为世界首富，第一个条件就是必须长寿。这话确实有一定道理。1985年巴菲特55岁，当时他的身家在10亿美元左右。在一般人看来，10亿美元已经是天文数字了，但是假如他的人生就到当年为止，那他肯定不会有今天的行业地位。当年德崇证券的"垃圾债券之王"迈克尔·米尔肯，一年的奖金收入就可以达到5亿美元，相当于巴菲特全部身家的一半。时至今日，华尔街的顶尖交易员仍然有可能拿到上亿美元的奖金。但是巴菲特今天的资产规模已经膨胀到上千亿美元了。

索罗斯更是大器晚成的典型。他39岁才开始管理一只小基金，规模只有400万美元。43岁时，索罗斯成立了自己的公司。48岁时，他把自己的基金正式更名为量子基金，取量子力学中海森堡提出的"不确定性原理"的寓意。如果说巴菲特是打着"美国必胜"的思想钢印来做投资的，那么索罗斯则恰恰相反，他认为世界上没有什么事情是确定的，一切都随时可能起变化。

俗话说：三岁看大，七岁看老。这话可能有点夸张，但是30岁前的经历肯定会影响人的一生。索罗斯与巴菲特的人生经历截然不同，性情品格也反差巨大。索罗斯非常懂得利用媒体来宣传自己的策略，生怕别人不知道他在做多或者做空什么资产。在1997年亚洲金融危机中，他一边在金融市场上积极建仓，做空东南亚国家的货币，一边公开在媒体上抛头露面，强烈批评那些被做空的国家，恨不得直接劝对方放弃抵抗，直接投降认输算了。最近一个例子是2016年，索罗斯尝试做空人民币。他从达沃斯年会开始，前前后后在媒体上造势唱衰中国长达半年，最后发现中国央行的腰杆比自己想象的要硬得多，这才悻悻而去。

巴菲特则是另一个极端，他对自己的头寸口风极严。2007年，他在高位减持中石油。按照香港交易所规则，作为持仓5%以上的股东，他有义务披露自己的交易。但是他采用了规则所允许的最慢的披露形式——普通平邮。邮件从美国海运到香港花了11天，导致港交所第12天才向公众披露巴菲特的交易。在随后的2008年大熊市中，股神的这一操作颇受人诟病。2011年，巴菲特大笔买入IBM的股票，为了避免信息外漏提高成本，他还特地去美国证交会申请了披露豁免，直到初步建仓完毕才对外公开。这又引起了一阵有关特殊待遇的争议。

英镑风云

与巴菲特专注于股票投资不同，索罗斯的投资范围很广，股票、债券、商品、外汇都有布局。不过要说他的成名之战，还得数两场惊天动地的外汇交易。

第一场交易是1992年做空英镑。当时欧盟还没有成立，只是一个由12个欧洲国家组成的欧洲共同体。它们在1992年2月签署了《马斯特里赫特条约》，确定了逐步建立货币、经济和政治联盟的计划。根据联盟条约，欧共体国家应该首先致力于保持相互之间的货币汇率稳定，并行一段时间，到1999年再统一改用欧元。

联盟条约给出了目标，但是没有分配责任。当时市场上对英镑的需求较弱，对德国马克的需求则较强。市场的力量要求英镑贬值，马克升值。如果要维持原有汇率不变，就必须进行政策干预。干预不外乎两个办法，要么英国加息、收紧英镑，要么德国降息、放松马克。这两个办法，执行一个就行了。可是执行哪一个呢？在欧共体的组织架构下，并没有一个超国家的机构能够最终拍板。于是两国相持不下，德国态度傲慢，英国不甘屈服，大有宁可一拍两散之势。

其实从经济学原理上讲，升值和贬值，加息还是降息，哪一个选择更有利，哪一种选择更不利，并没有一成不变的答案。通常认为，加息会提高资金成本，降低投资，增加失业；降息会刺激消费，推高通货膨胀。总之，如果我们假设经济体原本处于均衡状态，那么现状就是最好的，加息、降息都是错误的。

可是，如果经济体原本就不均衡呢？从逻辑上讲，动态不均衡是很正常的，据此对汇率进行调整也是很正常的。但是这里还有一个小算盘：对于市场博弈的结果，政府是没有责任的，可是如果政府出手干预的话，立即就把责任引到自己身上了。无论政府怎么主张，总有一批人要骂：主张加息，担心失业的人要骂；主张降息，担心通胀的人要骂。所以，要保证民意支持率，最好的办法就是自己不调整，让别的国家去调整。就像我们开车，有的司机就是会车不让行，一定要别人给他让路。

接下来，就是著名的一幕：量子基金的老板索罗斯、基金经理斯坦利·德鲁肯米勒和信孚银行的交易员罗伯特·约翰逊，三人围坐在纽约的办公室里，密谋狙击过气了的上一代世界硬通货——英镑。最后，索罗斯对德鲁肯米勒说出了那句名言：All in（全押上）。

这一幕实在太富有戏剧性了，以至几十年后人们还津津乐道。不过仔细想来还是有些蹊跷。量子基金的两大头目开会，为什么要请信孚银行的交易员参加？这就好比请券商分析师来参加公募

金融投资篇　　059

基金的投委会。不过反过来想，假如没有外人在场，这么经典的一幕不就没法流传出来了？江湖上岂不是少了一段传奇？这大概又是索罗斯的表演天赋在起作用。

客观地说，当时整个欧美银行界都已经普遍预感英镑要出事，其中也有一些敢于建仓做空的，但是历史却把这场战役无可争议地记到了索罗斯名下，因为他的胆子、嗓门和块头都太大了。当年英格兰银行的外汇储备大约是220亿英镑，约合440亿美元。而索罗斯一家就做空了100亿美元。因为做空需要对手，而量子基金并不是在英国注册的商业银行，所以不能直接跟英格兰银行交易。于是索罗斯满世界打电话，问哪家银行愿意买入英镑，弄得满城风雨、人心惶惶。

在此类交易中，商业银行并不想自己持有英镑，它们从索罗斯手里买下英镑后，立即转卖给英格兰银行，甚至还会卖得更多一些，给自己也做一些空头。因为英格兰银行的底牌是摊开的——它只想维持汇率，所以在广大"吃瓜群众"看来，如果索罗斯成功了，英镑将贬值；即使索罗斯失败了，英镑也不会升值。于是做空英镑便成了一桩不会失败的交易，搭一道顺风车，何乐而不为？

在国际金融市场上，资金流动大致可以分成三类：第一类是进出口贸易。它的渊源最为古老，流动也最稳定，很少发生剧烈变化。第二类是直接投资，比如通用跟上汽合资办厂，或者中国铁建到非洲造铁路。它的金额波动大，但是因为投资周期长，方向也还是比较稳定的。第三类是证券投资，比如英国人买日本债券，德国人买美国股票。这种资金流不仅金额巨大，而且方向随时变化，今天买，明天就可能卖。

20 世纪 90 年代，国际证券投资的资金流动规模远远小于今天的水平，中央银行只要应付好进出口贸易和直接投资项目就可以了。所以英格兰银行虽然意识到贬值压力的存在，但那就像是游泳者感觉到潮水在慢慢上涨，根本想不到自己会被一个突然的巨浪直接吞噬。

1992 年 9 月，英格兰银行一直按照联盟条约，以既定价格与商业银行交易英镑。但是从 9 月 14 日开始，水坝似乎出现了裂缝。到 9 月 16 日，英格兰银行才如大梦初醒一般，在一日之内连续加息 2 次，上午加 2 个百分点，下午加 3 个百分点。可惜此时洪水已经汇聚成势，无法阻挡了。如果是股价暴跌成灾，人们至少还可以关闭交易所，而外汇市场遍布全球，无边无际，就连英格兰银行也无法强制停止英镑交易。当天晚上，英国宣布退出欧洲货币共同体。

假如当年英国没有退出欧洲货币共同体，英镑应该会在 1999 年并入欧元。一个真正统一的欧元区将会比现在更强大，更有可能与美国分庭抗礼。而且如果当初把货币统一了，2016 年以来的英国脱欧也许根本就不会发生。索罗斯当年狙击英镑，事实上造成了大西洋两岸此消彼长的效果。所以一直有说法认为，英镑战役是一场由美国策划的阴谋。

在我看来，越是短期、微观的事件，其中包含的偶然性就越大；越是长期、宏观的事件，其中包含的必然性就越大。具体到索罗斯狙击英镑这一人一事，有没有阴谋我不敢说，但是英国无法融入欧洲，这是由其长期历史趋势决定的。没有索罗斯，也会有张罗斯、李罗斯。如果说美国人在其中有什么影响，那也主要是支撑了英国人对于盎格鲁-撒克逊文明高人一等的幻觉。在英国人的历史观中，二战中德国击败了法国，然后英国和美国又击败了德国，所以英国是与美、苏平起平坐的"三巨头"之一，比法、德总是要高出一筹的。

在1992年英镑贬值的过程中，英格兰银行把总共440亿美元的外汇储备花掉了270亿美元。按照贬值后的价格计算，英格兰银行的账面损失大约是38亿美元。其中大约有10亿美元落入了索罗斯的量子基金囊中，其他大小投机者也都各有斩获。

事后来看，英格兰银行的应对方式很有问题。按照联盟条约，它可以向其他欧共体国家申请援助，或者直接请求德国降息，哪怕它早几个月就开始加息，每个月加1个百分点，事情都有可能出现转机。可是它什么都没有做，而在最后一个交易日内加息5个百分点，除了向市场宣示"我慌了"，别无意义。

当然，事情还有另一种解释。那就是英格兰银行并不十分抗拒自己的"失败"。脱离欧洲货币共同体，让许多英国人感到如释重负。所谓一日之内加息5个百分点，恰恰因为其不可能有效，所以只是故作姿态而已。当天晚上宣布英镑贬值的同时，加息决议也同时取消了。事实上，英国一点儿也不情愿加息。脱离了汇率的枷锁之后，英国非但不加息，反而大幅降息。从1992年9月的10%一直降到1994年3月的5.25%，简直就像是放弃控制体重目标之后的暴饮暴食。

无论如何，索罗斯赚了，英国纳税人赔了。索罗斯一跃成为风云人物。量子基金的金主之一、意大利菲亚特汽车公司的老板詹尼·阿涅利告诉记者，当年他从量子基金中得到的盈利比从菲亚特公司的还多。至于英国纳税人，虽然损失了金钱，但是维护了大不列颠的孤独斗士形象，他们应该高兴还是难过呢？

沉浮东南亚

我们在回顾1992年英镑狙击战的时候，需要从《马斯特里赫特条约》说起。那么在回顾1997年东南亚金融危机的时候，我们应该从哪里说起呢？我觉得至少要从1994年人民币汇率改革说起。但是为了叙述完整，我们还是从1985年"广场协议"说起吧。

1985年，美、日、英、法、德五国在纽约时代广场饭店签订协议，共同干预外汇市场，史称"广场协议"。虽然协议的内容是由五国共同拟定的，但是执行内容的任务主要落在德、日两国，尤其是日本。

在议定"广场协议"的过程中，美国对日本的态度非常强硬，基本上是摆出一副不由分说、老子教训儿子的态度，而日本方面也并不十分抗拒。因为日本国内市场狭小，经济高度依赖出口，对美国的关税武器十分忌惮，至于政治、军事上受制于人就更不用说了。所以从一开始，日方谈判的指导思想就是息事宁人，最终全盘服从美方意见并不奇怪。

"广场协议"签订后3年的时间，日元从1美元兑换250日元升值到1美元兑换120日元。客观地说，这次汇率调整的方向以及幅度都没有什么太大的问题。日元确实应该升值，升值到1美元兑换120日元左右也是公允的，并不存在汇率泡沫。

这个判断涉及我们对泡沫的定义。打个比方说，有一处房子原价1000万日元，第一波上涨到3000万日元，第二波再上涨到9000万日元，最后跌回3000万日元稳住。那么当我们回过头来看的时候可以确认，第二波涨到9000万是泡沫，但是第一波涨到

3000万并不是泡沫。

请注意,上述定义的底层逻辑是:长期来看,市场终究是有效的。这也是所有价值投资者的根本信仰。在历史案例的研究中,运用这种思维方式相当于"降维打击",我们已经知道了结果再回过头去分析过程,就能避免许多当年"不识庐山真面目,只缘身在此山中"的困惑。相反,假如我们把历史与现状割裂开来,仅就当时而论当时,则结果必将流于轻浮。

从1990年到2020年,日元兑美元的平均汇率是1美元兑110日元,与1美元兑120日元相差不大。30年都没破的泡沫还是泡沫吗?因此我们不能认为"广场协议"要求日元升值到1美元兑120日元是错误的,至少这个指责证据不足。

日元升值没问题,升值的幅度也没问题,但是升值的速度有问题,升得太快了。我们知道,国际产业链的分布是根据各国资源禀赋特征来确定的,取其最优。如果其中一个环节的情况变化了,整个产业链都要相应做调整。在金融市场上,日元3年升值1倍好像没有什么,但是实体产业的调整速度完全跟不上。基础建设、人员培训、技术转移都是需要时间沉淀的。

日元升值,日本的人力和资源价格都变贵了,所以日本有大量劳动密集型的产业需要转移出来,而最理想的转移目标就是中国。可是在20世纪80年代末90年代初,全球政治格局发生剧变,在中国投资的不确定性陡然增加。按理想情况来说,企业可能更愿意等一等、看一看,情况稳定之后再决定是否进场。但是日元急剧升值的环境不允许企业有这样的从容。事实也确实如此,1990—1995年,日元进一步升值,突破1美元兑换85日元,相当于比1美元兑换120日元又升值近30%。当然,这个水平后来没能维持下去。但是放在当时来看，升值势头如此猛烈，企业能不惊慌吗？

日本待不住，中国不敢去，那么怎么办呢？去东南亚。仅从财务数据上看，投资东南亚的效果并不怎么漂亮。但是比较而言，发展劳动密集型产业，东南亚比南亚、中东、南美还是强一些的。因此，除非中国重返国际市场，否则投资东南亚就是最优选择。

20世纪90年代，中国重返国际市场的决心是很大的。从外部讲，国际政治格局沧海桑田，融入国际市场才是世界发展潮流。从内部讲，人口剧增导致就业压力巨大。原本计划经济的好处是集中力量办大事，相当于即时战略游戏里的"抢攀科技树"。可是在几千万年轻人就业没有着落的情况下，引入劳动密集型产业已经刻不容缓。要知道，1990年中国有一半人口在30岁以下，城市人口中的年轻人比例更高。当年的很多经济、社会现象都与这个基本面有关。

计划经济时代，人民币汇率是严重失真的。1981年年初，人民币兑美元汇率还不到1.6。后来经过几次调整，1989年1美元兑换3.7元人民币，1991年1美元兑换5.2元人民币，最后在1994年的汇率改革中，人民币一举贬值到1美元兑换8.7元人民币，然后回撤到1美元兑换8.3元人民币稳住。

在学术界，1994年人民币汇率改革得到的关注不多，大概是同年分税制改革的影响太大了，以至风头完全盖过了它。其实这项改革在全球市场上犹如一声惊雷。与1985年相比，1994年日元大幅升值，人民币大幅贬值，交叉换算过来，日元兑人民币大概升值了7倍多。再加上中国政局已经比较稳定，国际产业链向中国转移已是大势所趋。

那么已经投到东南亚的资本怎么办呢？全都成了"鸡肋"，食之无味，弃之可惜。这个时候，就需要有一个人来扮演杨修的角色，帮助曹操下定撤退的决心。在历史的机缘下，索罗斯就成了那个杨修。

不过，历史上的杨修是曹操的下属，有责任为曹操出谋划策，然而索罗斯扮演的历史角色却是不自觉的，他所遵循的唯一行为逻辑就是为资本逐利。且不说历史责任感，哪怕他严格按照基本面行事，都不会想到要攻击香港。因为资本撤出东南亚，终归要有一个去处，总不见得全世界都不要劳动密集型产业了吧？既看空东南亚，又看空中国，是什么道理呢？

从 1996 年开始，一些国际游资就开始逐步做空泰铢。1997 年，索罗斯等大鳄加入做空行列，并且造起舆论声势。原本还想骑墙观望的实业资本夺路而逃，泰国股市随即大跌。泰国央行略做抵抗之后向投机者"投降"，放任泰铢大幅贬值。整个东南亚的股市和汇市有如多米诺骨牌一般倒下。

1998 年初，香港恒生指数跌破 1 万点。同年 8 月，索罗斯进场做空，此时大约是 8000 点。不料中国香港特区政府果断进场做多，硬生生地把空头力量给顶回去了。

2020 年年底，恒生指数大约是 2.7 万点。这是多年来中国经济蓬勃发展的结果。如果我们相信，资产价格终究要反映基本面，那么只要中国内地的基本面不出问题，香港股市就坏不到哪里去。就算当年索罗斯把恒生指数从 8000 点砸到 4000 点，那又怎么样呢，最后还不是都得收复回来了？

上述道理索罗斯不可能不懂，但是他却有另一番打算。与之相关的另一个问题是，人民币刚刚在 1994 年大幅贬值，又在 1997 年危机爆发后承诺人民币不贬值，这种行为是否"矛盾"呢？要理解这个问题，我们的脑子必须复杂一点儿，把长期和短期分开考虑。

泰铢兑美元汇率在危机前大约是 1 美元兑换 25 泰铢，危机后稳定在 1 美元兑换 40 泰铢，但是危机中最高冲到 1 美元兑换 55 泰铢；印尼盾兑美元汇率在危机前大约是 1 美元兑换 2400 印尼盾，危机后稳定在 1 美元兑换 8000 印尼盾，但是危机中最高冲到 1 美元兑换 16000 印尼盾；韩元兑美元汇率在危机前大约是 1 美元兑换 900 韩元，危机后稳定在 1 美元兑换 1200 韩元，但是危机中最高冲到 1 美元兑换 1800 韩元……

从长期来看，中国香港的汇率和股市并没有高估，但是这并不妨碍索罗斯利用恐慌，短期做空获利。同样，人民币汇率稳定在 1 美元兑换 8.3 元人民币也没有高估，但是如果中国政府放手不管，人民币继续贬值也是完全有可能的。所以在危机时刻，市场陷入恐慌，失去理性定价能力之后，必须有外力介入干预，打断恶性循环，帮助市场恢复理智。从这个角度说，中国香港特区政府、中国中央政府在平息东南亚金融危机中都是有功劳的。至于基本面兴替、产业链变迁，那都是大势所趋，不存在谁对谁错的问题。

在具体分工上，中国香港特区政府直接入市干预，跟索罗斯做了交易对手；而中央政府则担任后援，并没有直接入市，或者说，还没有轮到中央出手，索罗斯就退缩了。这就好比战场肉搏，我们不能说只有冲在第一排的士兵才算参加了战斗，第二排、第三排的士兵因为没有赶上交手，就说他们没有参加战斗。所以香港一役，索罗斯是败给了中央加香港特区，而不只是败给了香港特区。

人类有同情弱者的天然倾向，因此许多人在回顾这场危机时，都会为东南亚经济感到惋惜。但是如果东南亚的制造业确实具备竞争力，那么在金融危机过后1年、3年，顶多5年就会有实业资本回归。毕竟资本是逐利的，没人会把更有效率的资源放着不用。可是这并没有发生，那么我们就必须从基本面上找原因，而不能只把注意力放在金融市场的细节上。至于马来西亚总理马哈蒂尔与索罗斯隔空论战，或者时任韩国总统金大中以红地毯迎接索罗斯，如此种种，都不过是些花絮而已。

韩国、中国台湾、中国香港和新加坡被称为"亚洲四小龙"，泰国、马来西亚、菲律宾和印度尼西亚被称为"亚洲四小虎"。当居中的那条巨龙沉睡时，它们可以尽情地舞动。而当巨龙醒来的时候，整个格局又将是另一种样态了。若干年后，人们回望这一段"曹操与杨修"的故事，它不过是巨龙出水时，爪边卷起的一朵小浪花罢了。

反身性

索罗斯的表达欲很强，这对研究他的人来说是一种福音。正所谓"言多必失"，这个道理古今中外皆同。很多大佬都害怕公开观点会被"打脸"，但是索罗斯不怕。他接受过无数次访谈，写过无数篇专栏，出版过很多本书。他的许多观点都受到人们的指责、嘲笑甚至咒骂。但是在我看来，索罗斯一生对人类思想的最重要贡献，还是那个发音古怪的词汇：反身性（reflexivity）。

那到底什么是反身性呢？它是索罗斯在其名著《金融炼金术》中首次创造出来的术语。反身性特指两种金融现象：一种存在于股票市场,一种存在于外汇市场。从哲学上说,反身性也属于"预期自致"的一种。所谓"预期自致",就是因为人们预期这个事件要发生,结果导致这个事件真的发生了。从这个角度说,我们也可以认为反身性现象是预期自致现象在金融市场中的两个特例。

股票市场的反身性,通常从一次异常定价开始。比如某只股票突然受到市场的追捧,估值上升。仅就此时而言,估值上升可能是合理的,也可能没有理由,甚至可能基于完全错误的理由。但是这不重要,重要的是,这只股票的价格提高了,于是它在并购其他资产的时候,只需要发行更少的股份就行了。当并购完成后,因为股本摊薄得比较少,所以这只股票的每股净利润立即上升了。如果这只股票的估值水平继续高涨,这个游戏就可以一直滚动进行下去。而且估值水平越高,每股净利润的增长就越快。

我们举一个简化后的例子来说明。某上市公司有1亿股本,每股价格10元,则其总市值为10亿元。另有一个金矿待售,作价也是10亿元。那么如果这个上市公司想要增发股票来并购金矿,需要增发多少股呢?答案是1亿股,因为每股10元,正好作价10亿元。并购完成后,金矿归入公司名下,此时总股本为2亿股。但是如果股价上升到50元,则只要增发0.2亿股就可以抵价10亿元了。并购完成后,金矿归入公司名下,且总股本只有1.2亿股。此时的每股含金量就比前一种情况高多了。而且如果股价再高一些,含金量还会更高。

这个过程进行到什么时候结束呢?又是某次异常的定价。也许是因为并购标的不多了,也许是并购进程出了什么问题,更可能的是没有任何重要事情发生。总之,这只股票的估值突然下降了。于是,上述过程全部颠倒了过来。在低估值时推行并购,只

金融投资篇 —— 069

会导致每股净利润下降。于是股价跌得更低，一切都进入恶性循环。

在这里，我忍不住想要引用一段《金融炼金术》的原文：

> 早期的集团企业都是那些实现了较高的内部增长率，并因此在股票市场上赢得高倍市盈率的企业。然而几个主要的开拓者意识到，它们过去那些历史性的增长率不可能无限期地维持下去，于是它们开始收购更多市盈率表现平庸的公司。但是，随着每股收益的增长加速，它们的市盈率非但没有下降，反而上升得更高。它们的成功吸引了模仿者，后来连最不起眼的公司也能够借助狂热收购而获得高倍市盈率估值。最后，一家公司甚至只要宣布即将采取收购行动，就足以赢得高倍的市盈率。

请注意，上面这段文字写成于1986年。但是我们不难从中为蓝色光标、华谊兄弟、掌趣科技、中青宝等A股上市公司找到各自的位置。借"古"喻今，毫无违和感。

其实，A股反身性现象的历史远比这些"一时之选"更为悠久。只不过以前的并购目标通常来自上市公司的集团大股东，其中的典型代表是国电南瑞和山东黄金。它们背后的逻辑是完全一致的。二级市场的投资者越热情，大股东就越有动机注入资产，注入之后的每股净利润增速也越高。

推而广之，一度盛行于A股的炒壳之风，其实也是一种典型的反身性现象。所谓壳，是指那些现有资产质量很差，缺乏赢利能力的上市公司。因为它肚子里空空的，什么都没有，但是又有一个上市公司的挂牌资格，可以用来装东西，所以叫作壳。英语里也同样有"shell company"这个说法。

其实严格说来,世界各地的股票交易所都有壳公司。美股也有,港股也有,但是 A 股的壳公司价值最大。因为 A 股股民最热情,给的估值水平最高,所以资本方都愿意把资产注入 A 股的壳里来。大家抢着要 A 股的壳,那么壳的价格怎能不水涨船高呢? A 股股民怎能不热情高涨呢?这就是一个反身性的逻辑闭环。

在 A 股市场,一直流传着"就地卧倒"炒股法的传说。其大意为:假如你炒垃圾股亏惨了,那也不要清仓,直接把交易密码忘掉,等个 5 年、10 年回头再来看,那个垃圾股很可能已经被人借壳上市,丑小鸭变成白天鹅了。

大家不要觉得这很可笑。我用量化方法进行回测,证明在 2016 年之前,"就地卧倒"策略真的可以轻松跑赢市场。由此还可以引申出一个更强大的投资策略,我称之为"地效飞行器"策略,将在后面介绍给大家。

按照经济史常识,世界上最早的上市公司可以追溯到 1602 年的荷兰东印度公司,纽约证券交易所则起源于 1792 年的"梧桐树协议"。那我们又得问了,凭什么这些好事能够轮到穷小子索罗斯呢?在索罗斯之前,就没人发现过股票市场的反身性现象吗?

还真没有。因为它不存在。

1929 年大萧条开始,次年索罗斯出生。1933 年,索罗斯 3 岁时,罗斯福当选美国总统,开始推行一系列改革。其中与证券行业有关的主要是《1933 年银行法》(《格拉斯-斯蒂格尔法案》)和《1933 年证券法》。前者确定了商业银行与投资银行分立的原则,后者对上市公司的交易和财务信息披露做出强制规定。索罗斯 4 岁时,《1934 年证券交易法》问世,美国证交会成立。索罗斯 10 岁时,《1940年投资顾问法》出台。

如果没有上述制度建设作为基础,谁想要以估值水平和每股净利润为主题,展开二级市场股权并购,那简直就是天方夜谭。

作为《1933年证券法》的配套制度,美国颁布了世界上第一套企业会计准则。在此之前,大多数上市公司都不发布年报,即使发布了,也往往语焉不详,准确披露财务信息的简直寥若晨星。人们既不知道公司净利润是多少,也不知道公司总股本有多少,更不要说每股净利润是多少了。

那在20世纪30年代之前,人们是怎么评估股票价值的呢?就看三点:一是票面面值,二是约定票息,三是企业信誉。

票面面值的意义类似于每股净资产,通常是一张纸质股票代表100美元。但是当时还没有会计制度,也没有审计制度,印出来多少是多少,所以面值与实际每股净资产不相符是常态,两者相符才是怪事。如果实际每股净资产远低于面值,就被称为掺水（watered）。不过我们后面会解释,只要公司能够按票面面值发放股息,是否掺水并不重要。

约定票息和我们今天理解的债券票息差不多,比如说股票上印了5%,那么持有人每年分红日就可以到公司财务室,凭每张股票领取5美元。有些股票会把未来5年、10年的股息预先印刷成联张邮票的样子,每年分红之后,就剪去一张。所以19世纪的文献常称食利阶层以"剪息票"为生。

假如两只股票的票面面值和约定票息都一样,怎么来区别它们的优劣呢?那就只能靠企业信誉了。规模大、历史长、产品受欢迎、领导人有魅力,这些都是企业信誉的影响因素。

但股票毕竟和债券不一样,遇到逆境是可以停止付息的。如果一只股票没有停止付息的记录,那就是信誉好。如果能拆股,那信誉就更好了。所谓拆股,就是1张纸质股票换成2张纸质股票,面值和票息不变。以前每年领5美元的,以后每年就能领10美元了。

按照今天的标准,20世纪30年代之前股票市场的投资者,都是盲人骑瞎马——乱闯乱碰。你也不要惊讶当年人们会发明出各种奇奇怪怪的技术指标和理论,因为实在是没有基本面可供分析啊!

大萧条之前的华尔街被"贵族"银行统治。它们是怎么做生意的呢?1901年摩根钢铁公司与卡内基钢铁公司合并,这是大萧条之前全世界有史以来最大的并购交易。其过程大致如下:

老J.P.摩根安排了一场看似普通的商业聚会。摩根的经理人一本正经地向人群发表演说,含蓄但是明确地透露出两家合并的意向,坐在台下的卡内基心领神会。然后,摩根邀请卡内基打了一场高尔夫球。整个过程中,双方只打球、寒暄,不谈半句生意。稍事休息之后,卡内基在一张纸片上写下"4.8亿美元"交给摩根。摩根看了一眼,迅速回答:"我接受。"接下来双方就开始把酒言欢,似乎已经完全把这件事抛在脑后了。直到几个星期之后,双方的律师才正式拟定好合同文本。

正因为缺乏科学、量化的手段来表达信息,所以一切商业行为都极度依赖个人信誉。这是19世纪末、20世纪初资本市场的根本特征。这笔交易要是放到今天来做,审计、法务、投行等领域,每个领域都得好几个团队,没有几百上千号人,不折腾个几年时间,写它几大箱文件,根本办不下来。

就研究方法而言,掌握时代背景信息无疑将有助于我们加深对历史人物的理解。本书的关注点也将从金融投资延伸向更加广阔的资本经济。其中比较典型的是资本经济篇的《应运而生》一文。笔者运用跨界大视野的方法,将华尔街两百年兴衰史浓缩在3万字之内。从应对未来百年变局的角度讲,此文亦有"前事不忘,后事之师"的阅读价值。

1954年,道琼斯指数终于摆脱大萧条的阴霾,创出了新高。两年后,26岁的索罗斯踏上纽约的土地,展现在他面前的是一个全新的时代。在这里,资本市场的主宰者已经换人了,从"贵族"银行变成了二级市场的投机者。驱动股市运转的根本力量也从高高在上的个人信誉,变成了密密麻麻的财务指标。用财务比率的变化来鼓动投机者的热情,让情绪影响价格,再让价格影响基本面。这是20世纪50年代之后才成为可能的新兴潮流,而索罗斯正是那个顺应潮流的弄潮儿。

美国大循环

《金融炼金术》的书稿写成于1986年,所以里面没有提到1992年英镑贬值和1997年东南亚金融危机。在此书中,关于外汇市场的反身性,索罗斯是这样说的:

> 当一个国家的货币升值时,该国的资产变得更有吸引力,从而吸引更多海外资金进入该国。而资金流入将进一步推动该国货币升值,于是逻辑回到原点,形成闭环。简单地说,就是升值之后更升值,贬值之后更贬值。

那为什么货币升值会使得该国资产变得更有吸引力呢？索罗斯给出了两条解释。一条是贸易层面的解释：本币升值后，该国企业的进口成本下降，利润上升。另一条是金融层面的解释：本币升值后，该国资产以外币标计的价格上升，账面浮盈加大。

在这段理论阐述里，索罗斯其实隐藏了一个"彩蛋"。他只说本币升值后，进口成本将下降，却没有提到本币升值将导致出口困难。这说明他所描述的这个国家是个逆差国，进口远大于出口，所以前一个因素比后一个因素重要得多。

在后续的案例分析中，索罗斯明确指出，他的分析对象正是美国。其中以美元相对德国马克在 1973—1979 年的贬值，以及 1980—1984 年的升值最为典型。索罗斯将这两段周期分别命名为"卡特负循环"和"里根正循环"。

对 2020 年的世界来说，《金融炼金术》中的这段分析，具有非常强烈的现实意义。今天，我们很有可能正处在一个更大规模的"美国正循环"中。

为了剔除 2008 年大衰退的影响，我们从大衰退之前的 2005 年算起。从 2005 年到 2019 年，美国标普 500 指数上涨了 159%，而欧洲斯托克 600 指数只上涨了 34%。在这一巨大反差的背后，是从 2005 年到 2019 年，美国的 GDP 增长了 65%，而欧洲只增长了 27%。欧美之间的经济走势似乎已经明显拉开了档次。美国经济的"一枝独秀"，正是支撑美国股市高歌猛进的信心基础之一。

不过，如果我们按照各国自己公布的实际 GDP 增长率来推算，则在上述时期，美国经济总共增长了 27%，欧洲增长了 19%。确实存在差距，但是远远没有达到拉开档次的程度。

为什么会这样呢？因为从 2005 年到 2019 年，美国的通胀率大约是每年2%。美国人自己在计算实际GDP增长率的时候,这部分是要扣掉的。而欧洲的通胀率只有0.5%,欧洲人也是要扣掉的。两相比较,欧洲比美国每年少扣1.5个百分点。照理说,如果汇率市场能够准确体现通货膨胀的效果,那么美元通胀高,就应该相对欧元贬值。美元兑欧元应该每年贬值1.5%,两边才能平衡。可是实际上,上述时期美元相对欧元非但没有贬值,反而升值了大约10%。这一进一出,才造成美国经济"一枝独秀"的现象。

因为美元升值,所以美元资产更有吸引力;因为美元资产更有吸引力,所以美元升值。这不正是典型的反身性现象吗?人们对美国的预期很高。当高预期得到满足之后,人们还会提出更高的预期。直到某一天,人们的预期无法得到满足,甚至突然发现美国经济不是"一枝独秀"而是"不过如此",那么整个循环过程就会翻转过来,向相反的方向发展。

这一次,索罗斯还会一语成谶吗?

万神殿

在电影《商海通牒》中有一句著名台词，说要想在金融市场上赚钱，只有三种方法：要么你比别人快，要么你比别人聪明，要么作弊（Be first, be smarter, or cheat）。

俗话说：事在人为。在大多数情况下，投资者总是习惯于从"事"的角度去考虑问题。但是有时我们也可以转换一下视角，从"人"的角度分析问题。尤其是现在网络上与证券投资相关的信息供给严重过剩，投资者与其沉浸在大量细节中无法自拔，倒不如跳出来，先想一想投资对象"凭什么赢"，再想一想你自己"凭什么赢"，或许可以起到拨云见日的效果。

以"凭什么赢"为线索，我把最近几十年证券投资领域的佼佼者分为三类：赛道、杠杆、高频，分别加以叙述。

赛道

二战胜利后,美国国运达到鼎盛。20世纪50年代,道琼斯指数比20世纪40年代的低点增长了3倍多,而股市交易量则增长了10倍多。与此同时,股市里也出现了大批新玩家。《1940年投资顾问法》出台,拉开了美国基金行业的帷幕。1950年,美国基金行业的总规模不过20亿美元左右,1960年猛增至大约200亿美元,1970年则已超过500亿美元。

既然水大、鱼大,那么池塘、河道也不得不做出相应改变。我们知道,纽约证券交易所直到今天还没有完全取消场内人工撮合,而当年更是全部依赖场内交易员手舞足蹈地撮合交易。相比于计算机自动撮合,人工撮合效率低还在其次,最麻烦的是没法保证匿名。如果大家都是散户,那倒也没什么匿名问题。可是假如某个机构想要卖出20万股福特汽车,那问题可就大了。这个消息很快就会传遍整个华尔街。原本挂在合理价位上的买单也会瞬间不翼而飞。于是大宗交易的客户希望不要进入场内报单,而是只打一个电话就敲定整笔交易。可是由谁来接盘呢?

要是在"贵族投行"时代,摩根财团的抛盘肯定是没人敢接的。因为当时的交易文化就是这样。如果没有天大的事,摩根是不会卖出旗下的股权的。而如果摩根真的决定卖出了,那它本身就是天大的事。

《1934年证券交易法》出台。同年,美国证券交易委员会成立。在它们的威慑下,很少有人胆敢在相关信息没有充分披露的时候进行大宗交易,因为这会构成内幕交易罪。所以,"接大宗"就变成一个折扣率的问题。只要在市价上打一个足够大的折扣,能够覆盖偶尔踩雷的风险,那么接盘大宗交易就总是有利可图的。

历史上第一个靠做大宗交易扬名立万的人叫迈克尔·斯坦哈特。他是对冲基金历史上一位划时代的风云人物,也是《福布斯》亿万富豪榜上的常客。其实无论是在美股还是A股,做大宗交易都是一项相当繁荣的业务,只不过它的圈子一般比较封闭,不为外人所知。原因是大宗交易很依赖个人信誉。

比如说,有人要出50万股,我根据近期盘面判断,95折拿下可以赢利。结果成交后发现,他其实不只找了我1个下家,而是找了4个下家,每家出50万股。那么明天就会有200万股夺路而逃,这一单基本就亏定了。

所以在大宗交易这个赛道上,谁做得早,谁做得大,谁的信誉高,人脉好,谁就能处于优势地位,谁就能赚钱。

1964—1981年,道琼斯指数17年总计上涨幅度为零,而同期的消费物价涨幅每年都在两位数上下,17年总计差不多200%。也就是说,这17年间股票指数虽然持平,但是购买力却损失了三分之二。这是一场隐形的大熊市。不过这场熊市倒是为一位传奇基金经理的职业生涯打下了一个坚实的基础。

1976年,富达投资集团旗下的麦哲伦基金与埃塞克斯基金合并。后者是一个反向的"传奇"。它从1亿美元开始投资,一直亏到只剩下1200万美元,积累了整整5000万美元的税盾。A股没有税盾的概念。它是什么意思呢?原来在美国炒股票,盈利部分需要缴纳资本利得税。符合一定条件的历史亏损可以拿来与近期的盈利抵销，免于缴税。这样的历史亏损就像盾牌一样可以抵御税收的进攻，所以称为税盾。

1977年，彼得·林奇被任命为麦哲伦基金的基金经理。此时基金净值1800万美元，税盾5000万美元。更妙的是，熊市尾端的客户犹如惊弓之鸟，一见回血就赎回。所以到1981年，麦哲伦基金的单位净值增长了300%，但是净值金额却仍然只有5000万美元。此时税盾已经差不多消耗完毕了，麦哲伦基金便转向外部资金开放。

对公募基金行业来说，富达投资集团开创了一种新的经营模式：以大公司的投研平台，支持一个小规模甚至是迷你型的基金，并且配给最优惠的税收条件；先在封闭期内创下骄人业绩，然后转开放。

此外，富达投资集团还推出了另一项业内领先的功能，即允许投资者在本公司旗下各只基金内互转份额。这样一来，即使投资者想要锁定利润，也不必赎回基金，只要把份额从股票型基金转入债券型基金就可以了。肥水不流外人田。

对投资经理个人来说，彼得·林奇也开创了一种新的投资方法：分散投资于大量股票，保持对各种消息敏感，见好就收，高换手，不在乎卖出后买回再卖出。

彼得·林奇的这种操作方法特别适合熊末牛初不断迎来增量资金入市的阶段，因为新入场资金的操作习惯正是听消息，炒题材，买入五花八门的热门股票。如果新增资金越来越多，那么它就会逐渐成为一种主流投资风格。这时候，投资经理就需要判断这种风格是否会长期持续，如果会，那就把它做到极致。

1990年，彼得·林奇在职业巅峰急流勇退。这对历史观察者来说是很可惜的。因为我们对他的一切观察都只来自牛市前期的特殊环境。假设身处震荡市和熊市之中，他将会如何操作？我们不得而知。不过笔者在兴全基金时，曾听明星基金经理傅鹏博这样总结：牛市分散拿妖票，熊市集中拿白马。这样对仗的两句话，也算是一个不错的"补丁"吧。当然，我们A股基金行业也有自己的财富故事，相关内容请见后文《公募基金行业往事》。

2000年，科网泡沫破灭。客观地说，不破灭不行，泡沫太大了。纳斯达克100指数整体市盈率接近200倍。财务造假、编造题材、强行炒作，不一而足。

在估值严重泡沫化的市场上，我们应当如何投资？答案是反其道而行之。买起来不舒服，那就从卖的角度去想想。直接做空当然算一个选择，但是比较危险。或者我们也可以考虑从一级市场上买，然后到二级市场上去卖。这就是PE（私募股权）的思路。一级市场还可以再分出几个层次：如果pre-IPO（准上市）企业也都贵了，那就去找尚未长成的企业，做VC（风险投资）；VC里面最早期的，又可以分出来一种叫天使投资。

2018年郑州商品交易所推出苹果期货合约。先是期货被爆炒，然后带动现货大涨，最后一群金融机构白领跑到田间地头，指着绿芽儿跟老农民订货。这两件事情的道理是完全一样的。期货就相当于二级市场，现货就相当于一级市场，还没入库的苹果就是准上市企业，买绿芽儿就是天使投资。

私募股权投资领域有个教父级人物，就是我们前面提到过的大卫·斯文森。为什么他能够功成名就？首先，他的投资平台特殊。他管理的是耶鲁大学捐赠基金会，也就是外部机构、校友给耶鲁大学的捐款，一时用不掉的，都放到他这个基金里保值增值。所以他什么都能投，期限还特别长，债务和业绩考核的压力也远比一般基金经理要小。其次，耶鲁大学是美国顶尖名校，精英校友遍布各界，而且它位于加州，临近硅谷，搞高科技创投具有人脉优势。最后还有一点，斯文森从1985年担任此职至今，资历特别老。在这个充满诱惑的圈子里，出人头地之后一般都是只管自己的钱，像他这样坚持"给人打工"的还真不多。所以他的身家可能不如某些对冲基金大佬，声誉威望则过之。

在中国证券行业的历史上，也有不少像斯坦哈特、彼得·林奇、斯文森这样，开辟新的赛道，顺应时代变迁的代表人物，比如说杨怀定。

1988年，国家宣布开始国库券（国债）交易试点。最早从7个城市开始，逐步放开到61个城市。由于各地之间国库券的价格有差异，钢厂工人杨怀定辞职全仓进行套利交易。他在价格较低的城市买入，到价格较高的城市卖出，来回不息，一时暴富，人称"杨百万"。现在人们已经很难理解这个事情了。空麻袋背米，无风险套利的事情，为什么会轮到他来做呢？

按照当时的国家规定，国库券交易是开放试点了，但那是指定区域内的行为，跨地区交易并没有开放。按照当时的《刑法》，不论什么东西，只要是异地贩卖，或者囤货居奇，都涉嫌"投机倒把罪"。这个罪名直到1997年才被取消。

如果经济学里的理性人和完全信息假设成立，那么投机倒把是无法打击的。因为供给是确定的，需求也是确定的。供给小于需求，价格就一定会上涨，即使不能明涨，也会变相暗涨。但是在现实情况中，打击投机倒把有利于压制通胀预期，从而降低需求。在2020年新冠肺炎疫情中，这个原理再一次得到证明。仅供正常使用的口罩可能本来是够用的，可是一旦引发恐慌囤积，多少口罩也不够用了。碰到这种时候，就必须打击投机倒把。

20世纪80年代后期，有一种观点认为，炒作金融资产可以分流一部分消费资金，有利于缓解通胀，所以应该鼓励炒股票、炒企业债券。但是后来发现这也行不通，因为存在"货币幻觉"现象。也就是说，当人们观察到资产价格上涨时，并不需要从中抽出资金来消费，而是会直接提高消费倾向，把储备的现金或者原本用于别处的资金转移过来消费。这一点在后来多次房价上涨导致的消费热潮中也得到了证明。

从这个角度说，杨怀定炒高国库券价格，同样会引发货币幻觉，加剧通货膨胀，所以他一直担心自己可能遭到"重拳打击"是有道理的。这绝不仅仅是他个人赚钱太多的问题，国家其实并没有那么在乎一个自然人能赚多少钱。

但是当年还有一个特殊情况，就是国库券的利率设置过低，跑不赢通胀，因此不受欢迎，只能摊派销售。而在当时的环境下，中央政府的赤字都是由人民银行直接"发票子"解决的。所以如果国库券销售不畅，将会引发高能货币直接漏出，这个危险比货币幻觉大多了。两害相权取其轻，所以国家才会对国库券的炒作睁一只眼，闭一只眼，宁可让他们把国库券的行情炒起来，以便拉动销售。

总结起来，当时的情况是，消费品和外汇是万万不能炒的，生产物资和金融资产也是不能随便炒的，唯有国库券可以炒。国库券是唯一炒高了反而有利于控制通胀的投资品种。杨怀定当年也许并不理解这个道理，但是这并不妨碍他误打误撞成了"杨百万"。

这个现象也成了后来"327 国债期货"事件的滥觞。

杠杆

有人说,杠杆是放大收益的利器;也有人说,杠杆是吞噬本金的无底洞。其实,杠杆无处不在。

比如说,很多投资大佬看好黄金,但是他们一般不会直接买入金条,也不怎么使用期货来放杠杆,而是买入金矿股。为什么呢?因为作为一家正常经营的企业,金矿公司自动带有好几重杠杆。

一是毛利率杠杆。比如现在的金价是每盎司 1700 美元,矿山开采的成本是 1000 美元,那么生产一盎司黄金的毛利就是 700 美元。所以当金价从 1700 美元涨到 1800 美元的时候,它的毛利就会从 700 美元涨到 800 美元。金价的涨幅只是 5.8%,金矿公司的利润涨幅却是 14.3%。这就是 2.5 倍杠杆了。再一个是财务杠杆。金价上涨,金矿价值提高,公司可以借入更多的债务来支持经营,省下钱来用于分红或者回购。此外还有一个矿石品位的杠杆。因为在不同的金价下,开采品位的下限是不一样的。在金价 800 美元时只能扔掉的尾矿,当金价突破 2000 美元时,又有重新提炼的价值了。所以随着金价上涨,有些矿山反而越生产储量越高了。

说到利用企业的法律架构来放杠杆,巴菲特当属古今第一人。他拥有的保险集团不仅是全球规模最大的,也很可能是投资权限最自由的。简单说,就是可用于权益投资的比例特别大,远远高于世界同行。关于这一特点,可能与内布拉斯加州保险法的具体规定有关。但是相关资料极其匮乏，我花了不少精力，还是没有找到比较容易接受的解释。

几乎任何现代国家都对商业银行的资本充足率有硬性规定。无论这家银行的董事会多么星光璀璨，它能投资于风险资产的比例就那么多。这不是对某个人信任不信任的问题。即使是 F1 车王舒马赫上高速，也只能顶着上限开。凡是涉及公众利益的事情，必须用制度加以约束。

在常见的媒体报道中，巴菲特一直是慈祥老爷爷的面目，一手端着可乐，跟肯德基的山德士上校差不多。但是我相信，任何人都是多面体，巴菲特也绝不止这一面。美国前财政部长亨利·保尔森写过一本自传，中文译本叫《峭壁边缘》，主要讲 2008 年大衰退期间的故事。书中记载了这样一则逸闻：

当时，保尔森正在准备向九大商业银行注资的方案。有一天，他累得倒头便睡，却在深夜里被电话吵醒。保尔森听到电话那头说："汉克，我是沃伦。"他一时没反应过来沃伦是谁。过了好一会儿，他才清醒过来，电话那头是沃伦·巴菲特。巴菲特不仅知道保尔森在干什么，而且给出了自己的建议。保尔森坐起身，在黑暗中深思了半个多小时。他虽然意识到巴菲特是富国和高盛的重要股东，由巴菲特来提议注资方案，其中可能包含利益冲突，但是当重新躺回床上的时候，他已经认定"沃伦的方法就是最好的方法"。

顺便提一句，保尔森在出任财政部长之前，长期担任高盛的董事长兼 CEO，绝非对金融一窍不通的政治官僚。而巴菲特只用三言两语便能让保尔森言听计从，他在美国政经系统中的能量有多大，我想通过上面这则故事就可以一叶知秋了。

借钱买股票的行为大概古已有之，久远不可考。但是同时做空相当的股票，使得多空头寸轧差后保持在1倍净值之内，这就是对冲基金的玩法了。

没有充分的信息披露规则，经常性地做空是很困难的。没有基本的净值会计准则，多空对冲规则也很难执行。好在20世纪30—40年代，一系列股市的基础制度建设完成了。目前可考的历史上第一只对冲基金成立于1949年，创始人为阿尔弗雷德·温斯洛·琼斯。

也许会有人误以为，如果多空仓位的金额相等，大盘涨跌就不重要了。这其实是错误的。因为每只股票相对于大盘涨跌的弹性不同。所以一个多空头寸金额相等的组合，如果它在牛市中赚钱，在熊市中亏钱，那只说明其中多头的部分弹性比较大而已。

在诺贝尔经济学奖得主马科维茨的《现代资产组合理论》中，他将一只股票的表现分为两部分。其中与大盘相关的，可以用大盘涨跌的某个倍数来解释的，称为beta，剩下的部分称为alpha。不过他的这篇成名作发表于1952年，比阿尔弗雷德成立基金的时间还晚3年。

阿尔弗雷德很早就意识到这个后来被称为beta的变量的存在，只不过他称之为速率。他的定义类似于这样：在1953年7月到1955年11月的一轮牛市中，大盘涨了75%，这只股票涨了150%，那么它的速率就等于2倍。

而马科维茨的定义一般是这样的：在已知的过去1000个交易日中，大盘与这只股票的日涨跌幅相关性达到90%，回归参数是1.5。也就是说，用1.5倍的大盘涨跌幅来解释这只股票的涨跌幅，可以使未能解释的部分最小化。那么它的beta就是1.5倍。

很明显，后者的定义要复杂得多，数学味儿也浓郁得多。但是我个人认为，马科维茨的这个定义反而是有问题的。因为回归的数学基础是最小二乘法，它需要忽略一些异常值来求解，然而在实际交易中，这些异常值往往才是真正重要的。

俗话说：路遥知马力，日久见人心。两个变量之间的关系也是这样。你不要看它们平时纠缠在一起，好像高度相关，可是一到关键时候，往往就背离了。我们还会经常发现，两只股票平时看似各自漂泊，互不相关。可是一遇到大行情，一只股票拉起来了，另外一只也会立马追上去。这些情况，马科维茨的理论都是没法处理的。而像阿尔弗雷德那样，通过适当的历史分期，等到行情的演绎达到完全充分之后，再回过头来做整体统计，就可以避免这个问题。

但是阿尔弗雷德的办法也有一个坏处，那就是带有主观性。一轮牛市的存在本身是显然的，谁都无法熟视无睹，但是这波牛市从哪里开始、到哪里结束，就很有可能众说纷纭了。对学术论文来说，带有主观性是致命伤。不过落实到实践中，还是巴菲特说得对：模糊的正确胜于精确的错误。

通过同时挑选合适的做多和做空标的，基金可以在控制风险的同时，追求更高的收益，这就已经比单边放杠杆要进步多了。不过，如果我们把眼光投放到股市以外，那么选择投资机会的空间还会更加宽广。当然，能不能赚钱，最终还得看你的具体判断是否正确，而不是你的投资工具和数量模型有多么高大上。

20世纪七八十年代是宏观对冲的黄金时代。美国脱离金本位之后，天下大乱，产生了一系列类似于多米诺骨牌的经济现象。中东战争导致石油危机，油价暴涨使得日本的经济型车横扫美国市场，日本对美贸易顺差激增，广场协议规定日元升值，并且调整成本由日方承担，那么显然日元的利率势必下降……

宏观对冲基金进化的终极形态可能就是索罗斯的量子基金。它的投资横跨股、债、汇、商品四大市场，单边头寸合计可达5倍净值，但是多空对冲之后的净头寸通常在2倍左右。量子基金的激进风格创造出了奇迹般的收益。不过乱世总会过去，进入21世纪之后，宏观对冲基金逐渐失势，业绩神话越来越少见，在市场上的资金占比也日益缩小了。

杠杆投资当然也有失败者，其中最著名的恐怕要属美国长期资本管理公司（LTCM）了。从时间线上看，1997年，索罗斯的量子基金搅乱了东南亚，随后危机波及韩国、日本和俄罗斯。1998年8月，俄罗斯宣布拒付国债，欧美金融市场受到震动，风险溢价上升，资产定价出现混乱，最终LTCM遭遇巨亏并破产。所以从某种程度上说，LTCM实际上是被量子基金间接杀死的，就像汉武帝北击匈奴间接导致了西罗马帝国灭亡。它的故事大概可以从三个层面来讲。

第一个层面就是杠杆本身。LTCM崩溃前的净值大约是48亿美元，而它的投资组合曾经超过3250亿美元，杠杆高达60倍以上。在崩溃的过程，它拼命试图降低头寸。可是当它把组合规模降到1200亿美元时，它的净值也亏到只剩下20亿美元了。杠杆还是60倍！

杠杆过高，这是LTCM失败的首要原因。当然，在黑天鹅出现之前，LTCM似乎完全有理由享受极高的杠杆。它的团队名单豪华无比，包括2名诺贝尔经济学奖获得者，还有被视为格林斯潘继任者的美联储官员跑来入伙。令人眼花缭乱的高端数量模型显示，公司破产的可能性是几万亿年一遇。但是实际上，公司只存在了3年多。

第二个层面是 LTCM 的策略特征。LTCM 跟量子基金完全不同，它不追随趋势，更不创造趋势，而是专注于套利交易，也就是从市场的定价差异中获利。比如在国债市场上，新发债券的流动性较好，价格会略微高于老券，而两者的质地是一样的，这样就形成了套利机会。LTCM 将会买旧卖新，然后坐等两者的价格趋同。

量子基金的头寸虽然横跨多个市场，但是全部持仓罗列出来一般不会超过 20 种，而且它们通常是围绕着同一个主题展开的，比如说石油危机。索罗斯会从股票、商品、外汇等多个角度下注，寻找所有受益于石油危机的标的。最终只要主题抓对了，量子基金就能大赚一笔。

在这个过程中，规模不是量子基金的敌人，而是有利于它的操作。比如 1992 年做空英镑，量子基金一家的做空金额就接近英国外汇储备量的 1/4。其实如果索罗斯只是一介散户，狙击英镑这件事情反倒很有可能办不成。

套利交易就不一样了。每一个套利机会的收益空间都是相对独立的。假设你有一双鹰眼，可以瞬间发现市场上所有的套利机会，并对它们的套利空间做出排序。然后你肯定会挑选其中最丰厚的几笔来做。可是如果你的资金量非常大，那就不得不考虑一些比较贫瘠的机会了。

对套利基金来说，规模越小，收益越高；规模越大，收益越低。这是一条定律。LTCM 成立时的净值是 12.5 亿美元，3 年增长 2.84 倍，达到 48 亿美元。这本身就是一项沉重的负担。如果它能够及时清退一部分资金，结局可能会好得多。事实上，在 LTCM 之后，清退外部资金已经成为套利基金的惯例。现在业内最优秀的套利基金，基本上都只剩下团队成员的个人财产了。

第三个层面是从时代变迁的角度分析。从微观上看，套利机会的形成总是有具体原因的。比如流动性、税务问题、法律义务的不确定性等等。但是从宏观上看，套利机会是市场混乱的结果，往往出现在暴涨暴跌之时或者金融危机之后。

整个20世纪80年代和90年代初，金融市场的主题眼花缭乱。先是美联储强力加息到20%，然后是储贷危机、广场协议、苏联解体……兵荒马乱的时候，谁都愿意做趋势交易，即使不是为了获利，也是为了避险，很少有人会静下心来做套利交易。据说LTCM的套利交易平均收益率空间只有2.5%。在乱世中，这点蝇头小利是谁都看不上的。

其实，这还不仅是收益空间大小的问题。如果市场的混乱已达到顶点，后续人心逐渐稳定，则套利空间将不断缩小。此时的套利机会更多，收益也更丰厚。比如前面说的2.5%的套利空间，如果1个月就收敛了，那么年化收益率就是30%。

可是如果市场的混乱刚刚开始，那时候进入套利交易，就好比在压路机前捡硬币，2.5%的套利空间非但可能长期不收敛，反而有可能扩大。这时候你要是想通过反向交易来退出头寸，卖出你所买入的，买入你所卖出的，那么你自己就是混乱的来源，损失很可能更加急剧扩大。

从这个角度说，趋势交易和套利交易，两者合起来，才能充分反映时代变迁的两个阶段。量子基金登场的时候，LTCM就应该退场。等量子基金大闹天宫完了之后，LTCM再出来收拾残局。直到套利机会所剩无几，所有人都以为岁月静好的时候，再反过来搞一波。

不过从人性的角度说，这很难。越是成功的大佬，性格往往也越是自负,越难承认自己的局限性。不服老,不服输,逆天改命,那多酷呀!所以很多人的问题是拿不起,而另一些人的问题却是放不下。

高频

古语说:聚沙成塔,集腋成裘。大量的小额收益可以积累形成巨大财富,这个道理古今皆同,没有什么神秘的。问题的关键在于频率。如果单次收益很小,交易的频率又很低,则其积累速度势必很慢,收益率不高,甚至低于无风险利率,那么这种交易策略就没有存在的价值。所以在金融市场上,投资者偶然发现免费的午餐并不稀奇,薅一把羊毛就完了。关键是交易的频率必须够高,积累的速度必须够快,其收益至少要明显高于无风险利率,那才算得上是一种交易策略。

人脑擅长以低频率做出少量复杂决策,而计算机则相反,它擅长以高频率做出大量简单决策。所以高频交易真正崭露头角,是在计算机技术大量运用于证券投资领域之后。这个时间节点,大概不会早于20世纪90年代。

1987年有一次著名的股灾,标普500指数单日下跌22.6%。量子基金的基金经理德鲁肯米勒在股灾前几天惊险逃顶。他是怎么做到的呢?这里面有一个掌故。

德鲁肯米勒的老板索罗斯有一位好朋友,也是对冲基金大佬,叫保罗·都铎·琼斯。这位大佬有个爱好:收藏股价图表。据说那几天，索罗斯正好从他那里借来了一堆图表进行研究。德鲁肯米勒在旁看了看，觉得好像有些不妙。第二天一早，他就跑到另一家公司去查图，确认自己的看法没错，然后就等股市一开盘便砍仓了。

这个掌故本身并不重要，重要的是它所包含的细节。今天的任何一个散户都可以非常方便地通过计算机浏览股票K线，并且可以任意放大缩小时间范围或者调整坐标轴。而直到1987年，对冲基金顶级大佬都无法做到这一点。

1982年，数学家詹姆斯·西蒙斯创办文艺复兴公司。1988年，公司推出了旗舰产品——大奖章基金，不过当年即遭遇惨败，基金净值下跌25%后止损。经过重整之后，1990年，大奖章基金再次启动运营，立即获得了惊人的成功。仅仅3年后，大奖章宣布停止接受外部资金，并开始通过不断分红强制清退资金。此后，文艺复兴公司又推出了许多基金产品来承接外部资金，不过这些产品的业绩始终都无法望大奖章之项背。

据传，大奖章基金成立至今30年，年化收益率高达40%。不过我们几乎没法找到任何有用的信息来对大奖章的策略进行客观评价。这只基金太神秘了。市场上广为流传的只有一些轻佻和浮躁的传说。

在A股市场，笔者接触过一些高频交易的案例。比如说著名的"T+0"策略。众所周知，A股实行的是"T+1"交割规则，也就是说，卖出股票之后，当天还可以再买入；但是买入股票之后，当天不可以再卖出。按照这个规则，假如存在一个方法，可以预测未来几分钟或几十分钟的股票下跌，我们姑且称之为"短跌"，那么你是可以从"短跌"中获利的。因为你可以卖出股票，待其短期下跌之后立即买回。但是假如存在一个方法，可以预测未来几分钟或几十分钟的股票上涨，我们姑且称之为"短涨"，则一般来说你是无法从"短涨"中获利的。因为你不能买入股票，等它短期上涨之后立即卖出。

我们把逻辑再演绎一层："短跌"策略有可能被开发出来，但是随着资金不断涌入，这个信号很快就会失效；"短涨"策略也有可能被开发出来，而且因为一般资金无法加以利用，所以它很可能长期有效。因此对"T+0"策略来说，研究"短跌"的意义不大，关键是研究"短涨"，然后再找到从中获利的办法。

那么，从中获利的方法又是什么呢？就是要找到一个主动投资者，他愿意长期持有一个股票组合。那么对这个组合中的股票来说，每个交易日，它们都有一次被卖出然后再买回的机会。如果你不去交易，这个机会就浪费掉了。而这个机会，恰恰可以用于捕获"短涨"。

笔者跟"T+0"策略的渊源还是挺深的。我个人的资金、我管理的信托账户，甚至我在境外做的权益互换，都与"T+0"策略团队相关。据我所知，他们的盈利主要来自"短涨"，而且具体操作手法是依市场情况而随时变化的，唯一不变的就是需要有人替他们长期持有一个股票组合。当然，我愿意持有的未必是"短涨"机会最多的。"T+0"策略团队也会推荐一些他们喜欢的股票，你买不买，就看两边利润怎么分成了。

"T+0"策略是由A股市场的特殊交割规则导致的。而在国内期货市场，还有一种由交易所费用导致的过夜策略。如果你开仓多头或空头，当天收盘前就平仓，这称为日内交易。如果持仓到收盘之后，次日平仓也好，下周平仓也好，持有到交割也好，都称为跨日交易。这两个概念是世界各国都有的。不过中国的交易所特别喜欢对日内交易加收费用。这可能是一种抑制投机的姿态吧。在上海期货交易所,专门有一个交易项目叫"平今",也就平当日开的仓,这个项目的手续费特别贵。其他如郑州商品交易所、大连商品交易所、中国金融期货交易所虽然没有把"平今"单独列出,但同样也是要加收手续费的,只有个别品种可以豁免。

这样就造成了类似于"T+1"交割的效果:日内的、短期的、小额的价格波动,即使可预测,也没法充分利用,因为无法覆盖"平今"交易的额外手续费。这时候如果你有较多的冗余资金,则可以不采取平仓,而采取反向开仓的方式了结交易。比如说我本来要多头平仓的,现在不平了,改为持有一多一空,等过了夜,明天再多空一起平仓,把保证金释放回来。

相比于"T+0"策略,过夜策略比较简单,只需要找一个大金主,让他注入足够多的资金,就可以运行了。市面上能够提供整装资金的金主,收取的资金利率通常不低于年化8%,而过夜策略仍然能够在此基础上繁荣发展,其中的油水可想而知。

也许有些人会觉得,你说的这些高频交易,好像有点旁门左道,不像大家想象的那样,一群拥有外星人智力的天才对着屏幕猛敲键盘,"站着把钱赚了"。说实话,笔者自己也一直这么觉得。

不过2019年4月,文艺复兴接到了一则诉讼公告,是IRS(美国国税局)告它逃税。IRS指控的逃税金额是多少呢?68亿美元!跟整个大奖章基金的规模差不多了。

因为这个案子还没有审结,所以我只收集到媒体上的零星信息,大概是这样的:巴克莱和德意志银行帮助西蒙斯把股票伪装成期权，从而规避股票的日内交易税。它们具体怎么规避的还不清楚，但是我个人猜测基本原理也不太复杂。股票不就等于行权价为 0、期限为无穷大的认购期权吗？2008 年保时捷就曾经利用这个原理逼空过大众公司的股票。

无论西蒙斯到底是不是"站着赚钱"，对高频交易的非议是长期存在的。中国的整个交易制度体系都是不利于高频交易的。上交所 3 秒才推送一次十档委托数据；中国金融期货交易所好一点，0.5 秒推一次。在外人看来，0.5 秒好像已经很快了，但是对美股高频交易策略来说，这个时间段就好比一条漫长、漆黑的隧道，它里面可以隐藏太多恐怖的东西了。

诺贝尔经济学奖得主詹姆斯·托宾曾经主张一种普适的交易税，人们称之为托宾税。他的理由很简单，高频交易也许可以让资产定价的精确度从 0.01 元提高到 0.001 元，也许可以让价格对信息的反应速度从 0.1 秒提高到 0.01 秒，可是这种提高对于实体经济根本没有帮助，反而是万一出点问题，比如乌龙指、闪崩之类的，倒有可能对实体经济造成很大伤害。

托宾税最早是在 20 世纪 80 年代初提出的，正是美元脱离金本位之后、广场协议之前，索罗斯的金融炼金术大行其道的时候，所以托宾税最早专指对外汇交易收税。后来人们才把它的定义拓展到所有金融资产了，也不知道这种拓展是否得到了托宾本人的认可。

我个人很支持托宾税的逻辑，但是实际上它很难落地，因为资本实在太灵活了。全世界只要还有一个避税天堂、一个自由港，资本就全跑到那里去了。也许只能期待人类命运共同体早日建成吧。

PK 游戏

我相信,许多投资者都能感觉到,投资二级市场跟经营实体经济是不太一样的。它有一些独特的思维方式,比如说逆向思维、敢当少数派、不能"耳根子软"、要懂得拒绝别人等等。

在我看来,证券投资和实体经济的最根本差异在于他们的"胜利条件"。如果用电子游戏来打比方,实体经济好比是种田游戏,胜利条件是完成一定的工作量。而证券投资就是像一场 PK 游戏,胜利条件是击败其他玩家。我们平时听到的很多成功投资人的特征,其实都是从 PK 游戏的特征中衍生出来的。

种田游戏的核心逻辑是一分耕耘,一分收获。你投入的工作量越大,获得的回报就越高。所以绝大多数实体经济行业的学习曲线都是一条向上倾斜的直线。最没有经验的人回报最低,随着经验的增长回报逐渐提高。

PK 游戏的核心逻辑是赢者通吃。假如最后不能赢,那么你前面投入的越多,亏损就越大。所以证券投资领域的学习曲线通常是一条先向下挖坑,然后再逐渐抬高的耐克钩。最没有经验、完全瞎投的人往往业绩处于中游水平,亏损最严重的恰恰是那些有些经验、有些想法甚至有些信仰的人。

这个耐克钩形的学习曲线,可以解释许多人连续、超额亏损的原因:随意变换投资策略。前一个坑还没有爬出来,就急急忙忙地跳下另一个坑,简直就是以身试法,似乎一定要亲自证明任何一种投资策略都是有风险的。

在学习曲线为直线的行业里,新人不必想太多,埋头苦干就是了。方式方法当然是要讲究的，但是资源投入量往往是决定性的因素。而在学习曲线为钩形的行业里，抬头看路很可能比埋头苦干更加重要。就像本文开头说的，你得先问问自己，你凭什么赢？首先要选择一条适合自己的策略，然后再持之以恒地磨炼提高。千万不要随便乱跳，以身试"坑"的代价太大了。

有些投资者可能认为自己一无长处，没有任何策略可用。这不符合辩证法。除了个别极端情况，绝大多数事物都是优点与缺点并存的。比如说，有些人的本金较少，可能只相当于几年的工资。从迅速增值改善生活来说，这可能是一个缺点，但是从积累业绩、培养财商的角度说，这可能又是一个优点。因为你有源源不断的现金流可以补充本金。这可是许多投资大佬梦寐以求的条件。现实中确有这样的悲剧案例：执掌几亿、几十亿资金的大佬，因为某次巨幅亏损而一蹶不振甚至跳楼自杀。为什么？因为他没有卷土重来的条件了。所以对这样的投资者来说，最适合的策略也许就是宽基指数定投，耐心等待市场出现极端高估或低估，然后再从容判断是应该出货还是应该加仓。

本文名为万神殿，取自意大利罗马的著名景点。我个人非常喜欢这个建筑，因为它造于古罗马，当时基督教尚未流行。古罗马信仰多神教，万物皆可有灵。而基督教则是严格的一神教。所以万神殿与欧洲的其他教堂相比，前者圆润通透，后者高耸威严。回到投资领域来说，我相信成功的投资策略绝对不止一种，但凡能够将投资者自身条件与时代主题结合起来的策略，都会是成功的策略。

公募基金行业往事

笔者曾经在公募基金行业执业多年,转型之后又是一个基金产品的积极投资者。我们观察基金产品有两个视角:从内部看,它体现为净值;从外部看,它体现为价格。在这两条线索之间,到底曾经擦出过怎样的火花呢?请看我的一些回忆。

激情岁月

1986年，工商银行下属上海信托投资公司成立证券业务部，开办股票交易。1988年，人民银行批准在多个城市试点国库券交易。1990年，沪深交易所相继开业。1992年，深圳、沈阳、大连、武汉等地纷纷设立共同基金。1993年8月，来自山东的淄博基金在上交所挂牌，成为中国第一只上市基金。

淄博基金发行净值1元，上市当天收盘价5元。2000年，淄博基金改制，并入基金汉博。该基金在存续期间的成交价最高达到12.39元，最低价也有1.6元，价格始终远远高于净值。如此"纪录"在今天的投资者看来，难免掩面哂笑：当年真是人傻钱多啊！可是历史果真如此简单吗？恐怕不尽然。

淄博基金是由人民银行总行直接批准设立的。它主要投资淄博地区的乡镇企业和相关服务产业股权，这部分投资不得少于基金净值的60%；同时可以投资各类债券和上市公司股票，这部分投资不得多于基金净值的40%。

由此可见，淄博基金并非我们现在通常理解的证券投资基金，而是一个证券和产业投资基金的混合体。而且从法律意义上看，它显然不是依据契约成立的，而是由央行批准成立的独立法人。或者我们干脆可以说，它实际上就是一个主营投资控股的上市公司。

如果从这个角度来看它的估值，那就容易理解了。1993年，中国经济全面过热，CPI（消费价格指数）同比增速14.7%，固定资产投资增速45.3%。人们对于投资机会的追求达到了狂热化的程度。淄博基金的超高溢价，正是这一宏观背景的微观反映。

在《三国演义》中，罗贯中给黄巾起义的领袖张角安排了一段台词："至难得者，民心也。今民心已顺，若不乘势取天下，诚为可惜。"对淄博基金来说，它所面对的形势跟当年张角相去不远。假如市场给了我10倍PB（平均市净率）的估值，那么我只要增发10%的股本，就可以把净资产翻一倍。融到的这笔钱无论放在哪里，哪怕是放在保值补贴的国库券里，都可以轻松拿到两位数的回报。股本摊薄10%，而利润翻番，这业绩岂不是爆发式增长？

如果业绩增长足以维持高估值，甚至推动估值水平进一步高涨，那么它就形成了一个高估值、高融资、高增长的循环。而这个过程，正是索罗斯所说的反身性。

然而，从1993年上市到2000年改制，监管层始终没有给淄博基金这样的机会。只是在1995年，包括淄博基金在内的几家上市基金经历过一次短暂的炒作。起因是传言基金管理法要在当年出台，小盘基金可能进行扩募。而扩募，正是驱动反身性过程的关键。所以你说当时的市场只是"人傻、钱多"吗？

不过，传说中的基金管理法始终不见踪影。直到1997年，证监会才颁布了《证券投资基金管理暂行办法》。2003年6月，《证券投资基金法》正式施行。请注意，相比1995年的传言，最终通过的法律名称中多了"证券投资"4个字。

中国的证券投资基金，最终选择了契约型的法律体系。基金公司是管理人，基金发行的份额是受益凭证，基金份额的持有者是客户。这一切安排，在今天看来似乎是天经地义的。其实在此之外,还有一种公司型基金的法律体系。

公司型基金本身是法人,可以发行股票,基金管理人和投资者共同持有它的股票。今天我们可以见到的许多产业投资基金就是公司型基金。中国没有公司型的证券投资基金,但在美国,公司型的证券投资基金却有不少。

从反身性的角度来说,契约型基金是没有反身性的。因为客户认购基金份额时,只以净值作价。也就是说,只有基金持有的股票、债券、现金才计价,这只基金本身的品牌、声誉、历史业绩,基金公司方面的投研团队、前后台、无形资产等资源投入统统不计价,不论它们是增加了价值还是毁灭了价值,一概忽略不计。

因此,契约型基金理论上不可能出现高溢价发行,不可能实现以较小股本扩充大量资本,所以反身性过程也就无法实现。公司型基金则是有可能实现反身性的。比如在新三板上市的一些产业投资基金,它们在2014年、2015年实现了10倍PB左右的超高溢价发行,净资产成倍增长。

比如硅谷天堂,2015年中期股本13.75亿元,净资产33.7亿元;增发后,股本只增加到14.77亿元,净资产却倍增至68.9亿元。

再比如中科招商,2014年年底股本11.82亿元,净资产19.2亿元;增发后,股本只增加到18亿元,净资产却激增至146亿元。

要知道,一般企业从融资、投产到产生效益,得有一个数月乃至数年的周期,然而很多金融资产是投入进去立即开始计算收益的,所以如果不是2015年下半年发生股灾,市场行情急转直下,这些公司的业绩爆发几乎是板上钉钉的事情。一次经典的反身性过程,可谓功亏一篑。

对投资者来说,参与契约型基金,你跟基金公司之间永远是客户与管理人的关系。基金对你的所有回报，仅仅体现在股票、债券等资产的净值上面。这个基金以及基金公司的一切其他发展都与你无关。基金公司要招募新客户，也与你这个老客户无关。

但是在公司型基金中，投资者与基金公司是共同创业打天下的团队伙伴关系。除了账面净值，投资者还可以享受到基金公司"逐鹿中原"带来的损益。如果有新的投资者想要进来，就必须得到原有股东的多数同意，价格当然也不会便宜。在今天的产业投资中，C轮的入股价格一般不能低于B轮，D轮的价格不能低于C轮，这种先来后到的"礼遇"几乎已经成为行规了。

我们平时看电影、电视剧，都会讨厌别人"剧透"。因为提前知道结局会导致你无法充分代入前续剧情，影响欣赏效果。我们研究历史，同样要排除"剧透"的影响。假如在世纪之交，中国选择了公司型的法律体系，那么在1993年，高溢价买入最早的一批基金公司，就具有相当的合理性。

事实上，在高科技创业投资中，卡位式投资是很普遍的。比如我看好某一个细分领域，但是技术路线和竞争格局看不清楚，那么我就把市面上最好的3家或者5家公司全都投一遍。而且这时候的价格不是按照眼前的财务数据来测算的，而是按照未来的行业前景倒推出来的。因为无论哪一家做大了，我都可以作为老股东，坐收后来者上缴的"买路钱"。

2012年，明星基金经理王亚伟离开华夏基金时，跟记者算了这样一笔账。他担任公募基金经理14年，从基金兴华到华夏大盘精选，如果分红再投资，差不多14年时间可以把1元钱变成28元钱。这个回报已经相当惊人。但是华夏基金在1998年成立的时候，注册资本只有0.7亿元。而到2012年股权转让时，整体估值是160

亿元，外加期间高达 40 亿元的分红，复权收益在 200 倍以上。所以同样是 14 年，基金公司本身的价值增长要远远超过全市场最优秀的基金的业绩增长。

当年炒作淄博基金的人们，是否曾经抱有如此远大的梦想，如今已不可考。淄博基金就像一块废弃的路标，它所指向的，是一片与当今世界完全没有交集的"平行时空"。

腹背受敌

1998 年，上证指数下跌 3.97%。在这个温和的数字背后，却是宏观经济和周边市场的惊涛骇浪。1997 年，泰铢开始贬值。进入 1998 年之后，金融危机席卷亚洲，俄罗斯国债违约，全球股市暴跌。

在当年的全球主要市场中，承压最大的是港股。因为香港的经济基本面与东南亚地区高度关联，但是港币的法定币值却与美元挂钩。假如港币可以贬值，那么以港币计价的股票价格多少可以得到一些支撑。因此，虽然香港特区政府直接入市，强力干预，但是至 1998 年 8 月，恒生指数仍然近乎腰斩。

在此期间，A 股的走势虽波澜不惊，可是监管层却早已忧心忡忡，压力更甚于香港。一方面，国家已经承诺人民币不贬值；另一方面，当年 A 股的整体市盈率却高达 40 倍，只有 5% 的个股市盈率在 20 倍以内，而且庄家横行，投机炒作，大量散户沉迷其中。一旦外资大鳄破门而入，后果不堪设想。

庄家这个概念，已经远离 A 股市场很多年了。当年所谓的庄家，是指一个人或者资金集团，他们控制了上市公司绝大多数的流通股份，然后再通过左手倒右手，就可以随意控制股价的涨跌。那么在未来一天或几天，股价将会上涨还是下跌，就成了庄家设置的底，而散户则去猜这个谜，就像赌场中的押大小一样。

庄家如果操纵得巧妙，做庄游戏可以持续很久。可是一旦玩砸了，结果也是非常惨烈的。2003 年德隆系崩盘，他们做庄的合金投资走势如图 4：

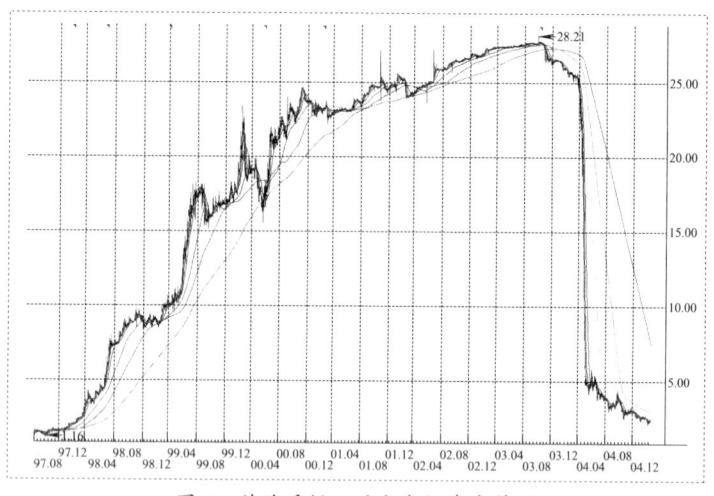

图 4　德隆系操纵的合金投资走势图

就在这样的时代背景下，"老十家"公募基金管理公司问世了。此时的基金可谓临危受命，它们的使命有两条：一方面，要为市场引入新的投资风格，证明不坐庄也可以赚钱，进而提高市场定价效率；另一方面，也要教育投资者，证明分散投资、长期投资胜于短炒，进而改变投资者的风险偏好。

基于这两点考虑，1998—2001 年，新发的基金大都具有两个特点：一是规模特别大，不是 20 亿元就是 30 亿元。这个规模即使放到 20 年后来看，也算是相当可观了。而且 1998 年中国的 GDP 还不到 2020 年的 10%，M2（广义货币供应量）货币供应量还不到 2020 年的 5%。所以当年的 30 亿可比今天的 30 亿分量重多了。二是长期封闭，封闭期统一为 15 年。这个设计相当考验投资者的耐心。后来，许多 1998 年以前发行的像淄博基金那样的"老基金"，也都改制成了这样超大规模、长期封闭的"新基金"。

新基金的发行得到了股民的热烈欢迎。1998 年发行的 5 只基金，规模每只 20 亿元，总计 100 亿元，共吸引认购资金 5366 亿元，平均中签率不到 2%。未中签资金转入二级市场对其大力追捧，使得新基金的溢价高达 100% 以上。其狂热程度与"老基金"并无二致。

1999 年，新基金的发行规模更从每只 20 亿元上升到 30 亿元。不过新基金的盘子毕竟太大，发行速度也逐渐加快，场内游资很快就支撑不住了，溢价转为平价，平价再转为折价。

图 5 显示了从 1998 年到 2015 年，上市的封闭式基金折溢价与基金行业总规模的变化趋势。其中基金数据剔除了上市不满 60 天以及存续期不满 1 年的样本，基金行业总规模只统计股票型和混合型基金，并以对数坐标轴显示。

从图 5 可以看出，随着新基金大规模发行，封闭式基金的溢价率迅速跳水并转入折价。整个 2000 年加上 2001 年前 3 个季度，没有新基金发行，封基溢价率又逐渐转正。

2001 年 9 月，开放式基金问世，基金发行再次提速，封基折价一路探低至 30% 左右企稳。2008 年之后，基金行业规模趋于稳定，封基折价率也回升到 10% 左右再次稳定，直至 2016 年最后一只封基到期。

图 5 1998—2015 年上市的封闭式基金折溢价与基金行业总规模

2001 年，中国基金行业的发展路线再次发生战略性改变，从封闭式基金转向开放式基金。为什么要做这个变化呢？最常见的解释是，开放式基金允许基民用脚投票，有助于实现基金行业的优胜劣汰。这个说法看似冠冕堂皇，无可反驳，事实上，就像绝大多数股民没有选股能力一样，没有任何证据显示，作为一个群体，基民有"择基"能力。

2020 年 5 月，笔者对 A 股所有的股票型和偏股型开放式基金进行了统计，考察它们发行之后的规模变化。结果显示，半年后规模变化的中位数是 -30.5%，一年后规模变化的中位数是 -47%。

为什么要用中位数呢？因为一个小基金增长1000%，很容易就把平均数给带偏了。所以对于内在差异很大的样本集合，我们通常看中位数。我们大概可以这样理解，开放式基金的基民，半年跑掉三分之一，一年跑掉一半，这是最常见的情况。

我想，上述结果足以说明，封基的交易折价并非是因为基民对它们的业绩不满意，而是因为根深蒂固的短炒习惯。持有了一阵子，总是要走的。假如你封闭了不让他赎回，那么他就宁可在二级市场上折价抛出。

更有趣的是，在上述统计中，如果我们只看那些净值低于1元的基金，则它们半年后的规模变化中位数是-22.8%，一年后的规模变化中位数是-35.8%。也就是说，亏钱了，基民反而不愿意走了。与之对称的另一个现象是，许多明星基金很不情愿接受"市场的奖赏"，害怕扩大规模。王亚伟的华夏大盘精选就是这类基金中的典型，虽然身为开放式基金，却长期不开放申购，只开放赎回。上述两个现象加起来，就是"劣胜优汰"，与流行的解释完全相反。

当初发展基金行业，打出来的旗号就是专家理财胜于散户。没想到，现在专家反而要去迎合散户的短期偏好。这不是本末倒置吗？许多新任基金经理从职业生涯一开始就要面对巨大的营销压力，根本没机会去锻炼长远眼光。即使是坚定看好的股票，在赎回压力下也不得不割在底部。因此笔者认为，从封闭式转向开放式，仅对投研团队的成长而言，是坏事而非好事，至少是损失大于收益。

不过，具体到世纪之交的市场环境，这些损失恐怕又是必要的代价。因为基金行业从来都是腹背受敌，既要面对市场，又要面对客户。在必要的情况下，只有对客户妥协了，才能更好地集中精力对付市场。

从微观上说，一家基金公司，无论采取什么方式，首先要把管理规模做上去，解决了温饱问题，然后才能从容地培养自己的投资、研究人才梯队。从宏观上说，基金行业如果没有一定的资金规模，在市场上就不可能形成机构投资者的话语体系，也就谈不上提高市场效率。

以今天的标准看，市场上那么多基金经理，也未必个个都懂得价值投资。但是至少有双十约束（个股占基金净值不超过10%，基金持有股本不超过10%），再加上季报披露、银行托管等一系列规范化管理手段，想要像20世纪90年代那样控盘、洗盘、暴力做庄肯定是不行了。而在当年，能够做到"规范操作"这一点就已经难能可贵了。

其实多年以来，监管层一直没有放弃"复活"封闭式基金的努力。他们用各种甜头去引诱投资者，换取他们放弃短炒习惯。由此还引出了一桩公案，我们放在后文讲述。

折溢价之谜

2001年之后，封闭式基金的二级市场价格长期明显低于其净值。这可能是A股历史上第一个能够引起学术界强烈关注的市场现象。今天在中国知网上，可以轻松搜索到数十篇当年讨论这一现象的论文。

按照学术规范，研究之前需要先做文献回顾。可是学者们这一回顾，就把中国 2001 年之后的情况嫁接到美国和英国的经验上去了。毕竟容易查到的英文论文就那么多。据我所见，没有一篇文章提到中国在 20 世纪 90 年代"老基金"价格长期、大幅高于净值的历史，甚至连 1998 年改制之后，新基金从溢价到折价再到溢价的 V 型走势，也同样没有一篇文章对此进行回顾。

于是，价格与净值的动态关系问题，变成了"为什么封闭式基金总是折价交易"，一个具体的历史现象变成了一个静态的逻辑问题。那么答案是什么呢？美国的那些论文，无非是从费用、会计和税收等方面去找原因。可是这些具体原因在中国根本不存在。于是，只好以"没有结论"，或者干脆以"市场非理性"收场。

其实要我说，答案很简单，就 4 个字：供过于求。假如基金行业发展得慢一点儿，不要发那么多产品，封基就很有可能继续像 2001 年之前那样，平价甚至溢价交易。

一只封基的规模数十亿元，每天成交不过几千万元，平均换手率在 1% 以下。这 1% 的人的想法能够代表全体持有人吗？想象一下，假如有一个净值 1 元的基金，我们要求所有持有人都必须挂出一个卖单，委托价格会怎么分布呢？可能有 10% 的人会挂在 0.8 元，20% 的人会挂在 0.9 元，60% 的人会挂在 1 元，还有 10% 的人大概会挂在远高于 1 元的位置上。当然，以上数字全是我凭直觉随手写的，但是这样的分布关系大概不无道理。

类似的问题还有分红和回购的关系。这两者都是上市公司分配现金的手段，它们对股价的影响如何，学术界不知道发了多少篇论文来讨论。其实我们也可以这样想，假如要求所有股东必须挂出卖单，那么可能只有百分之几甚至千分之几的委托会挂在现价附近，其他绝大多数卖单都会挂在明显高于，甚至远远高于现

金融投资篇 —— 109

价的位置上。换句话说，一只股票日换手率5%，只能说明有5%的持股股东认同市场现价。另外95%的股东心里的估值都是高于现价的，否则他们就选择卖出了。

因此，分红的效果是阳光普照，对股票只有一个除权的效果。而回购则是定向地消灭了全体股东中相对最不看好的那一部分，所以回购具有强烈的向上扭曲股价的效果。我觉得，相比于复杂得吓人的数学模型，这个简洁的逻辑更有说服力。

以上是从空间维度上来解释折价交易，从时间维度上也不难理解。从长期看，一个行业里总有赢家和输家。但是在短期，很多行业都出现过普遍亏损甚至全行业亏损的局面。2016年的钢铁、煤炭行业就是全行业亏损。这说明什么呢？这只说明应当有玩家退出，如果大家都硬挺着不退，那就继续亏，直到有人顶不住为止。这就是周期现象中的一个环节，并不需要额外的什么解释。

所以封基普遍折价，包括美国的共同基金大多不能跑赢指数，这都说明玩家太多了，但还有傻钱支持着他们。这很可能是周期现象而非逻辑问题。本质原因还是20世纪80年代以来，全球股市一直处于长期牛市当中，没有经历过20世纪30年代、20世纪70年代那样的充分调整。

从1998年临危受命开始，中国的基金行业一直是被催熟的。几乎没有经历过自然积累的蓝海阶段，直接就按照政府的战略规划进入红海，这一点与光伏、风电等行业非常类似。也就是说，行业内部竞争非常激烈，甚至可以说是惨烈，但是整体产值上升得非常快，行业的系统重要性急剧提高。

中国基金行业1998年从0开始发展，到2007年已经有将近30%的A股流通市值被控制在基金公司名下。请注意，比30%这个比例更激动人心的，是不到十年时间从0冲到30%的这个势头，似乎40%、50%、60%都在唾手可得的范围之内。

于是，头部基金公司中的一部分人就开始浮想联翩了。他们觉得，光做财务投资者没意思，要做积极投资者，参与公司经营决策，远如美国的卡尔·伊坎，近如前些年的宝能、安邦。总之，庄家的时代已经远去，价值投资也只是基础。在新的条件下，玩法还要再升级。

这种心情是完全可以理解的。你持有一个公司的股份是3%还是30%，投入的热情、期待和责任感肯定会截然不同。所以那几年基金行业的整体气氛，一点儿不逊色于互联网巨头的高光时刻。至今我回想起那段青葱岁月，仍不免心潮澎湃，那种感觉类似于：这个世界是你们的，也是我们的，但归根结底是我们的。

只可惜，世事无常，造化弄人。2020年初，基金公司控制的A股流通市值比例还不到7%。积极投资者的梦想，只能被映射到另一个平行时空里去了。

从全社会来看，一家基金公司的投研团队不过区区数十人。如果他们只是买卖股票，金额达到几百亿元、几千亿元也都没什么。可是如果他们能够执掌几十家、几百家上市公司，哪怕只是为它们的利益代言几句，事情都会复杂很多。

在2008年的大衰退中，华尔街占用了太多的公共资源，并已因此广受诟病。在2020年3月的新冠危机中，这一点表现得更加淋漓尽致。美联储一次降息1个点还不行，必须降到0；光买国债还不行，还要买垃圾债；政府的各种赤字计划更是3个点、5个点地往上加。这些政策不给足，股市就躺在地上"死"给你看。等糖给够了，它又翻身坐起来了，而且还精神百倍。如果华尔街没有坚强的意志力，像中国股民这样一盘散沙，给点阳光就灿烂，显然不可能与当局进行如此有效的博弈。

中国真的想要一条自己的华尔街吗？恐怕是既想，又不想。

第一桶金

笔者曾跟公募基金行业的老同事们聊起，市场上的投资流派那么多，而基金经理大多是白手起家，入行之前都是一张白纸。到底是什么因素决定了他们的风格呢？猛犸资产的陈扬帆说，一开始大家都是随机摸索，直到他们赚到了人生中的第一桶金。而这第一桶金是怎么赚到的，他们的风格基本就是什么样的了。对此我深以为然。

1998—2001年发行的"新基金"，后来被称为封闭式基金。它就是很多老股民、老基民的第一桶金。简单地说，封基这个品种，在它整个存续期间，你可以闭着眼睛随便买，拿到最后基本上都能赚钱。当然，买了会亏钱的窗口期是存在的，但是很短，要选到也不容易。而且你只要是在2007年大牛市之前买入，那么最后一定是大赚特赚。

从2004年年底到2012年年底，封闭式基金的平均回报率是540%，而开放式基金的平均回报率是236%，个股的平均回报率是141%。封闭式基金的平均回报率可以跑赢除华夏大盘精选之外的所有开放式基金，也可以跑赢93%以上的个股。

为什么会有如此惊人的结果呢？主要是两方面的原因：一是高

折价，二是大行情。

2004年，基金行业勉为其难地攀上了2000亿元规模，几乎已经完全无力再向3000亿元冲刺了。华夏基金的首任总经理范勇宏在《基金长青》中回忆道，后来封神的华夏大盘精选，发行首日只募集了200万份。华夏基金的销售人员甚至不得不跟渠道的人拼酒，"一杯酒换100万基金"。按照一般的销售返点来理解，100万似乎不是个小数目，可是要知道，100万的公募基金认购，首先短期内就会跑掉一大块，然后剩下的部分每年只能产生1.5%的管理费，去除各种成本之后，实际效益很可能是负数。

在这种严重供过于求的情况下，封基的二级市场交易价格远远低于其净值，平均折价率达到28%。可是如果你只盯着这28个点，把它分摊到未来几年、十几年里去慢慢恢复，似乎也没什么吸引力。事实也确实如此，直到2014年，封基的平均折价率还有10个点以上。10年时间，折价率只恢复了18个点，年化不到2%。

可是一旦高折价叠加大行情，那情况就完全改观了。同样是用2元钱现金买入价值3元钱的资产，你可以称它为33%的折价率，也可以称之为1.5倍的杠杆率。折价率变成了杠杆率！

所以封基的超高回报，其实是两个因素叠加的结果：一是2001—2004年基金行业超速发展导致的高折价，二是2006—2007年波澜壮阔的大牛市。

当然，跟其他投资机会一样，想要逆市抄底，总得克服几个吓人的"鬼故事"。比如说，当时市场风传，同一个公司的封闭式基金会向开放式基金做利益输送。可是我们前面已经证明了，大多数基民根本就没有择基能力。基金经理冒着违规违法的风险，好不容易给同事送了2个点的收益，结果基民们根本不知道，甚至反而跑得更多了，何苦来哉？

还有人担心封基的基金经理会乱操作，故意亏钱。这就更可笑了。故意亏钱对基金公司和基金经理都没有好处。更何况，在有效市场假设下，故意亏钱的难度和故意赚钱是一样的。你去专买垃圾股，很可能反而赚得更多。

以前有一个玩笑，说策略分析师的预测准确率能有70%，就可以拿100万元年薪；如果准确率下降到50%，那他就一文不值了。可是如果准确率进一步下降到5%，那么他的年薪就应该是500万元。为什么呢？因为正向指标和反向指标的价值是一样的，你只要反过来理解就可以了。关键是准确率要偏离50%，偏得越多越好，往哪里偏倒不重要。

2001年封基停发之后，监管层并不愿意完全放弃封闭式基金这块阵地。可是散户短炒的习惯很顽固，开放式基金也已经确立了主流地位，此时如果继续发行经典型的封闭式基金，大概率又会面临上市即折价的问题。理论上说，持有人可以不看市场价格，只管自己持有，但现实情况是，市价浮亏给基金销售带来了极大的负面影响。于是监管层把这个问题交给基金公司，让它们设计一些创新型封闭式基金来吸引投资者。

2007年9月，大成优选上市。它是A股市场第一只创新型封闭式基金。它的创新主要是两点：一是设置了业绩报酬，提成比例是水位线以上10%；二是设置了转开放条款，如果连续50个交易日折价超过20%，就从封闭式基金转为开放式基金。

大成优选刚刚上市时，市场对业绩报酬的魔力非常期待，希望它能够调动基金公司投研团队的积极性，创造出明星佳绩。但是从结果上看，基金业绩并不理想，所以在短暂溢价之后，很快就转入折价交易，折价幅度甚至超过了经典型封基。

A股市场的第二只创新型封闭式基金叫瑞福进取，它的创新也有两点：一是设计了一个比较复杂的杠杆机制，杠杆比率在2倍左右；二是同样设置了转开放条款，如果连续60个交易日折价超过30%，则转开放。

瑞福进取从2007年上市到2012年到期，存续期5年，基本上实现了持续溢价交易，平均溢价率在20%左右。仅就这一点而言，显然它比大成优选成功。其中原因，似乎可以简单归结为散户对杠杆的喜爱，超过了对主动管理的期待。

2010年4月，中金所开放股指期货，杠杆比率可以轻松达到5倍以上。瑞福进取的溢价率随之明显下滑，甚至一度出现折价。2012年，福瑞进取按合同续期，杠杆率从3倍多回归到2倍，市场兴趣更淡，价格迅速走低，直到折价率接近20%才企稳。

由此可见，A股散户第一喜欢短炒，第二喜欢杠杆。至于对专家理财的信任，如果存在的话，也顶多排第三。2018年，兴全基金谢治宇管理的兴全合宜发行，一日售罄300亿元，堪称爆款。该基金首年封闭，结果一上市照样折价6%。一年后开放，持有份额按"惯例"跑掉一半，可见明星基金经理也难以逃脱这个怪圈。

分级基金

按照原本的思路，监管层是想跟散户建立一个"君子协定"，监管层拿出"业绩"和"杠杆"这两个特性，换取散户接受"封闭"这个条件。可是现在"君子协定"眼见得做不成了，干脆把"杠杆"嫁接到开放式基金上去，直接做规模，岂不美哉？

这一类具有杠杆功能的开放式基金，基本原理大都分成 A、B 两级，两级的钱放到一起投资，亏了赚了都由 B 级承担，A 级只拿固定收益，所以它们统称为分级基金。

在海外，杠杆基金一般只有杠杆级，没有优先级。或者说，它们都使用虚拟的优先级。与优先级相应的功能，都是由投行或者衍生品市场来实现的。这样做的好处是优先级的规模可以随时缩放。

比如说 2 倍杠杆基金。投资者放 1 亿元进来，基金公司就再去借 1 亿元给它配资。然后今天市场跌了 5%，投资者承担 0.1 亿元损失，本金下降到 0.9 亿元。当天临近收盘时，基金公司就要把配资金额也缩减到 0.9 亿元，这样一来，基金的杠杆就仍然保持 2 倍。明天市场要是涨了，就再调回去。所以这个配资金额，每个交易日都要调整一次。

从投资品种的角度看，海外杠杆基金中的优先资金其实是一块肥肉，安全性高、收益性又好，两全其美；唯一的坏处就是必须"招之即来，挥之即去"，不稳定。

我们 A 股的分级基金就等于把这块肥肉拿出来，分给其他有兴趣的基民去享用。当然，这么做的代价就是优先级的规模只能在一些事先规定好的特殊情况下才进行调整，不可能每天收盘缩放一次。

这种创新，本意不坏，但是放到具体的市场环境中，就出现问题了。分级基金的第一次危机发生在 2014 年 5 月 20 日，主角叫作银华锐进，是一只 B 级，也就是杠杆级基金。它在投资上是被动的，盯住深证100指数，所以它的净值完全取决于深证100指数的涨跌。从销售上说，它是非常成功的，上市4年，从10亿元规模做到100多亿元。可是问题就出在规模上。

由于2011—2014年市场连续下跌，再加上不断支付优先级的利息，银华锐进的净值已经到了爆仓线附近。也就是说，假如再跌，就可能要影响优先级的资金安全了。所以一旦达到爆仓线，产品就要部分平仓。2014年前后，深证100指数的走势如图6。

图 6 2014 年前后深证 100 指数走势

我们前面已经解释过，在此之前的下跌过程中，分级基金的优先级规模是不会逐步调整的，所以一旦发生部分平仓，潜在的一次性抛盘金额将高达100多亿元。而此时整个深证100指数的日均成交金额也不过100多亿元。一旦爆仓事件发生，对于本已疲惫的市场，无异于一次重锤。

而且由于银华锐进是盯住指数的被动基金,所以基金经理无权主动调整仓位,只要指数跌破相应点位,银华锐进爆仓就是完全确定的事情。

结果奇迹发生了。2014年5月20日上午9点38分,深证100指数明显跌破了银华锐进的爆仓线,然后立刻就被直线拉起。而且这个细小的金针,居然成了深证100指数的历史大底,从此之后再也没有跌破过。图7是我当年留下的分时记录:

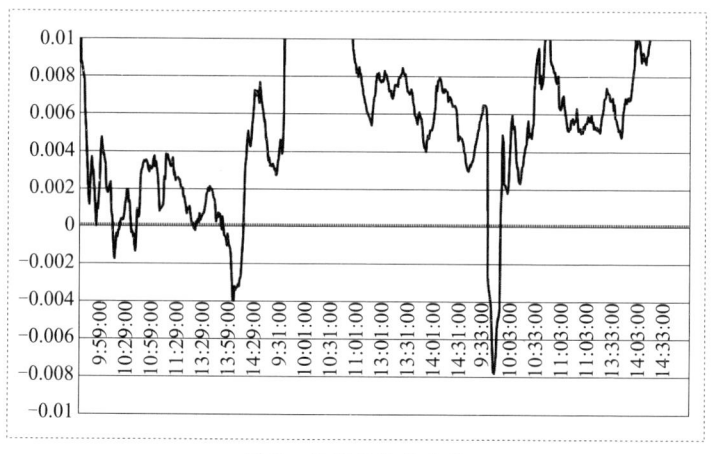

图 7　银华锐进爆仓线

这股神秘力量来自何方,至今仍是未解之谜。可能是因为这件事最终有惊无险,所以无论在业内还是业外,几乎都没有产生什么波澜。

分级基金的A、B两级,分别有自己的净值和价格。但是因为它们不能单独申购赎回,所以可能分别出现很大的折价或溢价。但是A和B加在一起,作为一份完整的开放式基金,又是可以申购赎回的，所以A和B的价格之和不能大幅偏离净值之和。

举例来说，A和B的净值都是1，此时A的价格可以是1.2，那么B的价格就是0.8；或者A的价格是0.7，那么B的价格就是1.3。总之，两者的价格可以分别偏离净值，但是两者之和必须是稳定的，否则就会产生套利机会。

由于散户对杠杆的热爱，分级基金出现溢价的套利机会还是挺多的。但是这种机会绝大多数都是"看得见，摸不着"，理论上成立，但是操作上不能实现，原因主要有4条。

第一条最重要，绝大多数分级基金不能实时申购赎回。假如你T日观察到溢价，当天收盘前申购；T+1日基金公司确认份额；T+2日基金份额反映到券商系统；你还要下一个分拆指令，T+3日才能分别卖出A和B。这时候如果溢价还在，套利就成功了，但是一般来说是不在了。所以这个问题还跟溢价水平的稳定性有关。

第二条，就是A级的价格不稳定。因为A级的投资者通常把它当成长期债券来看的。他们是这样考虑问题的：我今天投入100元，年利率6%，那么10年利息60元，20年利息120元，30年利息180元……所以如果利率变动1%，对他们的影响很大。但是A级的价格变动1%，对他们的影响并不大。当然，机构投资者会算得精细一些。但是A级的交易量太小，没有流动性，机构很少参与。

第三条，就是B级的溢价水平也不稳定。当市场没有趋势性行情的时候，散户一般将B级视为超跌反弹的神器。也就是说，市场急跌的时候，B级往往出现溢价。两三天后，无论反弹出现与否，这个溢价一般都会消失。

第四条，就是分级基金的申购费率最高可达1%~1.5%，极大地提高了套利交易的成本。

可是在 2014 年、2015 年的牛市中，以上情况发生了重大变化，分级基金的溢价套利又变得容易实现了。

第一条，华泰证券推出了"盲拆"业务，其他证券公司陆续跟进。所谓盲拆，就是 T+1 日基金公司确认份额，还没有反映到券商，你就直接对券商下分拆指令，这样 T+2 日券商直接把分拆完的 A 和 B 录入系统，你就可以立即交易了。这项技术创新，极大地减小了溢价套利的不确定性。

第二条，A 级的价格稳定了。从 2014 年下半年开始，央行连续降准降息，许多保险公司和固收产品不得不跑到证券市场内部来找收益。机构投资者比较理性，很快就把 A 级的价格稳定在一个很小的区间内，不再胡乱波动了。

第三条，B 级的溢价水平也稳定了。这条道理最简单，但是也最关键：牛市来了，豪情万丈，一路溢价。

第四条，申购费通常按百分比计算，但是最高一档却有 1000 元的金额上限，所以对 500 万元以上的资金来说，费用也不再构成限制了。为什么以前构成限制呢？因为以前流动性差，一次套利投入的资金量太大了，怕出不来。而在牛市中，流动性大幅改善了，整装资金可以直接上。

从 2014 年年底到 2015 年年中，专注于分级基金溢价套利的资金，收益率在 2~3 倍之间。这个业绩强于大多数公募基金，而且它的另一个好处是"不见鬼子不挂弦"，有信号就动，没信号就停，不存在犹豫割肉的问题，所以牛市的成果得以保留，而大多数公募和私募都在后来的股灾中经历了严重的回撤。

在市场见顶之后，分级基金还有什么投资机会吗？其实也是有的，那就是观察哪些 B 级将要爆仓，然后买入与它们对应的 A 级。

我们前面说过，2014年5月，大盘经历了一次千钧一发的潜在危机，当时是银华锐进一只巨型基金就有100亿元左右的潜在抛盘。可是到股灾期间，情况变成了好几只巨型基金，外加几十只中小基金，数百亿元的潜在抛盘，而且还在一个集中的时间段内连续爆出。

2015年8月24日，创业板B爆仓，引发抛盘约45亿元；8月27日，证券B爆仓，引发抛盘约75亿元；8月28日，国企改B爆仓，引发抛盘约130亿元……

因为公募基金的条款、份额和净值信息都是公开的，所以这些基金会在什么情况下爆仓、潜在的抛盘有多大，这些关键信息也都等于是公开的。如果你预计到某只基金将要爆仓，最理性的决策就是抢先抛空相关股票，一是避险，二是诱发其爆仓。等到基金执行平仓之后，再从低点买回来。事实也反复证明，每只爆仓的巨型分级基金，都在市场上砸了一个坑，平仓盘总是割在最低点。

上述特点对B级是极为不利的，而与之对应的则是A级得利。具体计算比较复杂，这里就略过了。有兴趣的读者可以查阅相关基金的招募说明书等资料。

分级基金在股灾中"被动砸盘"的事实，引起了业界内外的广泛批评。2018年，证监会发布《关于规范金融机构资产管理业务的指导意见》(简称《资管新规》)，要求所有分级基金全部转型。然而直到2020年年初，大批分级基金仍在交易。不过我相信，即使分级基金真的消失了，将来也还会有更新的品种问世。

净值与价格的故事仍将继续。

地效飞行器策略简介

地效飞行器策略是笔者实现财富自由的重要工具。它的推导过程比较复杂，但是最终结论非常简单，有点"一旦说破便恍然大悟"的意思。

原本我不敢将自己的小小心得与前辈大师们的事迹并列，但是考虑到这个策略也符合我们跨界大视野的定位——异常的金融现象背后隐藏着异常的经济现象，因此还是决定将此文收入，以飨读者。

本福特法则

1998年5月,财经记者贺宛男发表了重磅文章《东拼西凑的10%》,揭露了许多当年上市公司操纵财务数据的手法。有趣的是,它们的目的都是相同的:千方百计地将净资产回报率做到10%以上。

为什么会出现这种情况?因为当时证监会有规定,上市公司必须连续三年净资产回报率在10%以上,才有资格配股。现在A股市场的主要融资手段是定向增发,而在20世纪90年代,还没有"定增"这个"新生事物",所以配股资格是决定上市公司能否融资的关键。

2000年,财经作家周俊生在其专著《金钱的运动》中谈及此事。他指出,其实用不着去搜寻具体的操纵证据,只要把所有A股上市公司的净资产回报率数据拿出来汇总一下,立即可以发现:净资产回报率在10%左右的公司数量异常集中。仅此一条,足以说明问题。

图8给出了1998年和2019年的A股上市公司净资产回报率分布。两相比较,可见当年的数据确实异常。

这种不需要微观证据,直接从宏观上给出证明的方法,叫作统计审计,以上只是一个简单案例。统计审计里面还有一个非常强力的工具,叫作"本福特法则"。

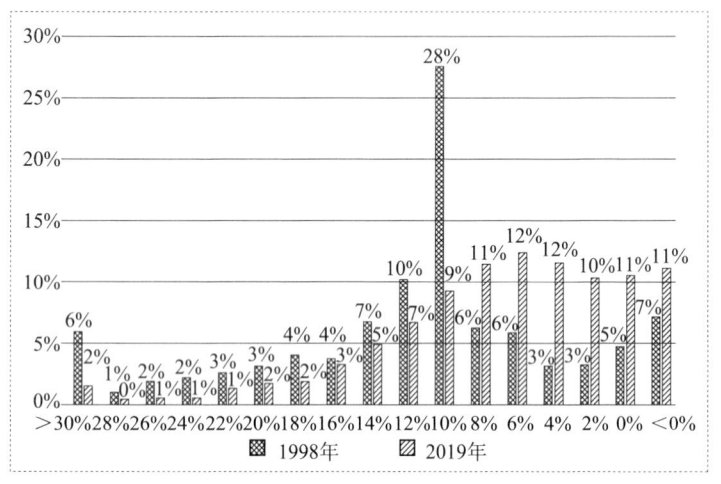

图 8　A 股上市公司 ROE 分布

本福特法则的内容，可以这样简单理解：把上市公司的历年财务数据拿出来，不论什么项目，统统罗列在一起，只看它们的首位数。应当预期，其中大约有 30% 是以 1 为首位数字的。如果不是，那么这一堆数据中，很可能有假。此时你应当警觉起来，准备做进一步的审查。

这是什么道理呢？从数学上说，时间序列数据之间通常存在着一些比较稳定的比例关系。比如说，销售收入每年增长 15% 左右，净资产每年增长 10% 左右，等等。那么对一个等比数列来说，显然首位数字出现 1 的概率是明显大于其他数字的。

你可以这样想，等比数列从 1 增长到 2 需要很长的时间，而从 2 增长到 3 所需要的时间就短多了，因为基数变大了；从 8 到 9 甚至一步就跨过去了；从 10 增长到 20 也相对慢，从 20 到 30 或者从 30 到 40 就相对快多了。从 100 到 200、从 1000 到 2000 也都同理。

按照严格证明，对任何一个无限等比数列来说，首位数字出现 1 的概率大约是 30.1%，出现 2 的概率是 17.6%，出现 9 的概率只有 4.6%。当然实际数据不可能吻合得这么完美，所以本福特法则的检验标准就是首位数字出现 1 的概率大约为 30%。

事实上，除了时间序列数据，本福特法则还有更广泛的适用场景。比如说，世界各国的上市公司市值数据也符合本福特法则。

以 2020 年 5 月为例，当时美国市场上所有上市公司的市值数据中，以 1 为首位数字的占 29.7%，日本为 28.5%，英国为 28.4%，法国为 29.3%，德国为 26.5%，韩国为 26.1%，都与本福特法则预测的 30% 相差不多。我们也可以更换其他时间节点，比如 2019 年 8 月或者 2009 年 3 月，结论都是差不多的。对于这一点，读者们可以自行验证。

这个现象怎么理解？这说明，如果将一个国家的上市公司视为一个整体，则它们的市值分布存在着一些宏观规律。我们可以用雁群来打比方。在微观上，每一只大雁的飞行固然有其微观的表现规律，有时快，有时慢；但是在宏观上，整个雁群的形态却是稳定的。每当有某几只大雁相对落后时，就会有另外几只大雁向前突进，从而形成一个动态的平衡。

我们可以对全体美股的市值数据取对数，然后分档归类，不难发现，它基本符合正态分布。也就是说，美股上市公司中，市值在 1 亿美元到 10 亿美元的数量最多，市值在百亿美元和千万美元级别的数量较少，市值在千亿美元以上或者百万美元以下的就很罕见了。详见图 9。

正态分布的数学意义是无穷多个二项分布的叠加，所以我们也可以这样来理解美股上市公司这个群体。假设有数千个企业，最

图9　美股市值分布（取对数后）

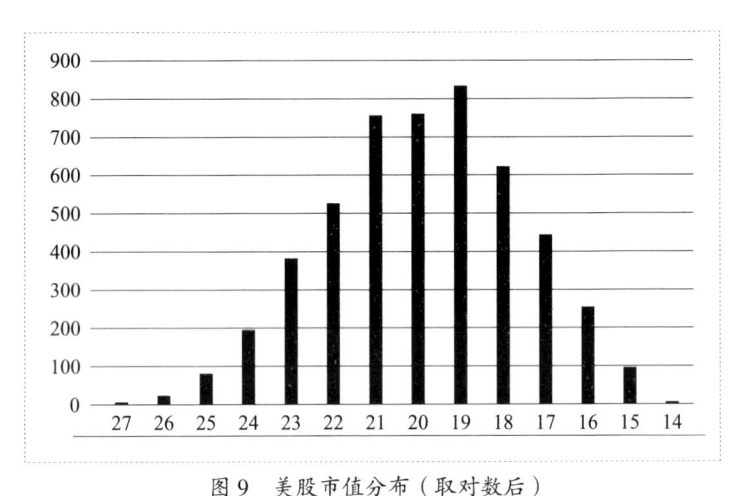

注：横轴上的数值为市值的对数，纵轴数值为公司家数。

初它们都具有同样的市值，每过一个时期，其中一部分公司的市值会增长，另一部分会下降。经过若干期之后，只有少数公司能够持续上升，另有少数公司将会持续下降，这两类公司构成了正态分布的两翼。而更多的公司表现涨跌互现，它们的市值也因此聚集在一起，形成了正态分布的中腹。

请注意，上述过程决定了一个国家上市公司市值的整体分布形状，它与具体某家公司市值上升或下降的概率无关。在牛市中，每家公司的市值都更有可能上升，但是仍然只有少数能够高速增长，同样也会有少数公司掉队落后，留在中间的总是大多数。所以在整体扩张的同时，它的形状仍然可以保持不变。熊市中的情况也是这样。

当然，我们这里观察的都是全球最大的几个股票市场。在较小的市场中，本福特法则就很有可能不成立了。比如沙特，它的市场结构就不是什么"雁群",而是阿美石油这一只"大象"带领着一群"小老鼠"。

地效飞行器策略

当我们对 2020 年 5 月的 A 股市值分布进行检验时,会发现其中首位数字为 1 的比例只有 22%,明显低于本福特法则的预测。我们又更换了其他时间节点进行检验,得到的数据最高也就是 25%,差距还是比较大的。这就相当于本福特法则向我们发出信号了:有问题!

图 10 对 A 股市值分布进行分类归档,我们可以从中发现,市值在十亿元与百亿元之间的公司数量最多,市值达到百亿元和千亿元的公司数量依次减少,这一点与美股等其他市场相同。但是市值低于十亿元的公司数量急剧减少,似乎一下子消失了。

由此可以基本断定,A 股在市值分布的右端,也就是小市值这一端出现了异常情况。于是我们选取了历史上比较极端的几个时间点,对 A 股 100 亿元以下市值的公司数量进行分档,发现它们的分布情况确实迥异于正态分布。

正态分布的右端应该是平缓向下的,也就是说,市值越小的公司数量越少,但是 A 股恰恰相反。A 股的小市值公司数量很大,而且往往积聚在一个阈值之上,低于这个阈值的公司数量才开始急剧变少。

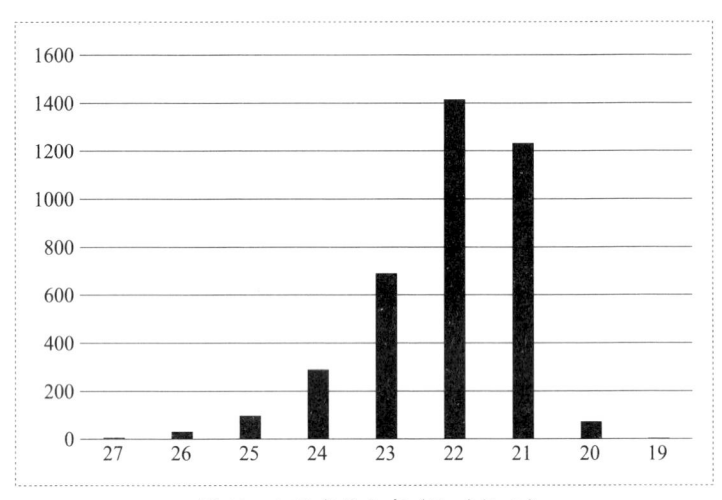

图 10 A 股市值分布（取对数后）

注：横纵轴上的数值意义同图 9。

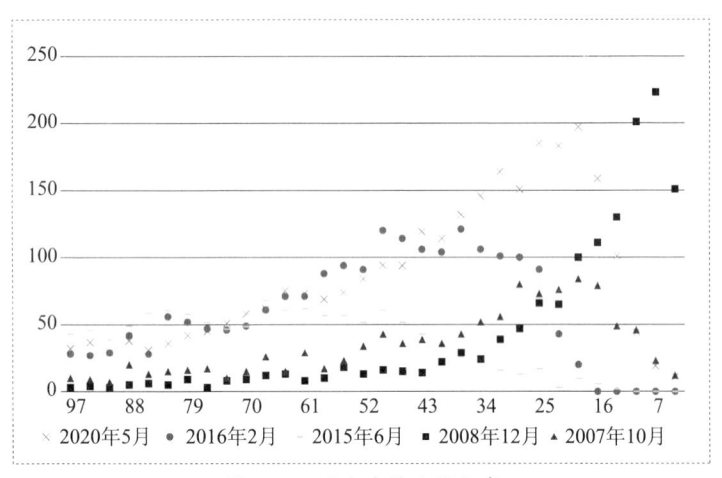

图 11 A 股小市值公司分布

注：横纵轴上的数值意义同图 9。

这个阈值是随着市场行情变化的。2007年10月，大牛市顶点时这个阈值大约是19亿元。2008年12月，熊市底部时这个阈值下降到7亿元。2015年6月，市场见顶前这个阈值又上升到49亿元。2016年2月，市场见底时这个阈值再次下降到37亿元。2020年5月，这个阈值为19亿元。

为什么会存在这样一个阈值？答案是很明显的：壳价值。可以说，除了个别在股东和监管方面有瑕疵的公司，其他所有A股上市公司都有壳价值，所以这个壳价值就成了一个市值阈值。一般公司的基本面无论有多差，它的市值都不会低于这个数值。

那么这个壳价值又从何而来呢？这是一个典型的反身性过程。首先因为A股股民给的估值高，所以同样的资产注入A股的潜在利益大。然后又因为潜在利益大，所以大股东更喜欢在A股进行资产重组，于是A股的壳价值也就水涨船高了。正因如此，所以壳价值也是随着市场行情上下波动的。牛市里壳价值较高，熊市里壳价值较低。这与我们观察到的市值阈值情况相吻合。

如果我们的研究到此为止，那还算不上什么发现，顶多是了解到了A股的某个特征罢了。假如你想从壳价值上面直接获利，就得判断壳价值本身的升降。而壳价值的升降又是与市场行情同步的，所以这就等于要我们预判市场的涨跌。假如我们有这本事，还管它什么壳不壳的呢？

但是如果我们从"雁群"动态变化的角度去理解这件事，那就是"山重水复疑无路，柳暗花明又一村"了。

从微观上说，每只股票在短期内涨跌的概率应该都是差不多的。换句话说，涨跌概率相等的股票正处于均衡状态。如果说涨跌概率不一样，那么肯定会在幅度上弥补回来，也就是说，最典型的随机漫步是涨跌的概率和幅度都对半开。除此之外，还有两种特殊的均衡状态：一种是上涨概率小但涨幅大，另一种是下跌概率小但跌幅大。

除此之外，那些"很有可能大涨"或者"很有可能大跌"的股票，我们一般是碰不到的，只有非常精明优秀的选股者才能把它们找出来。而且，如果这种股票大量存在，它们就不会在阈值附近形成集聚了。

那么从宏观上看，市值在阈值附近的股票，它们的表现规律应该是什么样的呢？因为价格下跌的空间已经被封死了，所以它们的特征应该是"一般不涨，一涨就大涨"。投资这些股票，就相当于用大概率的沉寂来换取小概率的爆发。

但是这里还有一个问题，就是这些股票一旦开始上涨，很快就会远离阈值，从而失去下跌保护，于是很有可能重新下落，回到阈值附近的集聚中去。

让我们用通俗的语言把上面的分析重述一遍。壳价值支撑起了一群死气沉沉的公司，它们的基本面乏善可陈，虽然没有多少下跌空间，但是也没有上涨的理由。只有重组的预期可以短暂激起股民的热情，让股价条件反射般地跳起。然而真正起飞的公司只是少数，绝大多数公司的市值在短暂脱离壳价值之后，又跌了回去。

为了从以上现象中获利，我设计了"地效飞行器策略"。这个策略的名字来自一种特殊的飞行器，它的外形类似于飞机，但是不像普通飞机那样在高空飞行，而是贴近地面或水面飞行。因为存在一种"地面效应"的流体力学现象，所以地效飞行器可以享受到远远高于普通飞机的升力。相比于普通飞机，地效飞行器的能耗小、成本低，机翼短而腹舱大，看上去样子很奇怪。苏联曾经造过一种极其巨大的地效飞行器,人称里海怪物。有兴趣的读者可以去网上搜索一下。

地效飞行器策略的内容很简单:等额买入全市场市值最小的30只、50只或100只股票,每隔一段时间进行观察,如果有股票明显上涨就将它卖出,换回市值更小的股票,以保证持仓名单永远是全市场市值最小的,就像贴着"地面"飞行一样。见图12。

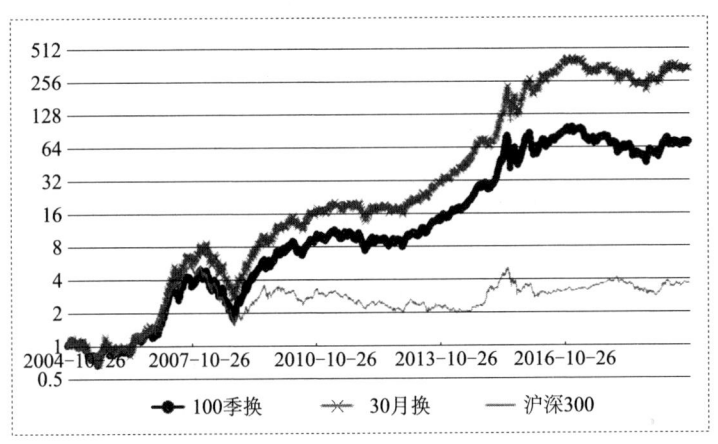

图12 地效飞行器策略效果(本金倍数)

地效飞行器策略从2008年开始跑赢市场,2013年IPO暂停后进一步加速,直到2016年中期时,最高跑赢沪深300指数大约30倍。这一成绩远远好于任何一只基金,也优于绝大多数个股。

按照我自己的经验,30只股票每月更换还是比较容易操作的,资金容量在1亿元到5亿元之间。交易量充足的时候还可以把频率提高到周换,那样收益更高。如果资金更大一些,可以采用100只股票每月或者每季更换,效果是差不多的,但是必须牺牲一定的收益。

由于地效飞行器策略的操作逻辑特别简洁，所以在它的基础上，还可以比较容易地叠加其他策略。当然这个要根据当时的具体市场情况，我这里就不多展开了。

不过从 2016 年下半年开始，地效飞行器策略便不再能够明显地跑赢指数了。否则我也不会把它作为历史写出来……原因主要是壳股存量实在太大，而经过多年大量 IPO，需要通过资产重组注入的潜在资产包相对不足，壳价值大幅下降，重组预期引起的"躁动"已经微弱到难以捕捉的程度。此外，监管层的态度也发生了变化，比如提高对资产重组的规范性要求，强化退市惩戒等。

2009 年，王亚伟在接受证券时报采访时表示：我关注重组股，是因为这是我国证券市场特定发展阶段的产物，蕴藏着很多投资机会，对此视而不见是不负责任的。

现在看来，这个"特定发展阶段"很可能结束了。

资本经济篇

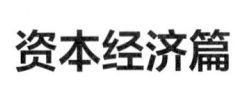

CAPITAL & ECONOMY

应运而生

华尔街是现代金融业的一个代表符号。任何一个致力于研究的投资者,不能不对其略知一二。

现在市面上关于华尔街200年兴衰史的资料已经很充分了,本文的独特之处在于覆盖金融、经济、社会三大领域的跨界大视野。我们不是就华尔街而言华尔街,而是把华尔街的发展脉络定位到金本位、大分流和大萧条等经济史重大事件的背景中去。

本文名为"应运而生",什么是"运"呢?这些重大事件就是华尔街的"运"。而为了达到这样的叙述效果,我们就不得不跳出金融和经济领域,进一步下沉到社会、人文、技术进步和国际关系等方方面面,以求深入浅出,融会贯通。希望本文能够为读者带来耳目一新的感受。

19 世纪中叶的世界

我们的叙述将从 19 世纪中叶开始。在引入本文的主角之前，我们先从经济、政治和技术三个方面介绍一下当年的时代背景。以便读者更好地理解后面的内容。

首先是经济方面。1848 年，马克思和恩格斯发表《共产党宣言》，预言了资本主义的灭亡。《资本论》解释说，人口是呈指数递增的，由人力创造出来的物质财富自然也是无限递增的，然而以金银形态存在的资本却是有限的。所以当人力、资源和资本三者结合时，资本将具有天然优势，可以无偿地占有超额回报。而且随着生产力的发展，这种占有将越来越多，最终窒息经济的发展。

整个 19 世纪，欧洲经济都处于剧烈通货紧缩之中。一方面，工业革命带来了物质生产的极度繁荣，另一方面，南美的金银矿山产出趋于平稳，日本的银矿逐渐枯竭。这种通货紧缩体现在消费市场上就是购买力不足，体现在资本市场上就是资本实际回报率过高。两者相结合，就是贫富差距极端化，而这正是革命的火种。马克思从欧洲内部看到了资本主义的病灶。但是在欧洲之外，却接连发生了几件大事，预示着资本主义气数未尽。

1848 年，美国加利福尼亚发现了金矿。这也许是个巧合，但是随后澳大利亚和南非也都接连发现了大型金矿，那就不可能都是巧合了。在通缩环境下,金银的价格高企,商人逐利,自然会增加勘探投入,所以金矿探明储量增加是顺理成章的事情。

1840年和1856年两次鸦片战争之后,中国与西方的贸易顺差逆转。自大航海时代以来,中国吸纳了大约一半的世界金银产出,现在金银开始流出中国,流进资本主义世界。

请注意,虽然世界各地的金银流向欧美,一定程度上缓解了当地的金银稀缺,但是重工业的发展一日千里,对金银货币的需求增长更快。资本主义世界的通缩趋势并没有彻底扭转。

在政治方面,1859年印度民族大起义遭到镇压。为了安抚印度民众,英国女王剥夺了东印度公司的统治权,开始直接统治印度。

英国政治的传统,就是在贵族统治的基础上修修补补。说得好听一点,叫作历史传承;说得难听一点,就是"脚踩西瓜皮,滑到哪里算哪里"。直到今天,英国的王室仍有一定实权,两院之一的上议院仍然由贵族把持。这种体制堪称现代政治中的活化石。所以当年英国政府接手印度时,突然意识到自己其实根本没有能力为一个数亿人口的大国的政治制度进行顶层设计。那些习惯于坐而论道的贵族绅士,完全无法处理千头万绪的技术难题。

于是英国政府"不耻下问",从东印度公司那里学了一套考试制度,就是要通过考试选拔官员,唯才是举。这套制度在1870年正式实施,叫作文官(civil service)改革。从此之后,英国才开始有了公务员这个职业。英国首开先河之后,效果很好,于是欧美其他国家也陆续跟进。

像美国这样没有贵族传统的国家,在建立文官制度以前,实行的是政党分肥制(spoils system),哪个党派在总统或州长选举中胜利了,整个联邦或州政府里面的所有职位,就都成了战利品,论

资本经济篇

功行赏，想怎么分配就怎么分配，所以叫分肥制。可是这样一来，政府官员走马灯一般变换，许多政策都没法执行。所以到1883年，美国也建立了文官制度，由专业人员来构成政府的中坚力量。现在的美国政府里面，跟随选举轮换的叫政务官，不随选举轮换的叫事务官，后者占绝大多数。

文官制度的问世是一个划时代的变革。讲起来，它与中国历史有很深的渊源，同时又起到了助推现代资本主义经济制度进化的作用。这中间的故事，详见后文《现代经济制度中的四大发明》。

请记住，很多现代人每天都在经历的事情，比如说由专业人士担任政府官员、制定国家规划、进行宏观调控、中央银行无限供给货币，甚至将利率降至负数等，19世纪50年代的人们是完全无法想象的。

最后是技术方面。技术进步推动时代发展，但是有时它也会设置屏障，使我们难以理解过去的世界。所以在研究历史的时候，我们必须把技术进步的影响从自己的脑海中剔除出去，这样才能以当时的条件去理解当时人的行为。

1835年，历史上第一台电报机问世。在此之前，人们如果想要迅速传递一条信息，跟2000年前的人一样——快马加鞭。即使在电报机发明之后，人们也只能通过它传递数十个字符的短消息，大量信息的及时沟通仍然非常困难。

数字的计算是另一个难题。这里我们姑且不说阶乘、开方之类的高等运算，就说最简单的加减乘除吧。一个10步的算式只要有1步错了，整个答案就错了。一个100步的算式还是只要错1步，整个答案就错了。所以随着运算量增大，计算的时滞和误差会急剧增加。当年也有一些计算工具，比如计算尺和手摇式的机械计算器之类的，但是它们都不能彻底解决这个问题。

1896 年，道琼斯公司首次发布著名的"工业平均指数"，也就是我们今天熟知的道指。他们采用了一种奇怪的计算方法：选取 30 只股票，把它们的股票价格直接相加求和，再与前一个交易日的结果相比，得到指数的日涨跌幅。因为股价高的股票权重也大，所以这种方法叫作股价加权法。那如果碰到伯克希尔这种股价高达几十万美元的公司，岂不是整个指数都要被控制了吗？确实如此。所以道琼斯必须在选择成分股时加入主观因素，避免纳入那些股价特别高的公司。现代人已经很难理解这种奇葩的加权方法了。大家都知道，应该用市值或者流通市值来做权重，指数才能更好地反映市场。但是相比于股价加权，市值加权需要额外做 30 次乘法，公式的复杂度也大大提升了。这对当年的道琼斯公司来说，是一个难以承受的困难。

财务数据的处理就更复杂了。传输和计算都还不是根本问题，缺乏标准才是最困难的。现在大家都知道"三张表"，也就是资产负债表、利润表和现金流量表。其实这三张表之间，差着好几个辈分呢。利润表是祖宗辈的，几千年前的两河流域文物里就有利润表的记载了。资产负债表是 15 世纪威尼斯商人发明的。而现金流量表则是近百年来才出现的小婴儿。至于会计准则这个概念，则完全是二战之后才有的现代产物。

据统计，1884 年，整个美国总共只有几十位能够称得上"会计师"的人。当年的许多商业巨头，就像中国 20 世纪 80 年代的农民企业家一样，喜欢把一切都装在自己脑子里。比如航运大亨科尼利尔斯·范德比尔特，就以博闻强记、不使用任何会计师而闻名。

在 20 世纪 60 年代以前，英语中"bond"（债券）和"stock"

资本经济篇

（股票）这两个词经常混用。事实上，直到20世纪初，在不少上市公司编制的财务报表中，仍然只有大股东持有的股票才被视为真正的股本，而对外发行的债券和小股东持有的股票，则被视为两种不同形态的负债。

为什么会这样？现代会计准则中有一条很重要的原则，叫作"实质重于形式"。19世纪的股票大都跟债券一样，标有明确的面值和股息率。如果上市公司的实际分红低于固定股息，则被视为重大失信行为，大股东将因此蒙羞。从这个角度说，19世纪时，小股东持有的股票确实有很强的债券属性。用现代监管术语说，也可以叫"明股实债"。历史上bond和stock曾经混用，渊源就在这里。

贵族与平民

做完了世界观的铺垫，现在让我们把目光投向华尔街。

在19世纪的商业环境中，信息极度匮乏。那时候，做生意的主要依据就是"人品"。华尔街传说，老J. P. 摩根曾经有一句名言："一个我不信任的人，即使用整个世界的资产做抵押，也休想从我这儿借到一分钱。"这句话听起来霸气十足，其实在技术层面上，老J. P. 摩根是完全务实的，因为当时并没有一个具有强制力的登记结算中心，你拿来的存折、地契谁知道是真是假？就看那两张薄纸，还真的不如凭关系说话来得靠谱呢。

无论如何，凭人品办事，听起来也不算太坏。可是如果世界是"平"的，我们怎么能知道谁的人品更好一点呢？关于这一点人们倒不必担心，因为在 19 世纪，世界并不是"平"的。

英国的投资银行业务，历来被世袭贵族垄断，身份就是人品的象征。这种风气也得到了美国同行的极力模仿。如果说现代的投资银行家用会计报表和研究报告来说服对方，那么当年的美国"贵族"就是用自己的口音、修辞手法以及对瓷器和油画的品位来征服对方。

事实上，某些老派的投资家至今仍在追寻这种文化。比如，巴菲特就从不使用复杂的定价模型，他最喜欢的交易方式是盯着对方的眼睛，报出一个数字，如果可以，双方就握手成交。

曾经有人感叹，电话发明之后，再也不会出现苏秦、张仪那样纵横捭阖的外交家了。从这个角度说，那个没有政府监管、没有会计准则甚至没有招股说明书的时代，正是"贵族"银行家的巅峰岁月。

在当年的纽约金融界，坐落于华尔街 23 号的摩根银行是绝对的领袖和楷模。按照当年"贵族"们的行为准则，只有与一级市场相关的业务，比如说融资和并购，才叫投资，其他全都是投机。

摩根银行要做的，是组建美国钢铁公司这样的生意，根本不屑于参与二级市场的买入卖出。纽交所始终一厢情愿地为摩根银行保留着一个席位，但是一直不见有人来使用。有一次，小 J. P. 摩根被记者问及对股市行情的看法，他居然大为光火，因为感觉受到了冒犯。

其实从修辞学上说，摩根对于投资和投机的观点并没有什么问题。在英语中，"invest"（投资）的词根是"vest"（衣服），所以投资就是指穿上特定的衣服，也就是入伙的意思；而"speculate"

（投机）的词根是"spec"（观察），所以投机就是作为一个旁观者来观察。在摩根看来，如果你跟公司做交易，那就是投资；如果你跟二级市场对手做交易，相互倒手，对公司没有任何影响，那就是投机。这是很清楚的一种划分。

毕竟语言是一个活物，只要逻辑上自洽，词语的定义是可以转变的，就像"bond"和"stock"那样。现在的A股市场，有许多人相信，无论怎么交易，只要能够持续赚钱就是投资，反之就是投机。这么说当然也可以，不过从逻辑自洽性上看，摩根似乎更高明一些。

在20世纪20年代，一场典型的IPO，不会有招股说明书，不会有路演。拟上市公司既不对外公布标准财务报表，也不会跟投资者讨价还价。投资银行的合伙人会跟企业老板建立私人关系，如果有必要，他们还会被邀请加入董事会。然后投资银行会写信给一群潜在投资者（通常都是达官贵人），信上注明了为对方预留的股数和价格。如果对方不反对，那么这笔交易就完成了。从头到尾，都没有二级市场什么事儿。

从事一级市场投资的是贵族，从事二级市场投机的是平民。两者之间的泾渭分明，还可以从当年的一则名人趣事中反映出来。有一位著名的操盘手，叫约瑟夫·肯尼迪。他曾经在二级市场取得了数百万美元的利润。要知道，当时一个典型美国工人的年收入只有一两千美元。因此许多人都抢着把钱交给他打理，他相当于今天的超级明星基金经理。在"平民"的圈子里，他也可以算是功成名就的一号人物了。有一次，约瑟夫·肯尼迪假装漫不经心地路过华尔街23号，突然敲门进去求见小J. P. 摩根。而摩根只是通过秘书回复了冷冰冰的三个字：没时间。约瑟夫·肯尼迪知趣地退了出来，也没有丢太多面子。不过，他与摩根之间的恩怨并没有就此了结。因为后来，他成了美国证交会的第一任主席。在下文中，我们还将给出这个故事的后续。

投机

说完了贵族，我们再来看看平民的故事。19 世纪的华尔街，并不将二级市场视为它的一部分。其实从地理上看，也确实如此。纽约证券交易所经历了多次搬迁，直到 1903 年才在华尔街拥有自己的大楼。

纽交所的前身可以追溯到 1792 年的梧桐树协议。从协议的内容看，它实际上只是一个手续费联盟。经纪人相互约定，各自向客户收取的交易手续费不得低于 0.25%，以避免相互压价。在这个协议中，没有关于上市标准的规定，没有关于信息披露的规定，当然更不会有监管处置的规定。

纽交所的早期发展非常缓慢。1830 年 3 月 16 日，全天成交量为 31 股。这是纽交所的历史记录最低值，而此时它已经成立 38 年了。直到 19 世纪 50 年代，纽交所的成交量仍然每天只有几千股。由于市场萎靡，梧桐树协议的内容早已作废。那时候，纽交所的佣金标准是 0.125%。但是实际上，人们很容易找到佣金标准是其一半甚至更低的经纪人。

当年的经纪人哪里知道，他们已经走到了时代剧变的前夜。铁路、钢铁等重工业企业大量的融资、上市，使得纽交所的发展

资本经济篇 —— 143

一日千里。1890年前后,纽交所的日成交量已经骤增至50万股。

值得注意的是,纽交所并非当年美国股市的唯一代表。在没有电报和电话的年代,几乎每一座大城市都有一个交易所。在不同的交易所,同一种证券的交易价格千差万别。其实不要说是股票,当年银行券在跨州使用的时候,也都要打折。信用风险、伪造风险、保存成本甚至兑现路费,都要算在折扣里。当然,最大的风险还是信用风险:距离太远,搞不清楚对方的情况啊!

1863年,电报技术被引入股市。同一证券在各地交易所的价格差异迅速收敛。我们都知道,资本市场存在虹吸效应,哪里的成交量大,资金就要往哪里去。可是事实上,虽然纽交所的成交量最大,价格也是最权威的,但是它的市场份额却仍然很低。为什么呢?因为在第一次世界大战之前,场外交易才是美国二级市场的主流。那里的交易量可以达到纽交所的10倍以上。而这些场外交易量的主要贡献者,是一个叫作"投机商号"的机构。

《股票大作手回忆录》是一本20世纪20年代出版的小说体传记。它以利文斯顿的化名,记录了当年著名操盘手杰西·利弗莫尔的生平。此书是研究当年二级市场情况的第一手资料。

投机商号的商业模式如下:参考纽交所的行情,制定自己的买入价和卖出价,两者之间通常有1.5%到3%的价差;如果有客户下单,投机商号就自己与客户做对手盘。这些交易并不进入交易所参加撮合。客户亏的钱就是投机商号赚的钱,反之亦然。

因为买卖价差的存在,客户的买价总是偏高,卖价总是偏低,所以投机商号占有很大的优势。长期大量交易合计起来看,投机商号总是赚钱的。事实上,直到今天,绝大多数的赌场都还在这么干,很多互联网上的外汇、贵金属交易黑平台也都在这么干。但是这种模式有一个前提，那就是股价的波动必须是随机的。如果股价出现了明确的趋势，那么买卖价差带来的那点优势就不足以保护庄家了。

历史的合理性往往需要反证。20世纪20年代之前，投机商号的广泛流行恰恰说明当时的二级市场价格几乎是完全随机的。换句话说，没有任何东西能够趋势性地影响它的价格。财务数据、经营情况、大股东操作，什么都没有，纯粹瞎炒。由于一级市场拒绝向二级市场披露信息，所以在绝大多数时候，二级市场投资者都只能像无头苍蝇那样乱撞。投资商号可以放心大胆地与各路来客做对手盘，不用担心谁会是常胜将军。

从"梧桐树协议"开始，纽交所就是一个经纪商自娱自乐的组织。它存在的唯一意义是撮合买卖双方成交，它没有权力去监管上市公司，甚至没有资格跟投资银行平起平坐。因为会计准则在20世纪30年代才制定出来，所以当时的上市公司不提供财务报表，这也勉强可以理解。但是一个上市公司总共发行了多少股本，这是最起码的基本信息了吧，可是纽交所曾经就连这个也搞不清楚。

19世纪60年代，爆发了著名的"伊利铁路逼空战"。美国航运巨头范德比尔特做多，想要控制伊利铁路公司。伊利铁路的内部控制人德鲁做空，想用股价浮亏来吓阻范德比尔特。财大气粗的范德比尔特当然不怕德鲁。因为他相信，股票是有限的，然而资金是无限的，只要资金管够，拿下伊利铁路只是迟早的问题。

可是范德比尔特错了。因为德鲁控制了伊利铁路公司的董事会，所以他可以利用公司章程的漏洞，无限制地发行可转债，然后把这些债券转股。所以只要开动印刷机，伊利铁路公司的股本就可以无限增大，而且没有任何第三方力量可以干预这个过程。

资本经济篇 —— 145

当年的纽交所，只负责认证买卖双方银货两讫，根本没有一个流程来监管股本规模的问题。范德比尔特也奇怪，这市场上股票怎么收之不尽、购之不竭？虽然真相大白之后，范德比尔特通过一些非常手段，最终还是击败了德鲁。但是伊利铁路公司的股本在这个过程中翻了一倍。用当时的术语来说，这个公司被严重"掺水"了。

现代投资者可能很难理解"掺水"这个词。因为在他们看来，上市公司的每股净利润（EPS）和每股净资产（BPS）都是已知的，如果股本变化了，只要对 EPS 和 BPS 做相应比例的调整即可。

但是在 20 世纪 30 年代之前，一张纸质股票拿过来，人们只能看到它的面值。如果票面上写着 100 美元，那么它的字面意思就是公司每股大约有 100 美元的净资产。人们可以选择相信，也可以选择不相信。如果大家都怀疑公司的每股净资产低于面值，那就会称它为掺水股。

掺不掺水，这并不只是一个数字游戏。因为按照当时的行规，股票分红是按照面值乘以约定股息率来计算的。所以过度发行股票，将导致公司无法足额派息，从而影响公司的信誉，严重性跟债务违约差不了多少。

那要是已经掺水了怎么办呢？假如公司想要重振声誉，可以选择做"整理"，也就是缩股。比如说，本来股票是面值 100 元、派息 5 元，现在公司承认派不了那么多股息，可以把股票改成面值 50 元、派息 2 元。

总而言之，股票面值和股息率是上市公司取信于人的两块招牌。只要把这两个招牌维护好了，信誉就起来了，人们就会拥护公司。至于什么股本、营收、利润之类的东西，都是看不见摸不着的，没人关心。

在那个时代的绝大多数时间里，二级市场的经纪商和散户们，安详地演出着大鱼吃小鱼的活剧。偶尔有一两个企业主或者金融资本家入场交易，往往会引起轩然大波。

1920年，有一个名叫赖恩的企业家，他心血来潮，嫌自己的斯图兹汽车公司股价太低，就去二级市场托市。许多不明就里的经纪商以为又是哪个愣头青散户送上门来，就跟他做对手，不断地放空。直到最后，经纪商们才发现，自己是在跟公司大股东做对。然而此时市面上所有斯图兹的股票都已经被赖恩收购一空，经纪商的空头部位已经无法平仓。

按照交易规则，这时候赖恩可以为斯图兹股票任意指定一个平仓价格。可是经纪商们要赖，操纵交易所，无理由地把斯图兹股票无限期停牌。拖了一段时间之后，他们干脆强行宣布斯图兹公司退市了。经过一番斗争，最后赖恩还是在场外拿到了一个惩罚性的高价。

这件事因为纽交所赤裸裸的偏袒行为而被载入史册。不过在20世纪初，西方社会的主流意识形态是私有产权神圣不可侵犯，人不为己、天诛地灭。纽交所既然是经纪商的私人俱乐部，那么它就没有丝毫义务去顾及外人的利益。按照西方的说法，这叫"法未禁止，无不可为"。按我们中国的说法，这叫"姜太公钓鱼，愿者上钩"。

1901年，有人试图与摩根银行争夺北方铁路的控股权。一开始，摩根银行没有警觉，当它醒悟过来，紧急宣布入场收购时，立即吸干了整个交易所的流动性。其他股票的交易员全都停下手里的活儿，目送着北方铁路的股价从100多美元跳升到200美元，再到300美元，最后直达1000美元。

许多无意识做空的人都被严重穿仓。由于抢不到卖单，所以平仓是不可能了。假设他们的卖空价格是100美元，那么当股价达到200美元时，他们就浮亏100美元；当股价达到1000美元时，他们就浮亏900美元。

城门失火，殃及池鱼。由于穿仓过于严重，所以这些投资者的保证金远不足以覆盖浮亏，差额只能由经纪商垫付。如果按照市价计算，场内半数的经纪商都将在当天收盘时破产。还好，最后摩根银行法外开恩，允许空头们以150美元的价格全部平仓。

1907年，石油巨头洛克菲勒集团试图做空联合铜业公司。它不想采用简单做空的方法，因为那样只会给对手送去低价的筹码。为了最大限度地惩罚对方，它决定采用"焦土政策"。

某天清晨，洛克菲勒集团从纽约各大银行分别兑现了价值数千万美元的黄金。然后，它就把这些黄金稳稳地锁进自己的保险箱里。那些被提款的银行，不仅一下子失去了放贷能力，还要紧急收贷，来应付其他正常的兑现需求。市场上的资金一下子枯竭了。

数日之内，多家银行宣布关门停业，企业资金周转不灵。一场经济危机迫在眉睫，股市当然也应声崩盘。洛克菲勒集团的作战计划顺利完成，轮到摩根银行出面了。它向各大银行和经纪商提供了数千万美元的紧急贷款。由于这笔贷款来自摩根银行，信用极高，可以视同黄金，所以不会被挤兑。于是一场风暴戛然而止，只留下惊慌失措的散户们，仰望着红脸和白脸两位巨神。

行文至此，我们分别介绍了华尔街内部的贵族与平民、一级和二级市场。这是一条矛盾主线。不过它们的故事似乎与我们今天对华尔街的印象大相径庭。那么是什么样的风云际会，促成了华尔街从昔到今的华丽蜕变呢？现在让我们切入另一条主线，暂时把华尔街的内部矛盾忽略，将其缩小为一个质点，放入当年国际形势的风云变幻之中进行观察。

金本位

弗里德曼是已故的芝加哥大学著名教授。他可能是20世纪最偏执于"自由市场"的经济学家之一。他主张，中央银行应该保证一个固定的货币供应量目标，比如说每年增长3%，然后就什么都不需要做了，一切都让市场去调整。

但是就这么一个看起来平淡无奇的政策，要是放在19世纪，即使最激进的社会革命家也不敢想象。为什么呢？且不说当时绝大多数国家还没有设立起一个中央银行来管理经济，即使有，它们也不可能控制货币供应量。因为在金本位体系中，除贸易外，一国货币供应的真正来源只有两个：矿山和掠夺。

借用英格兰银行前行长默文·金恩的说法。当年的整个资本主义世界，都在跳一场双重化装舞会。银行假装它发行的每一张银行券都可以兑换成法币，政府则假装它发行的每一张法币都可以兑换成金银。之所以说它们是在"假装"，那是因为无论哪家银行、哪国政府，全都是准备不足的，经不起挤兑，无一例外。只有当市场对它们有信心的时候，它们才能够继续表演下去。

一开始大家总是很有信心，随着音乐翩翩起舞。工厂可以开工，新产品也可以上市，物质财富日渐丰盛。直到某一个人开始抽逃资金，欢乐便会突然转入恐慌。因为谁都知道，可供兑换的金银是不足的，去晚了就什么都没有了。然后在一片狼藉的废墟之上，又会有人开始乐观。整个故事，周而复始。

现代经济学里"通缩"的概念，在当时被表述为生产力高度发展与资本稀缺之间的矛盾。贯穿整个19世纪，几乎每隔不到十年，就会出现一次经济危机。在这种环境下，企业就像是被绳子拴住的狗。而资本主义世界的金银存量就是拴狗的桩子。在桩子附近，狗可以拥有一定程度的自由。但是如果跳得太欢，就难免勒到脖子。

当人们意识到周期性的波动难以避免后，他们的直接反应跟《三国演义》里的曹操一样，打造连环战船，抱团取暖。事实上，抱团还有一个额外的好处：因为资本是稀缺的，行业中出现新兴竞争者的可能性不大，所以只要现有的几个巨头联合起来，就很容易垄断市场，攫取高额利润。

垄断有好几种形式。如果只是企业之间建立销售联盟，那叫卡特尔。如果在资本层面合并，就叫托拉斯。托拉斯的英文就是Trust。它的另一个中文翻译叫作"信托"。所以用现代金融术语说，一个托拉斯的形成过程，就是企业主们把自己的公司股权注入信托，转而持有信托份额。他们从此不再直接经营，只参与分配。而这些信托，或者说托拉斯的管理人，正是那些具有贵族气质的投资银行。比如说摩根银行。

20世纪初，金本位下的资本继续稀缺。经过多次经济危机的洗礼，资本主义世界的各行各业都出现了垄断化的现象。不过，大西洋两岸的景象并不相同。

在广袤的北美大陆，垄断进行得非常顺利。虽然美国人早在1890年就制定了世界上第一部反垄断法，不过中国有句话叫"听其言，观其行"。事实上，美国人在航运、钢铁、石油、汽车、金融等领域，都组建了远远超越欧洲对手的垄断巨头。原本的大西洋贸易格局，是美国向欧洲输出农产品，欧洲向美国输出工业品。然而从19世纪最后几年开始，变成了美国向欧洲输出工业品，欧洲向美国输出金银。

金银流出可是要命的！欧洲的企业家们，面对着统一竞争的全球市场，但是他们各自的祖国却狭小而又割裂。既然他们无法用资本手段去兼并对手，那么最好的选择就是用暴力手段去把它破坏掉。正如马克思所预言的那样，生产的增长超过了资本的增长，而人口的增长又超过了生产的增长。最终的结果就是第一次世界大战。

一战期间，俄国爆发了十月革命。后来，列宁发表专著《帝国主义是资本主义的最高阶段》，宣称垄断将导致资本主义世界的毁灭。

一战伊始，法、德两国便宣布退出金本位，停止将各自的法币兑换为黄金。因为这两种货币都是有法定含金量的。所以从技术上说，这就是两国政府对所有法郎和马克的持有者违约。不过由于当时的国际贸易并未广泛使用法郎和马克，因此事件的影响主要局限于法德两国境内。

1914年8月，英国对德宣战，同时退出金本位。通行全球200多年的国际硬通货英镑居然违约了。全世界的投资者都陷入了前所未有的恐慌。伦敦证券交易所随即宣布闭市。急于变现的投资者只好转道纽约，拼命卖出各种资产。而已经握有美元的投资者,则进一步抢购黄金。

初出茅庐的华尔街被吓坏了,连忙宣布休市。不过很快人们就发现,担心是多余的。随着欧洲黄金为了避险不断涌入,美国的黄金储备急剧增加。美元成了全球金本位的一根独苗。

由于接到大批军火和物资的订单,美国企业在一战中赚了个盆满钵满。1915 年 4 月,纽约交易所战战兢兢地重新开盘,立即收获了一波牛市。从此以后,纽约便取代伦敦,成了新的世界金融中心,华尔街则是这个中心舞台上的绝对主角。

大分流

在当年资本主义世界的"双重化装舞会"中,银行凭借其信用,保证它发行的银行券可以兑换为法币。而政府则凭借其信用,保证它发行的法币可以兑换为贵金属。这两重关系是相互依托的。法币的价值稳定是银行开展存贷业务的基础,如果在贷款期间,法币价值明显下降了,贷款人显然吃亏;反之,如果法币价值大幅上升了,借款人就要受损失。

在第一次世界大战中,各国政府为了应付军费开支,不得不脱离金本位,开始滥发法币。这种政策,对外表现为货币贬值,对内表现为通货膨胀。

仅就通货膨胀而言,它损害的主要是货币和债权持有人的利益。实业资产、物质财富和人力资源的价格都可以跟随通胀上升。此外还有一部分以金银为单位计价的特殊债权,它们的价值不会受到贬值的影响。比如德国的战败赔款就是以黄金计价的,即使德国马克全部通胀成废纸,也丝毫不能缓解赔款的压力。

用现代眼光看,当年金融机构的资产配置是非常极端的,绝大部分资产都是长期的固定利率债权或者类债权。这就使得它们对通货膨胀非常敏感,一旦发生币值波动,就极易受到损失。

现代银行放贷,最标准的定价方式是浮动利率,也就是约定一个升水,比如说在基准利率之上再加 2.5%。那这个基准利率是从哪里来的呢?通常是由大型做市商或者中央银行确定的,基本上跟着通胀走。通胀高,央行就加息;通胀低,央行就降息。这样一来,浮动利率就在很大程度上化解了通胀风险。

在那个信息匮乏的时代,金融交易的基础是银行家和企业家的个人信用。契约条款大部分都属于"君子协议",事前一口价。事中盯盘和事后结算都需要大量的信息交流和处理,是极其困难的。

所以说,现代人习以为常的"基准利率",简简单单四个字,背后不知道包含了多少制度建设的成果。如果没有基准利率,那当然浮息贷款也无从谈起了。

作为投资者,我们关注过去的"无",并不是为了夸耀今天的"有"。其实与未来的"有"相比,我们今天在许多领域仍然是"无"。真正的大智慧、大机遇,恰恰蕴藏在从"无"到"有"的过程之中。

对当年的各家银行来说,还存在一个久期错配的问题。因为一般来说,存款的期限比较短,通常就是几个月,而贷款的期限比较长,动辄三五年。如果利率是可以浮动的,那么存贷款利率同升同降,问题不大。如果有一头利率锁死了,就会产生风险,而

资本经济篇

且贷款期限越长，风险越大。

对小股东来说，当年的股票本质上也是类债权资产。它的价格主要取决于面值和约定股息率。如果企业不能或者不愿意等比例派发额外股息，股票也不能抵御通胀。

综合以上情况，就形成了一个逻辑链条：各国的战争损失决定了政府赤字，政府赤字决定了通货膨胀，而通货膨胀又决定了各国金融行业的兴衰。

第一次世界大战后，战败国德国的银行业被完全推倒重来，金融秩序崩溃，出现了上万亿倍的通货膨胀；在战争中惨胜的法国物价上升了数倍，银行业也遭到重创；战胜国英国的通货膨胀最不明显，银行业基本保持完好；坐收渔利的美国情况最妙，大大地发了一笔横财。

由于信息、财务、监管等软硬件基础设施都不完备，当年的银行家不知道如何在通胀环境下开展业务。所以在大战之后，世界陷入了迷茫：社会发展往哪里去？讨论来讨论去，主要形成了两种思路：一种是走回头路，想办法重建金本位，恢复原有的金融秩序，笔者称之为华尔街路线；一种是干脆绕开银行家，换一拨人来充当经济活动的中枢，调节资源配置，笔者称之为苏维埃路线。

美国是华尔街路线的典型。它在一战中没有损失，反而大赚一笔。金本位下的美元十分坚挺，美国经济还享受了一波景气高潮，由于当时的美国总统是约翰·柯立芝，因此史称"柯立芝繁荣"。

俄国则是苏维埃路线的典型。1917年十月革命之后，几乎所有的生活、生产物资都由苏维埃统一调配。黄金在苏俄境内成了无用之物，被大量出口到西方。

其他欧洲各国的调整思路，基本上都在上述两个极端之间，形成了一道连续的光谱。

德国的银行业已经毁灭，因此不得不借助政治力量来安排经济活动。1919 年，也就是战败之后的第二年，纳粹党宣告成立，很快就夺取了政权。

英国的金融实力比较完整，在 1925 年恢复了金本位，英镑的含金量与战前持平，1 英镑兑 4.86 美元。就其国力而言，这是一个相当勉强的价格。可以说，英国人是一边吐着血，一边维护着旧时帝国的荣光。

法国则在 1928 年重回金本位，并且耍了一个小聪明。新法郎的含金量还不到战前的 1/5，可是实际上，法郎在国内的购买力并没有那么低。也就是说，如果境外的黄金按照标准价兑换成法郎，可以在法国境内买到更多的东西。这样一来，便吸引了大量的黄金流入法国，并且由此引出一桩公案。

黄金争夺战

第一次世界大战之后发生的大分流，是一个事关世界潮流的重大抉择。我们可以用一句话来总结它：让谁来管理经济？要么让"华尔街"来管，要么让"苏维埃"来管。苏维埃路线在欧洲之外比较流行。在一战中战败的德、奥等国选择了介于两者之间的中间形态。而英、法两国当然是倾向于选择华尔街路线的。可是，要想拥有自己的华尔街，就必须要有足够供养它生存发展的"血液"——黄金。

自亚当·斯密时代开始，法国就一直有储备黄金的传统，其黄金储备量始终远高于英国。现代战争，打的就是财力。既然法国的黄金远多于英国，可是为什么过去英法争霸200多年，法国很少占据上风呢？

原因当然很多，但是其中很重要的一条，就是以罗斯柴尔德家族为代表的贵族银行家们，总是愿意以更低的利率借钱给英国政府。

市场为什么偏爱英国？这当然不是什么民族自豪感的结果。最初是因为英国发生了"光荣革命"，代表国家的王室开支被控制得很好；而法国王室则铺张浪费，挥霍无度。工业革命之后，英国工业品的出口能力更是一骑绝尘。英国甚至用不着在国内保留黄金，反而向海外殖民地输出了大量资本，丝毫不用担心挤兑。

所以回顾英法两国的金融争霸史，我们可以总结出一个道理：金融的关键是信心。市场的信心在增量，不在存量；在未来，不在眼下。

让我们回到一战之后。为什么我们前面说法国人低估法郎是耍小聪明呢？因为国际资本很清楚，如果法国的商品没有竞争力，仅靠低估币值这种手段，拿套利空间送给别人吃，那人家当然是有多少就吃多少，等到吃完喝完，一抹嘴就走了。

用现代的说法，这种套利资金就叫热钱。主动吸引热钱进来，等于开门揖盗、饮鸩止渴。但是无论如何，当年法国人这样一搞，英国人还是很紧张。因为他们当时也很虚弱，不可能像过去200年间那样，坦然面对资本的自由流动。

在第一次世界大战中，英法两国是血海里打出来的盟友。但是为了争夺黄金，双方也顾不得面子了。只要有法国人在英国取现，就会被视为敌对行为。英格兰银行还曾正式照会法兰西银行，要求对方不要抢购黄金，最好自愿设置一个兑现额度，但是遭到对方严词拒绝。

如果说英法两国处境悲凉,那德国和俄国就更不用提了。世界上的黄金都跑去哪里了呢?都去美国了。当然,漂洋过海的不仅是黄金,还有信心。

从弗里德曼的巨著《美国货币史》中,我们可以清晰地看到,过去100多年间,美国的基础货币一直保持着稳定上升的趋势,但是其中有两个跳升的阶段,分别是在第一次世界大战和第二次世界大战期间。从这个角度说,美国的国运正是建立在两次大战的基础之上。

在一战期间,美国的黄金存量直接翻了一番,并且由此产生了一波强烈的通货膨胀。1914年,美国成立了自己的央行——美联储。美联储诞生后的第一项工作,就是应对通胀。它将票据贴现率从5%一路调高到7%的水平。

美国加息,令欧洲感到十分痛苦。因为欧洲人,尤其是英法两国,正在艰难地积蓄黄金。美国加息,相当于降低了黄金的流通速度。这固然有益于美国控制通胀,但是对英法两国来说,无疑是雪上加霜。

请注意,这时候大西洋两岸的通胀是完全不同的。欧洲是纸币通胀,商品固然是稀缺的,但是黄金更加稀缺,过剩的只是法币而已。而美国是真正的黄金通胀,因为美元与黄金挂钩,并且双双过剩,所以商品才相对显得稀缺了。

除了商品市场的苦乐不均,欧美资本市场的走势也是背道而驰。如果大西洋两岸的金本位都是稳固的,那么市场竞争将给出判断,有效率的资产获得高价,无效率的资产获得低价。但是大战之后,国际市场因为货币问题而被割裂了。

市场经济的基本原理是：越是人为割裂的市场，效率越低。德国的优质资产无法得到合理定价，美国的劣质资产却受到无限追捧。

总而言之，从一战到大分流，再到黄金争夺战，最终的结果就是三个不同层次的分化：战胜国与战败国的分化，坚持金本位的与放弃金本位的分化，美国与其他金本位国家的分化。

一战之后的世界格局就像一个金字塔，它的结构恰好与黄金拥有量的分布相符。亚非拉各国在底层，英法之外的欧洲在中间，英法两国在上层，美国是塔尖，而华尔街则是塔尖上的明珠。华尔街上的人们有理由纵情狂欢，似乎谁也不曾感知到危险的来临。

大萧条

由于地广人稀，美国自建国之初，人均产出和人均收入就一直高于欧洲。不过在文化和科技等软实力上，美国并不占优。到20世纪20年代，大西洋两岸已经是此消彼长，高下立判。美国的繁荣、美国人的富裕，全面超越了欧洲。《了不起的盖茨比》就详细描写了当年纽约夜夜笙歌、纸醉金迷的景象，以至直到今天，美国人仍然留恋地称那个时代为"黄金年代"。

民族自豪感和过度乐观往往很难区分。1989年，石原慎太郎出版了《日本可以说"不"》，试图宣告日本正式摆脱美国的控制。然而当日本国内资产泡沫达到顶峰，随之而来的就是"失落的10年"，然后是"失落的20年"，至今已是"失落的30年"了。

20世纪80年代的日本地产泡沫，就好像是20世纪20年代佛罗里达地产泡沫的重演。当年美国人在佛罗里达州疯狂抢购土地，没有任何基础设施的一片沙滩，插上一块牌子就可以卖。参与土地炒作用不着太多资金，只要首付10%左右就可以签下整片土地。而这些首付单据，则被当作"楼花"，以每周甚至每天的频率不断转手。

与地产泡沫相比，股市的表现也不遑多让。按照道琼斯工业指数计算，1924—1927年，股市市值翻了一番。1927—1929年，股市市值又翻了一番。也就是说，股价平均水平在5年内上涨了3倍。

与此同时，金融制度建设方面的进展依然缓慢。1929年，纽交所共有580家上市公司，其中只有半数披露了最基本的总收入数字，能够披露净资产、净利润的公司更是少之又少。至于数量更为巨大的场外交易公司，那就更别提了。

在一片狂欢的气氛之中，二级市场的游戏规则也发生了改变。人们不再关注股息率。因为与股价本身的变化相比，那一点儿股息简直微不足道。由于信息披露不足，基本面分析没有用武之地，人们只能依赖图表分析和题材炒作，股价因此失去了"锚"。只要图形好看、题材合适，任何价格似乎都是合理的。

可惜天下没有不散的宴席。1929年10月，在没有任何外部刺激的情况下，崩溃发生了。道琼斯工业指数在一个季度之内下跌了40%，随后又在半年间收复了一半的跌幅。这就是历史上著名的1929年大崩盘。

事实上，仅就波幅来说，大崩盘并不比19世纪的历次危机更加剧烈，它之所以著名，是因为它有很强的预示作用。这又是一条历史的反证。股市投机过度，说明钱没地方去。假如在实体经济中机会很多，钱怎么会没地方去呢？这就好比社会学上说，失业率高的地方往往犯罪率也高。假如人们都忙工作，哪儿来这么多心思犯罪呢？

果然，1931年美国经济进入严重衰退，银行倒闭，工人失业，这场危机还波及全球，史称大萧条。与股票市场的大崩盘相比，实体经济的大萧条才是真正恐怖的事情。1932年，道琼斯工业指数跌破50点，甚至低于一战之前的水平。如果按最低点计算，指数的最大跌幅超过80%。

美联储前主席伯南克称大萧条是宏观经济学的圣杯。这种说法广为流传，因为大家都同意，大萧条是整个资本主义世界最接近灭亡的一次经历。股神巴菲特的好朋友查理·芒格也有一句名言："如果可以问上帝一个问题，我想知道我会死在哪里，然后我就永远不会去那个地方。"从这个角度看，似乎只要知道了如何避免大萧条，资本主义也就永远不会灭亡了。

其实，伯南克还说过一段话。他在弗里德曼90岁生日宴会上致辞："关于大萧条，你是对的。我们犯了错误，我们很抱歉。但是感谢你，我们不会再犯同样的错误了。"如果你把伯南克的两段话连起来看，就会发现，其实他并不是以一种探究未知的态度号召大家去研究大萧条。恰恰相反，他是志得意满地高调宣称："圣杯"我已经找到了，就是弗里德曼主张的货币主义，有了货币主义加持，资本主义便可以千秋万代。

伯南克在他的学术论文里说得更加清楚：只要以0利率向市场注入无限流动性，再疲软的经济体也会恢复活力。他甚至提出，如果量化宽松仍然无效，就用直升机在城市上空撒钞票，到时候，不信还没人消费。因此，他还得了一个绰号"直升机"。

要说伯南克异想天开，大萧条时代的经济学家也丝毫不落下风。20世纪30年代，凯恩斯就提出：如果要治理衰退，可以在大量玻璃瓶中塞满钞票，然后由政府出面，雇用一群工人把瓶子埋入地下，再雇用另一群工人把瓶子挖出来，这样一来，埋瓶子的人就有钱消费了，挖瓶子的人也有钱消费了。当然，明眼人都看得出来，凯恩斯所说的，其实就是一个模拟开采金矿的过程。他是在抱怨金银不足呢。

伯南克和凯恩斯的思路其实并无二致：无论通过什么手段，一定要让没钱的人获得足够的钞票。两者的差别仅仅在于，伯南克认为应该由央行出面，而凯恩斯则希望由财政出面。

事实上，无论央行还是财政，其操作成本都将由全体国民分担。所以归根结底，这就是一个财富再分配的过程。怎么个分配法呢？因为衰退期没人消费，所以其实直升机和挖瓶子都不是最好的办法。最好的办法是精准定位，谁有消费需求，就把钞票分配给谁。这个说法，其实已经接近马克思的"按需分配"了。

凯恩斯在其名著《就业、利息与货币通论》中还曾做出预言，随着社会发展水平的不断提高，投资机会不断收敛，无风险利率最终将趋近于0。最后，他甚至喊出了结论：食利者终将消亡。这……不知道是不是拿错了剧本？

以上都是学术界的观点，或许多少有点"语不惊人死不休"的味道。那么在实践中，美联储又是怎么操作的呢？我们还是从第一次世界大战说起。

美联储刚刚成立没几年，就碰到一战引发的黄金流入，通货膨胀随之而来。它按照经典教科书的理论，连续加息，降低货币的流通速度，但是国际压力随之而来。因为欧洲人正急缺黄金，美国人却把黄金锁起来。这怎么行？

假如有上帝视角，这时候就缺一个"马歇尔计划"。如果能让黄金满怀信心地主动流回欧洲，那么欧洲的汇率问题解决了，美国的通胀问题也解决了。

货币就像水，如果把渠道、阀门、滤网等基础设施都弄好了，一片田地自然能够灌溉均匀；如果渠道不通，那么无论是抽水还是放水，都不会出现理想的效果，这就叫"宽严皆误"。如果基本原理还没搞懂，就想用数量模型去计算"最优"货币供应量，那就叫"缘木求鱼"。

进入20世纪20年代，欧洲开始战后恢复，黄金流入美国的趋势也已暂时停止，于是美联储又开始降息。英法两国就是在美国人"高抬贵手"的环境下，先后于1925年和1928年恢复了金本位。这一轮操作，利率高点在7%左右，低点在3%左右。

可是一波未平，一波又起。低利率环境引发了美国国内的地产、股市投机风潮。于是美联储从1928年又开始加息，最高加到6%。这一加息，效果很明显，加出了一个大崩盘。然后从20世纪30年代开始，美联储又大幅快速降息，一直降到2%以下。可惜这次市场不听它的了，大萧条如期而至。

仅就上述回顾来看，美联储的货币政策似乎确实顾此失彼，颇有值得商榷之处。但是假如我们相信，美联储换一套操作方案，就有可能避免大萧条，那真是"想多了"。

查阅弗里德曼在《美国货币史》中整理的数据，我们不难发现，大萧条前后20年的债券利率、货币供应量等市场数据，与美联储贴现利率之间的相关性并不显著。换句话说，当时的金融市场对美联储的货币政策根本就无动于衷。

当年的主流价值观认为，美联储作为一个政府组织，就应该老老实实地扮演最后贷款人的角色。金融市场是私人领地、"贵族"的世界，轮不着政府官员插手。所以当年的美联储根本不可能像今天这样，对金融市场发挥"如身使臂，如臂使指"的作用。

俗话说：解铃还须系铃人。纯粹的流动性问题或许可以用货币政策来对付，涉及基本面的问题就只能用经济发展来解决，至于深入骨髓的社会问题，那肯定还得依靠政治改革。

罗斯福新政

1933年，罗斯福当选美国总统。他一上台，就颁布了一系列划时代的法令，史称"罗斯福新政"。不过从历史研究的角度看，任何重大的转折性事件都是建立在长期力量积累的基础上的。政治理想，不可能仅凭一纸公文就变成现实。

在20世纪20年代，汽车和收音机是引领产业发展的两大科技创新，就像今天的互联网一样。这两样东西，都是典型的工业产品。

从供给侧来看，工业产品的特点就是同质、大量；而在需求侧，它也需要同质、大量的消费者来消费它。因为即使是那些大富大贵之家，资产规模可能是普通人的几千几万倍，也不可能去买100辆汽车、1000台收音机。所以在工业社会中，必须存在一个数量巨大的、买得起工业产品的家庭群体，否则供需就不可能匹配，经济运转就要出问题。

在《就业、利息与货币通论》中,凯恩斯曾经对古埃及的经济结构表示"羡慕"。因为古埃及人通过建造金字塔,轻而易举地实现了"充分就业"。当然,古埃及是奴隶社会,修建金字塔的劳工并不是法老的雇员,这个瑕疵我们姑且不论。凯恩斯至少有一点说对了:建造金字塔这个"产业",是与当时的财富、权力分布状态相匹配的。有供给、有需求,一座座金字塔才能拔地而起。

仅从技术上说,现代社会当然也有能力建造金字塔,或者建造其他类似的东西,但是现代社会的伦理体系不可能容忍几十万劳工为某个富豪修建陵墓,或者学习古代皇帝,搞什么三宫六院七十二嫔妃。所以实际上,现代社会是拒绝供给某些古代产品和服务的,能够供给的就是汽车、收音机之类的工业品。

然而一个社会要运转起来,供给与需求终究是要匹配的。既然人们不愿意回到金字塔时代,那么就必须要有一个能够消费得起工业品的中产阶级群体。如果它不存在,就把它创造出来。时代赋予罗斯福的历史使命就在于此。

正所谓"国家不幸诗家幸",每一次危机都是改革的窗口。因为只有老路走不通的时候,才是创新意愿最强的时候,这就叫"穷则思变"。可是怎么变呢?人类思维有一个特点,就是喜欢模仿。谁厉害就模仿谁,这是一种本能冲动,跟猴子学样差不多。当然,模仿得合适不合适,那就是另一个问题了。

我们前面讲过,一战之后的世界经济出现了大分流。从西往东,美国的金融资本最强,英法次之,德国较弱,苏联最弱。从经济周期来看,大萧条其实是大分流的反向运动。从西往东,美国受到大萧条的打击最深,英法次之,德国的表现较好,苏联则完全不受大萧条的影响。

不讨论苏联的经济表现及其理论,这是当年资本主义世界的"政治正确",但是它们无法把德国也从视野中剔除。1933—1935年,德国的各项经济指标先后突破1929年的峰值。英国经济学家、剑桥大学教授琼·罗宾逊不无酸意地说,在凯恩斯提出解释理论之前,希特勒已经解决了失业问题。

客观地说,即使在大萧条之后,美国仍然是世界上经济实力最强的国家。苏联、德国的经济创新高,那是因为它们的前期峰值本来就低。美国经济的问题,其实就跟股市大崩盘的道理一样,前期涨得太多,预期拔得太高,其实跌下来以后水平仍然不低,只是这个过程对人心士气的伤害很大。

更可怕的是,天灾与人祸常常随行。大萧条发生之后,整个20世纪30年代,美国各地不断出现"黑风暴",这是前期过度垦荒、土地沙漠化的结果。黑风暴所过之处,树倒房塌,农民流离失所。小说《愤怒的葡萄》详细描写了当时农民的生存惨状。它与《了不起的盖茨比》一起,入选20世纪百部最佳英语小说。两者所写,恍如隔世。

大萧条发生后,由于需求锐减,农产品价格下降了大约一半。可是农民的负债金额却不会同比例下降,原本只相当于2车小麦的债务,现在要4车小麦才能清偿。在罗斯福当选的时候,美国中西部已经出现了零星的农民武装暴动。所以他上任后不久,就力排众议,宣布退出金本位。

在此之前,1931年,鲜血吐尽的英国人就已经再次放弃了金本位。英国的退出是被迫的,就像大水冲垮了堤坝一样。美国的情况不一样,它完全是主动的。因为市场并不看空美元,所以退出金本位之后,美元并没有马上下跌,就像锚被解开了,船往哪里

资本经济篇

漂还不一定。可是罗斯福等不及了，他命令财政部直接入市，放出美元，收购黄金。他这样做的意思很明确，让美元贬值，让债务缩水，先稳住农民再说。

根据当年的会议记录，退出金本位之后，罗斯福每天都要听取棉花、小麦等农产品的价格行情。如果农产品价格持续下跌，他就会命令财政部加码收购黄金；如果涨得不错，他会回头来安抚一下那些维护金本位的人。

当年支持金本位的，主要是三类人：金融资本的代表、坚持正统的经济学家和法国人。为什么还有法国人？因为法国通过低估法郎，刚刚积攒完大量黄金，如果各国都退出金本位，他们的辛苦就白费了。

荣耀之末

在波澜壮阔的国际舞台上，华尔街因为大分流而平步青云，又因为大萧条而跌入谷底。这个过程对本文的一条主线也产生了决定性的影响。现在让我们看看，华尔街内部贵族与平民的矛盾又将如何演化呢？

从 19 世纪末到 20 世纪初的几十年间，摩根银行一直是华尔街的领袖，贵族中的贵族。在那段顺风顺水的日子里，他们尽可保持其英式的传统贵族做派，同时与平民相安无事。大萧条发生之后，愤怒的公众急于知道问题出在哪里。于是在 1933 年，美国国会决定传唤摩根银行的主人——小 J. P. 摩根，接受质询。

摩根一行保持着他们的贵族做派入驻华盛顿。他们在宾馆里的消费标准是 2000 美元每天每间。而在当时，美国至少有 1/3 的人年收入低于 2000 美元，大约 1/5 的人年收入低于 1000 美元。

在听证期间，摩根反复强调其私人银行的性质。所有的一切都是社会精英之间的自愿契约，因而与公众利益无关。参与质询的参议院主席问道："假设我现在带来 1 万美元（这在当时可不是一个小数字），能否在你的银行开户呢？"摩根不假思索地拒绝说："不行，参议员先生，除非有关系介绍你进来。"

听证会不欢而散，平民的愤怒还在继续。"贵族"们似乎勉强维持着体面，但是其实在幕后，早已被大萧条弄得疲惫不堪，难言当年之勇了。

1913 年，老 J. P. 摩根去世时，遗产总额是 6830 万美元。除此之外，大概还有价值 5000 万美元的艺术品。1943 年，小 J. P. 摩根去世时，只留下了价值 1600 万美元的房地产和数百万美元现金。

虽说与同时代的人相比，这两位摩根的遗产都已经是天文数字了，但是儿子的遗产金额只相当于老子的 1/5，人们不由得猜想，这 30 年间到底发生了什么？

虽然我们无法得知摩根家族的收支详情，但是确实有报道说，在大萧条期间，小 J. P. 摩根封存了自己的巨型游艇，并且不断地出售自己的艺术品收藏。大萧条发生后，美国先后有 9000 多家银行倒闭。走投无路的银行家们，只得寄希望于政府的救援。

1934 年，美国银行家协会召开年度会议。以前从来不屑于参会的摩根银行，听说此次会议由罗斯福主持，竟然派出了一把手出席。当然，这里的一把手是指经营上的一把手汤姆·拉蒙特，小 J. P. 摩根还是没去。两者差不多是总经理和董事长的关系。

资本经济篇

在会上，政府代表傲慢地提醒银行家们：即使按照你们自己的标准，你们也是失败者。此言一出，鸦雀无声。因为在场的银行家中，有超过一半的人确实已经资不抵债了。

当时的纽交所主席叫惠特尼，他的地位虽然无法与摩根相比，但也是一个身家百万的"上等人"，属于"贵族"中的一员。惠特尼在1933年投资了一个私酿酒厂。所谓"私酿"，是因为当时美国禁酒，但是市场普遍预期，大萧条之后政府将会开放酒禁，刺激经济。事实上，惠特尼赌对了。而且从道琼斯指数行情看，他的抄底时间也没有问题，1933年正是指数的最低谷。

然而惠特尼太轻敌了，也有可能是太看好这个机会了。他大量负债，运用了数倍于自有资金的杠杆去操作。可是股价反弹低于他的预期，随后长时间的横盘又产生了大量的利息，他的本金被不断地侵蚀。

1938年，惠特尼被判入狱，罪名是挪用了会员寄存在交易所的证券，亏空高达数百万美元。新成立的证券交易委员会（SEC）立即抓住这个把柄，全面接管了纽交所。当时的美国证交会主席，正是前面提到过的那个二级市场大炒家——约瑟夫·肯尼迪。他将纽交所置于自己的掌控之下，宣告着二级市场的造反派终于要对"贵族"们抢班夺权了。

从此之后，纽交所从一个俱乐部性质的、只为会员服务的组织，变成了一个由政府控制、服从于公众利益的机构。在接管过程中，还发生过一段有趣的对话。纽交所经理杰克逊彬彬有礼地接待证交会代表团，并提出："纽交所已经有150多年的历史了，可能有不少事情你们需要咨询我们。"证交会代表道格拉斯轻蔑地回复："我只想知道一件事……你们把纸和笔放哪儿了？"

新的时代

19世纪以来,华尔街中以摩根为代表的贵族银行一直是美国金融业的主流。然而一战之后,许多面向公众的银行开始崛起。其中的代表是国民城市银行,也就是花旗银行的前身。

对股票和债券的发行方来说,如果他们希望通过融资活动与大机构和实权人物建立关系,那么贵族银行仍然是他们的不二选择。但是如果他们只需要资金,那么公众银行巨大的销售网络也许更适合他们。

从产品质量的角度看,贵族银行做的当然是品质最优、信用最好的项目。而那些最终违约的劣质项目,通常都出自公众银行之手。

然而宏观的格局变化,却发生在最优和最劣之间。大量资质平凡、可上可下的项目,原来在"贵族"银行那里,根本得不到融资的机会,现在它们通过公众银行的帮助,也可以当一回弄潮儿。

更重要的是,大量的投行人才像"种白菜"一样成长起来了。人们发现,投资银行家并不需要三头六臂。"贵族"们会做的事情,平民也能做。

20世纪20年代,国民城市银行承销了大量海外债券,尤其以南美政府债券为多。在历史学家看来,这是英国退出金本位之后,纽约取代伦敦,成为新一代的世界金融中心的标志。但在当年,国民城市银行却遭到了摩根银行的猛烈抨击,摩根银行指责它扰乱市场秩序,倾销劣质金融产品。

确如摩根银行所料,在后来的全球大萧条中,这些海外债券出现了大量违约。但是从另外一个角度来说,摩根的强烈反应恰恰证明了国民城市银行的崛起。否则摩根按照它19世纪的贵族作风,应该是"笑而不语",根本不屑于评论此类事件。

大萧条之后,整个资本主义世界都处在风雨飘摇之中。"贵族"银行不得不与公众银行同舟共济,一起向政府低头乞援。

1933年罗斯福上台。他一边稳定局势,一边迅速制定了《1933年银行法》。对银行家来说,前者当然是萝卜,可后者却是大棒。

这部银行法确立了证券和银行业务分业经营的原则。那些以信托(托拉斯)形式垄断产业的做法,从此难以为继。人们本来以为,通过垄断,把小船连成大船,就可以抵御风浪。现在看来,连环战船要是翻了,危险更大。宁可十年一次小危机,不要百年一遇大萧条。

这部银行法还规定,银行向单一客户的放贷金额不得超过自身资本的10%。仅就字面而言,它是控制银行经营风险的一般条款。但是这种"一刀切"的硬性规定,直接抹杀了"贵族"银行与公众银行之间的区别。

原本"贵族"银行自诩水平高超,喜欢小资本办大事,只允许一小部分高级合伙人入股银行。毕竟"贵族"靠"人品"办事,只有市民才靠"资本"办事。现在10%的风控比例已经定死,如果"贵族"银行还想与巨型企业保持业务往来,就只能增资扩股。

在《1933年银行法》的双重打击之下,摩根银行先是分拆成J.P.摩根和摩根士丹利,分别经营银行和证券业务。然后J.P.摩根公司又被迫放弃合伙人制,转为公司制。1959年,J.P.摩根公司与纽约担保信托公司合并。

其实J.P.摩根公司最初考虑的合并对象是大通银行,由于当年大通银行已经先行与曼哈顿银行合并,因而未果。然而华尔街的历史渊源不绝如缕。2000年,J. P. 摩根公司终于与大通曼哈顿银行合并,成立了摩根大通银行。

当年罗斯福对待"贵族"银行的手段如此强硬,得益于两个先决条件:一个是大萧条已经彻底击碎了原有秩序,因此不会有"大而不倒"的问题;另一个就是公众银行的崛起,它们积累了大量的人才和资本,足以填补"贵族"银行收缩形成的空白。

公众的参与也同样影响着二级市场。1914年美里尔公司成立,它是美林证券的前身。在20世纪20年代的投机风潮中,那些被"贵族"银行拒之门外的散户,不断涌向美里尔等新兴经纪公司,形成了一股新的势力。大崩盘发生前,美里尔公司还曾主动提示客户们退出市场,因此留下了良好的声誉。

在当年的正统观念看来,公众是无知的,让他们参与二级市场就等于放纵赌博。大崩盘和大萧条发生后,正应该是二级市场深刻反思、痛改前非的时候。可是罗斯福政府偏偏反其道而行之,既然公众是无知的,那么就应该对他们进行教育,让他们不再无知。

《1933年证券法》非但没有限制公众参与二级市场,反而将他们视为重要的投资者群体,给予特殊保护。该法案还强制要求上市公司充分地向公众披露财务信息。全美第一套会计准则随之问世。

《1934年证券交易法》对操纵股价、内幕交易等伤害公众利益的行为进行打击。同年,美国证交会成立。

《1940年投资顾问法》出台,公募基金行业从此诞生。

大萧条期间,美里尔公司与多家公司合并,重组为美林证券。上述一系列法令推出后,美林证券顺势而为,开始提供研究服务,帮助散户理解那些披露出来的财务信息，从什么叫市盈率、什么叫市净率讲起，在美国股市的百年投机史上，倡导散户进行基本面投资，这可是破天荒的头一遭。

20世纪40年代，股市复苏，美林证券一跃成为全美第一大证券经纪公司，拥有客户数量超过50万。而在30年前，全美活跃投资者的总量还不到这个数字。

王侯将相，宁有种乎？

2000多年前，中国农民陈胜说出了一句千古名言：王侯将相，宁有种乎？在罗斯福新政的光辉照耀下，这句话同样回荡在华尔街上。果然，有一家平民银行趁势而起，权势超越了所有的贵族同行。它就是高盛。

高盛的英文名是 Goldman Sachs。顾名思义，它是由 Goldman 和 Sachs 两个家族合办的，不过他们并不属于当年的大家族。事实上，高盛在大萧条之前是一个无名小辈，甚至不能稳定赢利，几乎总是赚一年、亏一年。

改变高盛命运的，是一个叫温伯格的犹太人。他既是高盛的合伙人，也是一个政治活动家。在1932年的总统大选中，温伯格重注押宝罗斯福，并且亲自出任民主党全美竞选筹资委员会主席。罗斯福上台之后，果然投桃报李，授权温伯格组织成立"商务顾问及策划委员会"。得益于罗斯福的光环，温伯格被商界称为"能够发出最值钱的请柬"的人。

在后来证交会接管纽交所的过程中,温伯格又助政府一臂之力,拉拢了几个企业巨头来组成"重组委员会"。要不然,仅凭"造反派"约瑟夫·肯尼迪一人之力,恐怕也镇不住场子。

在二战期间,温伯格是"战时生产委员会"的成员。这个战时生产委员会有权调配一切军需物资,有权锁定商品的价格,甚至有权命令企业改变生产项目,比如让拖拉机厂转行生产坦克。

罗斯福非常看好温伯格,甚至一度想任命他为驻苏联大使,不过这位犹太人还是对从商更有兴趣。战后,温伯格决定把主要精力放回高盛。当时的纽交所主席是他在战时生产委员会的下属,其权势可想而知。

不过,美国商界的渊源十分深厚,政治资源并不能随意地变现为商业资源。1956年,高盛成为福特汽车股票发行的唯一承销商。鉴于福特汽车的规模,这单生意对高盛来说,是一件鲤鱼跳龙门式的大事。高盛从此跻身华尔街一流投行之列。可是福特汽车太强势了,不仅承销费用极低,而且发行定价过高,很快就破发了。所以不仅高盛白辛苦一场,没有赚到多少钱,而且高盛的客户还亏了钱。

现在的A股券商圈子里,有句玩笑话叫"客户虐我千百遍,我待客户如初恋",当年的高盛正是这样的典型。当然,它只把那些最有权势的机构客户当作"初恋"。

20世纪50年代,股市已经开始复苏,但是交易并不活跃。大型机构的买卖单都比较大,很容易影响价格。往往刚开始成交,价格就顺势一路跑,机构只能追着买或者卖,最后演变成扫货或者砸盘。

高盛很贴心地推出大宗交易服务。这样客户就用不着追着市场跑了,一次性给足滑点就行。比如说市价50美元,有机构想大

资本经济篇 173

量卖出。这时候高盛告诉你：49 美元，我全要了。一旦接盘之后，高盛立即火力全开，搜遍它的客户网络，寻找一切愿意以 49.5 美元或者 49.25 美元成交的买家。

大宗交易当然是有风险的。证券行业有三大业务：经纪、投行和自营。其中经纪和投行业务，最坏不过是白费力气，不会有资金损失。但是用自营资金接大宗交易，搞不好就会砸在自己手上，大亏特亏。

以摩根银行为代表，华尔街最高端的商业模式就是靠"人品"赚钱，恨不得两袖清风，仅凭一张脸和三寸不烂之舌，就把生意给做了。至于用钱生钱，那是非常低端的做法，跟二级市场炒股票没什么区别，是典型的投机，"贵族"们是绝对不屑于做这种业务的。

然而，以上只是静态分析。在前面那个例子中，市价 50 美元和大宗交易 49 美元之间这 1 美元的差异，叫作流动性折价。从动态来看，高盛拼命培育这个业务，就是看好股市发展，看好资金流入，看好流动性折价缩小。

换句话说，仅从一笔业务来看，高盛确实是在赌博，赌的是"有没有下家"。但是把无数笔交易叠加起来看，高盛其实是在做趋势，赌的是"市场越来越活跃，成交匹配越来越容易"。

20 世纪 50 年代，美国出现了战后婴儿潮。1974 年，婴儿潮人口到了工作年龄，"401K"计划随之问世。这一代人的养老基金被稳定地转化为股票投资。

二级市场的规模迅速扩大，成交也活跃起来。投资、研究成为金领行业。随着大量人才涌入，二级市场的资产定价效率也大大提高。20 世纪 70 年代，大宗交易创造的收入已经占到了高盛的

2/3。借助于大宗交易打造的客户网络，高盛可以源源不断地销售证券。

直到此时，摩根士丹利等老牌投行才猛然醒悟：客户网络是可以一、二级市场通用的！高盛可以把一个机构持仓的证券推销给其他机构，当然也能把上市公司首次发行的证券推销给那些机构。

长期盘踞在二级市场的高盛，终于向一级市场发动总攻了。20世纪80年代，高盛的投行市场份额历史性地超越了摩根士丹利，登上了新一代华尔街领袖的宝座。

事实上，高盛的逆袭，除了大宗交易，还有另外一个秘密武器。

投资银行是联络企业和投资者的纽带。老牌投行的一贯策略是注重与企业的关系，轻视二级市场。这个策略的合理性在于，企业家掌握更多的信息，他们手里的钱是"聪明钱"，二级市场上的钱则是"傻钱"。投行当然喜欢跟"聪明钱"做盟友，跟"傻钱"做对手。

可是经过大萧条之后几十年的发展，二级市场的研究能力已经丝毫不逊于投行和企业自身。投行的定价报告早已不再是金科玉律，到底谁是"傻钱"，还不一定呢！在新的时代，当投行预测与二级市场表现出现背离的时候，投资者会怀疑是投行错了，而不是市场错了。

这时候，高盛因势利导，开发了一个模型，成功地颠覆了老牌投行在IPO领域的优势地位。这个模型的核心思想非常简单：首先对所有上市公司按照行业不同进行分类，然后观察二级市场给予各个行业的平均估值水平，比如P/B（市净率）、P/E（市盈率）等，最后将这些数据作为参照系，为企业IPO的定价寻找依据。

高盛的做法为投行承销业务确立了两条典范，并且沿用至今：

一是在人员构成上，投行保荐人必须与二级市场研究员混编团队，共同承销证券；二是在招股说明书中，必须说明招股定价与二级市场估值的差异。

曾经有人戏称，高盛的经营思路总结起来就是4个字：钱在那儿。这个典故出自一名江洋大盗。当时法官问他为什么要抢银行。大盗十分精辟地答道："因为钱在那儿。"其他什么银行职员、金库大门、警察和手枪，他全都看不见，他的眼里只有钱。

华尔街今昔

本文关注的重点截至20世纪中叶，在此之后便可以转入巴菲特、索罗斯和万神殿众神的故事了。为什么要做这样的视角切换呢？因为历史事件距离今天越近，我们就越难以用统一的宏观叙述来概括它。这大概就是所谓"不识庐山真面目，只缘身在此山中"吧。

放眼百年，资本市场的发展历程具有非常明显的时代特征。19世纪中叶以前，大多数企业投资都可以通过资本家个人积累和小范围融资来解决，因此纽交所在诞生之后曾经长期难登大雅之堂。直到19世纪下半叶，以铁路为代表的重工业提出了旺盛的融资需求之后，华尔街才开始在历史舞台上扮演重要角色。

在资本市场的初创期，股票和债券这两个证券大类之间的差别并不明显。原因是关于企业基本面的内部信息被垄断在少数"贵族"银行家手中。二级市场投资者普遍处于一种"民可使由之，不可使知之"的状态。

对于这个历史现象,我们可以做廉价的道德批判,也可以深入挖掘它背后的客观原因,比如贫富差距极端化、技术手段落后、从交易所到中央银行等一系列组织机构的制度建设欠缺、人类货币制度尚未摆脱金本位的窠臼等等。

两次世界大战和大萧条以非常惨痛的代价改变了资本主义社会的财富分布状况,在一定程度上实现了"均贫富"的效果。罗斯福政府抓住时代机遇,大力推进制度建设,建成了以信息披露为基础,由广大投资者"用脚投票"行使股东权利的强劲、健康的股票市场。这些制度建设的成果,形成了一条以华尔街平民资本为核心的"统一战线"。它与美国经济的基本面相得益彰,共同促成了几十年蒸蒸日上的美国国运。

对 21 世纪的中国人来说,了解这段 100 多年的历史进程,从最低意义上讲,至少可以达到"祛魅"的效果,把某些被架上神坛的概念请下神坛,回到历史现实中去。更进一步来说,让历史照亮现实,也有益于我们更好地理解华尔街的今天和明天。

从根本上说,资本市场的发展不能脱离实体经济的需要。日本股市从 20 世纪 90 年代开始,进入了负融资状态。也就是说,用于归还贷款、分红和回购的资金大于新增借贷和股权融资。欧美股市从 2008 年大衰退开始,也进入了负融资状态,分配多过融资,这说明潜在投资机会已经不多了。当然,美国的互联网企业是一个亮点,但是互联网企业是轻资产运营,并不能容纳多少资本。而且在 2004 年脸书成立之后,美国互联网已经很久没有产生新的巨头了。

然而就在这样的背景下,美国股市最近十几年一路高歌猛进。

如果以关注长期盈利水平的席勒 P/E 来看，2020 年年底，美国股市的整体市盈率已经超过 30 倍，高于 2000 年科网泡沫以外的任何时期。要知道，它的历史均值只有 15.8。如果以著名的巴菲特指标（股市总市值与 GDP 的比率）来衡量，则美国的这一指标已经从 2010 年的 103 飚升到 2019 年的 167。难怪巴菲特最近 20 多年都无法跑赢指数。

几乎所有人都知道，美国股市异常强劲的背后是美联储的低息政策，但是很多人对此并没有一个量化的概念。事实上，从 1999 年年底到 2020 年年底，标普 500 全收益指数上涨了 2.8 倍，这是一个不小的数字。但是如果你滚动持有 30 年期美国国债，净值可增长 3.3 倍。换句话说，21 世纪以来的美国股市整体涨幅基本上可以被"降息"这一个因素解释。

前几年有一本畅销书叫《21 世纪资本论》，作者托马斯·皮凯蒂花了很大篇幅论证，目前美国的贫富差距可能已经达到甚至超过 1929 年大萧条时候的水平了。不过皮凯蒂是法国人，他很可能没有充分理解美国经济的运行特点。

法国的养老金体系是典型的现收现付制，投资于资本市场的养老金余额占 GDP 不到 1%。而美国则是另一极端，养老金体系是典型的账户积累制。美国人投资于资本市场的养老金余额占到 GDP 的 85% 以上。所以当皮凯蒂关注收入不平等的时候，美联储已经"快进"到账户净值了。由于消费占美国 GDP 七成左右，所以美联储降息推高资产价格，等于是给全体有养老金账户的美国人直接发钱，也就等于拉动消费，最终促进 GDP 增长。

覆盖大部分人口的养老金账户体系，是美国 20 世纪 70 年代以来最重要的制度建设成果之一。它成功地把广大美国群众的利益和华尔街紧紧捆绑到了一起。不过,资本市场与实体经济之间的本末关系并不能因此颠倒过来。正如股价不能永远脱离基本面而上涨,如果美国的实体经济终究不能实现根本性改善,则上述正向循环哪一天逆转过来运行,也是完全可以说得通的:股市下跌,养老金账户缩水,消费萎靡,GDP下滑,企业赢利恶化,股市进一步下跌……

一个雄才大略的伟人,也无法保证永不犯错。一个业绩辉煌的企业,未必能活过下一次转型。面对新时代的历史课题,华尔街能否帮助自己的祖国,再次交出一份令人满意的答卷?让我们拭目以待吧。

现代经济制度中的四大发明

古人云："不谋万世者，不足谋一时；不谋全局者，不足谋一域。"要想成为成功的投资者，我们就不能不多少了解一些"天下大势"。

近年来，"百年未有之大变局"的说法越来越流行。"大变局"的意思我们大家都能感受到，可是"百年未有"怎么理解呢？其实从语境上讲，"百年未有"反过来不就是"百年前曾有"吗？事实也确实如此。一百多年前，从19世纪中叶到20世纪初，人类社会确实出现过一次天翻地覆的大变局。正所谓：以史为鉴，可以知兴替。对上一次变局的研究考察，无疑将有助于我们应对即将到来的下一次变局。

唯物史观

1848年,欧洲爆发了历史上最大规模的平民革命,史称"人民之春"。同年,《共产党宣言》出版。马克思和恩格斯从此前300多年的经济史入手,论证了工业革命与地理大发现之间的因果关系。他们指出:正是商品和原材料市场的急剧扩大,才导致生产方式不得不发生相应的变化。

在《国富论》开篇,亚当·斯密介绍了一个案例。把钢丝弯成一枚别针,总共需要18道工序。如果让1个人完成这些工序,一天大概做不了20枚别针。但是如果适当分工,让专人负责某几道工序,那么集体的产量便可以达到平均每人每天4800枚。

现代读者看到这里,恐怕都会不由自主地赞叹分工对于效率的巨大提升。然而在中世纪的领主看来,这几个村夫肯定是疯了,为什么要去制造自己八辈子也用不完的别针呢?

是啊,如果没有足够的市场需求来消化这些别针,哪怕这些作坊再厉害些,也不过是徒增"过剩产能"罢了。于是逻辑的起点不得不回到航路的拓展,世界市场被整合为一个整体,大规模同质化生产变得有利可图,然后才出现了分工。

马克思的独特之处在于,他不仅仅关心"现在是什么样",还要追问一句"以前为什么不是这样"。用这种方式思考问题,那么任何一个来自人类社会内部的答案,都会变成新的问题。比如说,马克斯·韦伯认为资本主义产生于新教伦理,那么新教伦理又是从哪里来的呢?为什么中世纪的基督教会愚昧了上千年,偏偏在地理大发现之后就出现了宗教改革呢?

这种逻辑链条必须延伸到人类社会之外的历史发展观被称为"唯物史观"。许多人可能不理解,唯物史观这么抽象的概念,把它提出来能有什么意义呢?在笔者看来,意义很大。因为我们选择用什么样的态度去看待历史,就决定了我们将会如何面对未来。

假如人类社会形态的发展,只能追问到某个神、某个圣人、某种政治理念或者某种意识形态为止,那么只要将来不再出现新的神、新的圣人、新的政治理念或者新的意识形态,人类社会的形态就不再发展了,达到最高阶段了,达到完美状态了。这就是所谓"历史终结论"。

可是假如驱动人类社会形态发展的根本动力来自客观世界,那么显然历史就永远不可能终结。因为上至日月星辰、下至细胞原子核,再包括人口结构和科学技术等等,这些都是变动不居的客观存在。只要它们在变,人类社会的形态就不得不随之而变。

笔者相信,优秀的投资人都是唯物主义者。因为市场是微缩的世界,世界是放大的市场。在这里,没有神,没有圣,没有普世,没有教条,只有变化。

事实上,与马克思当年相比,今天人类的经济制度确实已经有了相当大的变化。本文从这些变化中梳理出四个最重要的制度创新:所得税、文官制度、专利和非金属本位。笔者称它们为现代经济制度中的"四大发明"。在今天看来,这些制度是如此天经地义、不可或缺,以至于人们几乎很难想象,当初没有它们的时候,经济是怎样运行的。

目前我们很可能正处于一个百年变局的前夕。放眼未来数十年，也许我们将目睹第五、第六大发明的问世，抑或是这四大发明自身还会有进一步的演化。无论如何，我们似乎都有必要花一些时间来回顾它们。

所得税

今天美国政府的财政收入中，一半以上来自所得税。但是这么一个举足轻重的税种，它正式设立的时间却比绝大多数人想象的要晚，是在1913年。世界上第一个将所得税作为常设税种的国家是英国，设立时间也没有早多少，在1874年，即《共产党宣言》发表之后26年。

为什么要把这两个时间点相互比较呢？因为任何一个判断都有具体时间和空间的条件，无法保证为其后出现的新情况负责。《共产党宣言》预言资本主义即将灭亡，可是资本主义至今没有灭亡。那么我们就得看看，《共产党宣言》问世之后究竟发生了什么。

在古代社会，政府税收主要有两大来源，一是对消费品征税，二是对土地征税。其中对消费品征税的方式主要有两种。在中国这样的大统一市场，主要采用政府专营或者拍卖特许权的方式，比如盐榷、酒榷、茶榷。在其他地方，比如欧洲，大多表现为对外国产品征税，也就是关税。无论采用哪一种方法，对消费品征税的结果都是商品价格提高，寓税于价。消费者在采购过程中不知不觉就交了税。按照管仲的说法，就是"取之于无形，使人不怒"。

对土地征税的办法有很多，中国有租庸调制、一条鞭法，欧洲有什一税，印度有柴明达尔制，等等。它们总的原则都是类似的，就是根据土地物产量的多少，政府征收其中一部分。

我们知道，生产过程被称为一次分配，财政收支被称为二次分配。二次分配做得好，就可以很大程度上弥补一次分配造成的问题。只要调节好"贫富差距"这个总阀门，翻天覆地的社会革命就很难发生了。那么怎样才能让富人承担更多的纳税义务呢？

一个思路是对奢侈品征收更高的税率。此类方法从古到今都采用过，但是力度有限。因为奢侈品的类别林林总总，有些富人喜欢这个，有些富人喜欢那个，这样你无论向哪个品种征税，都很难做到公平。更何况，如果奢侈品价格过高，那么富人也可以转而占有必需品，大吃大喝，铺张浪费，这样岂不是更糟？

增加土地税收又如何呢？通常来说，能够拥有土地的人总不会是最底层的贫民。但是古代社会的土地税收都是非累进的，也就是说，1亩地交多少税，10亩地就交它的10倍。但是它们的运营成本绝非10倍的关系，大块土地的单位成本更低。这样一来，大地主和小地主的纳税压力就完全不一样了。增加土地税收往往导致小地主和自耕农破产，土地兼并的现象加剧。

能不能直接针对富人的财产规模征税呢？这个思路也是自古就有的。不过财产规模很难衡量，所以还是得用一个代理指标。比如，汉武帝"初算商车"，就是按照马车的数量征税；英国的炉灶税、窗户税就是根据房屋结构的复杂度来征税。因为越是豪华的房子，一般来说炉灶和窗户也更多。但是这些方法既不够公平，也很容易规避，所以还是不好用。

直到工业革命之后，事情才出现了转机。因为新兴的资产阶级逐渐走到了历史舞台的中央。资产阶级和封建领主一样，都是生产的组织者。只不过封建领主的生产很大程度上是自给自足的，其产品价值不好估算；而资产阶级生产的绝大部分商品，都是准备投放到市场上出售的，因此后者的收入很自然地能够用货币数字来精确表达。

除了估值问题，还有一个产权问题。封建领主的资产虽多，但是产权比较模糊。有些大家族拥有上百口人，却未必比五六个人的小家庭日子过得更舒服，更有承担税收的能力。正如《红楼梦》中王熙凤说的，大有大的难处。而新兴的资产阶级就没有那么多历史包袱，产权归属可以精确清晰地归到个人名下。

既有账目数字，又有明确归属，具备了这两个条件，就可以开征所得税了。从最初始的尝试开始，"累进制"就一直是所得税的核心特征。

1799年，拿破仑战争期间，英国财政入不敷出。时任首相皮特决定开征所得税，共分4档税率，其中年收入60英镑以下的免征，年收入200英镑以上的征收10%。1802年，英法停战后，这项税收旋即废止。

1862年，南北战争期间，为了应付战争开支，美国国会首次通过所得税法，共分2档税率：年收入600美元以上的征收3%，年收入1000美元以上的征收5%。南北战争结束后，这项税收亦即废止。

时至19世纪后半叶，欧美国家的贫富差距问题已经严重恶化，渐成心腹之患。有了战争期间的经历，当时的有识之士也都明白，

资本经济篇　　185

开征所得税只是迟早的事。然而"触动利益比触动灵魂更难",开征所得税的立法进程一直反反复复。

1857年,印度爆发民族大起义。英国不得不再次开征临时所得税。不过这一次的"临时"却拖延成了"永久"。1874年,所得税终于正式成为英国的常设税种。

美国这边的进度更慢。开征、诉讼、废止的循环闹了好几次。直到1909年,第16条美国宪法修正案通过,明确了国会拥有开征所得税的权力。然后又经过几年筹备,1913年所得税才正式成为美国的常设税种。

就其本意而言,所得税理应是一项富人税。20世纪初,英国人口中应缴所得税者不超过3%。但是通货膨胀悄悄地侵蚀了这个性质,因为任何法律中的税率分档都是用货币数字来表达的,比如500美元、1000英镑。但是1900年的1万美元跟2000年的1万美元,购买力有着天壤之别。

由于富人们拥有更多的逃税手段,所以实际上,今日各国的所得税都已经变成了一项针对中产阶级的税种。股神巴菲特就曾经公开表示,他的实际所得税税率比他的秘书还低。

累进制是税收制度的一大创新,也是所得税的核心价值所在。在所得税创设之初,美国的所得税最高税率超过70%,1950年代甚至一度高达90%,而最低税率是10%多一些。两端差距可达80个百分点。

不过制度设计是一回事,政策落实又是另一回事。人们发现,虽然法律里有90%这一档税率,但是几乎没有人会按这个税率来缴税。因为"道高一尺,魔高一丈",富人们拥有太多"合法"的避税手段了。

一方面实施阻力很大，另一方面贫富差距相比大萧条时期又已经大为缓和，所以从20世纪70年代开始，美国政府决定以退为进，干脆降低税率，让富人们也不用东躲西藏的，多少交一点算了。现在美国的所得税最高税率是30%多，最低是10%，两端差距只剩下20多个百分点了。

当然，历史的发展还在继续。进入21世纪之后，又出现了一个新现象。当今顶级富豪的资产，大都以上市公司股权的形式存在。这样一来，就有可能实时、精确地估算个人财富总额了。

从逻辑上讲，依据资产净额来征税，很可能比依据收入来征税更加合理。因为大多数富人是净值和收入都高，所以这部分人不必考虑。那么剩下两个人群就分别是高收入低净值和低收入高净值。前者的典型是"凤凰男"，后者的典型是"富二代"。两相比较，显然让"富二代"承担更多义务是更加有利于社会的。

2019年年初，美国民主党女议员沃伦提出一项"巨富税"议案。针对净资产5000万美元以上的家庭，征收每年2%的财产税；针对净资产10亿美元以上的家庭，征收每年3%的财产税。如果这一议案或者它的某种变形能够逐渐落实成真，那么无疑将是人类社会发展的又一个里程碑。我们不妨静观其变。

文官制度

文官制度，英语叫"civil service"，也可以称为公务员制度。根据目前国际学术界达成的共识，文官制度起源于中国。我们这里说的"起源",并不仅仅是指时间最早,还指它确实与现代世界各国的文官制度有着源流、师承关系。

《礼记·礼运篇》批评道:"今大道既隐,天下为家。各亲其亲,各子其子。"意思是社会运行依赖于血缘关系。贵族永远是贵族,平民永远是平民。今天我们可以公允地说,在2500年前,世界各大文明的政治生态基本都是如此,没必要过分苛求。不过书中还是提出了更高的政治理想:"大道之行也,天下为公,选贤与能"。

好一个"选贤与能",具体怎么选呢?

春秋战国时代,诸侯选拔谋士主要就是凭感觉,一席话、一篇文章就有可能让鲤鱼跳过龙门。比如说商鞅跑到秦国,与秦孝公对谈三次,就直接被任命为左庶长,也就是秦国最高行政长官,主持变法。后来李斯凭一篇《谏逐客书》而受到赏识,平步青云,直至位列九卿,更是千古佳话。

由秦入汉,传至武帝,大一统的政权已经稳固,于是便推行"察举"制度。这里的"察",是考察的"察"。也就是由皇帝委托各地官员,去考察民众的表现,选拔优秀人才以供皇帝使用。察举的选拔标准主要是两项:品德高尚的称为"孝廉",主要来自平民;智慧过人的称为"茂才",主要来自士族。

察举制度的评价依据,主要是地方上汇报上来的人物事迹,所以它天然就有两个缺陷:一是人物之间不好横向比较,二是舞弊现象非常严重。三国时期,曹操自己就曾"举孝廉",但是他对察举制度深不以为然。再到曹丕,干脆倒退到直接以门第论出身的"九品中正制"去了。

事实上,拿着一套绝对的打分指标去考察人才,往往会扭曲走样。真正的问题往往是相对的：在这一群候选人里，谁最适合？如果要在候选人里排出个高低次序，那就必须进行统一考试。于是察举也就演变成了科举。这里的"科"，是科目的"科"。不同的科，考不同的内容。比如说在唐代，明经科主要考背诵典籍，进士科主要考诗赋文采。

科举制度创始于隋，确立于唐，完备于宋，兴盛于明、清。中国古代的文官制度至此趋于完备。

在19世纪以前，大英帝国的政府职位都是任由国王随心所欲地安排的。谁能讨得国王欢心，谁就可以当官，甚至还可以指派他人代理自己的官职。此时英国的官员选拔，大概跟中国春秋战国时期的差不多。

同期美国政坛实行分肥制，也就是把选举当成一次战争，或者是选秀大赛。政府职位则是战利品，胜利的一方是绝对不会将战利品与对方分享的。所以当选总统只能在自己的政治圈子里面，凭声望高低挑选人才。而且只要政党轮替一次，整个政府系统的所有官员也都要换人。

请注意，是从上到下、从长官到文员，所有人都要换掉。没有一个超越党派的公务员群体来做行政基础，这样的政府执政效果可想而知。今天我们阅读马克·吐温的小说，仍能感受到当年美国政坛的那股恶臭扑面而来。

一言以蔽之，在当年美国的全套政府班子里面，只有那么一个人是靠选票上台的，其他所有人都是靠小圈子里的声望或者关系上台的。所以举其大端，此时美国的官员选拔，跟中国的察举制度差不多。

18世纪，整个南亚次大陆都在英国东印度公司的统治之下。

资本经济篇　189

经济、文化、种族等几重压迫叠加在一起，再加上"天高皇帝远"，东印度公司官员作威作福达到了令人发指的程度。由于发印度财的名声在外，所以许多英国人削尖了脑袋想要进入东印度公司。而且治理那样一片复杂的次大陆，确实需要大量的优秀人才，于是一个制度创新的机会便应运而生了。

当时东印度公司跟中国有许多生意往来，不少东印度公司的官员与中国官员相互结交，通晓中国文化者，亦不止一二。1806年，东印度公司董事会指明了要模仿中国的科举制度，在伦敦开办东印度公司学院，对潜在的公司官员进行培训。培训效果以考试为标准，合格之后才可以去印度上岗。

东印度公司的这一招，效果非常好。大量的、具有标准化专业知识的人才被公平地选拔出来，以至英国本土也出现了通过考试选拔公务员的呼声。不过改革的推进，总还需要一定的时机。

英国在克里米亚战争中损失惨重，全国上下沉浸在一片痛定思痛的气氛之中。于是，文官制度改革的事情又被提上了日程。1870年，英国成为西方历史上第一个实行文官制度，以考试录用公务员的国家。

英国的文官制度建立之后，各国纷纷仿效。事实证明，只有在配置了强大和专业的公务员队伍之后，政府才能具备对经济行为进行调节、干预的能力。

19世纪后半叶，美国经济的许多部门都出现了垄断经营的现象。这在贫富对立、矛盾激化的社会环境中，显得尤其不能令人忍受。其中最突出的，就是几大铁路公司垄断了各州之间的长距离运输业务。可是又能怎么办呢？铁路可是当年的尖端科技行业，难道能够指望那些只会搞演说的政客来出手摆平那些科技巨头？

1883年，美国正式建立文官制度。1887年，州际商务委员会成立。1890年，《谢尔曼反垄断法》出台。这一套组合拳打下来，开辟了政府治理垄断的新纪元。随后，各种专业机构纷纷设立，用国家规范和技术标准织成一张大网，约束着企业的经营行为，使之必须符合公众的利益。以美国食品药品监督管理局（FDA）为例，任何想要在美国境内销售食品药品的企业，都要拿到它的认证许可。否则的话，即使一个愿买，一个愿卖也不行，非法。许多外国企业甚至并不打算在美国销售其产品，却也以拿到FDA认证为荣。这些专业机构的声望之高，由此可见一斑。

在经济学中，由政府提供的设施和服务统称为公共品。人们除最基本的吃喝拉撒之外，经济发展水平越高，对公共品的需求就越大。现在我们比较发达国家与发展中国家的生活水平，差距最大的往往不在于手机、皮包、汽车之类的私人用品，而在于公共品。

时至今日，美国的政府开支约占到GDP的40%，欧盟国家甚至高达60%。也就是说，西方国家的经济活动中，大约一半产值都是由政府产生的。这个比例放到19世纪去，那绝对是天方夜谭。

人事服从于业务。美国19世纪末才建立文官制度，到20世纪初，美国的政府雇员中大约有2/3是考试入职的文官，另外1/3来自政治任命。进入21世纪，美国政府雇员中职业文官的比例已经超过90%。

不过总的来说，欧美国家的文官制度仍然是一个新生事物。19世纪"镀金时代"中那些无能、腐败的官员形象，至今深深地刻印在美国文化的内核之中。美国前总统里根有一句名言：政府不能解决问题，政府本身才是问题。这种底层假设的不同，常常令许多经济政策的讨论变成鸡同鸭讲。2020年新冠肺炎危机中，美国人对于政府专家的普遍质疑和不信任，也可以挖到这个根子上来。

20世纪80年代，日本经济如日中天。许多美国精英开始研究日本人究竟强在哪里。最后想来想去，发明出来一个词，叫作"通产省奇迹"。

美国精英发现日本人很奇怪，第一流的人才愿意去政府部门里拿低薪。更奇怪的是，这些人的二、三流同学在企业界混得风生水起，但是却仍然愿意对这些人的意见洗耳恭听。当年日本的许多产业政策就是通过这种类似于协商安排的"软权力"实现的。而在日本，负责产业规划的政府部门正是"通产省"，所以才有了"通产省奇迹"这个词。

很显然，在日本人看来，政府确确实实是可以解决问题的，而绝对不是"问题本身"。只有100多年文官制度历史的国家，和拥有上千年文官制度历史的国家，看问题的角度就是如此不同。

专利

专利，在汉语中的字面意思就是"专有利益"。而英国历史上最早的专利法更加直白，名字就叫《垄断法规》。由此可见，专利必须具有排他性，这是它的一个本质特征。这样一个"专有利益"，是如何演变成现在我们通常理解的"发明创造"的呢？这其中有一个曲折的历史过程。

因为专利可以带来价值，所以专利本身就可以被视为一项资产。在现代法律术语中，专利、著作权以及商标等合称为知识产权。但是专利这项资产，跟汽车、房子之类的实物资产不同。汽车、房子的价值是客观存在的，不以任何人的主观意志为转移。但是专利具有价值的前提，是必须有强制力来保证它的排他性。如果没有强制力保驾护航，那么专利的价值就无从谈起。

换句话说，专利是一项由强制力创设出来的资产。政府说它存在，它就存在；政府说它不存在，它就不存在。那么政府为什么要创设专利呢？

中国古代的专利，通常称为榷利。比如说盐榷，就是由国家垄断食盐的经营权，以达到寓税于价的目的。从管仲推行"官山海"开始，直至今天，中国的食盐专营已经有2600多年的历史了。这2600多年又可大致划为两段。从春秋战国到唐宋之际，盐榷大都是由官府直接经营的。唐宋以降，改为拍卖"盐引"，也就是经营配额。官府只管收取榷利，由盐商负责具体经营。榷利制度对中国历史的影响极其深远，对此笔者还有更加深入的讨论，请参见社会文明篇的《官山海》一文。

在17世纪之前，英国的专利是可以由国王任意设立的。借用晁错的话说，就是"出于口而无穷"。比如说，这个商人进献一件宝物，国王就赐给他五年的淀粉专营权；那个商人贡奉一笔钱财，国王就赐给他十年的食盐专营权。与直接征税不同，滥发专利虽然也会引起民怨，但是民众的怒火往往指向专利商人，国王则得以隐居幕后。

在这个阶段，欧洲的专利与中国的榷利一样，都是纯粹获取财政收入的手段。进入大航海时代之后，许多新生事物涌入欧洲。

英国国王开始有了新的追求。当时威尼斯的制造业水平非常高超。很多珍品在英国根本买不到,这还不是花多少钱的问题。

1537年,亨利八世向一名威尼斯商人赐予20年专利权,请他把威尼斯的丝绸工业引入英国。继任国王爱德华六世又以专利的形式引入了威尼斯的玻璃工业。1561年,伊丽莎白女王正式宣布,所有在英国境内生产创新产品的制造业,都可以获得专利。

请注意,"引入新品"和"获取收入"这两个目的是可以并行不悖的。前面这位鼎力支持创新的伊丽莎白一世,在历史上同样以滥用专利、横征暴敛而闻名。

1624年,《垄断法规》颁布。它对国王创设专利的权力做出了两条原则上的限制:第一,只能为英国境内未曾生产过的产品创设专利;第二,专利期必须固定,不能无限延长。《垄断法规》的立法本意,可能只是想让新专利的设立尽量不要影响其他商人的既得利益,但是客观上起到了促进技术革新的作用。尤其是在随后到来的工业革命中,专利制度居功至伟。瓦特就曾经为他设计的蒸汽机申请过专利。

当然,专利制度绝非英国人独有。美、法等国也有自己的专利法案。它们的核心逻辑也是大同小异,即发明人以专利申请费为代价,向政府换取市场上的排他性。这个时候的专利,就跟现代政府拍卖土地、拍卖车牌、拍卖电信频谱的性质差不多。

1836年,美国对专利法做出了一个重要的修订。它首次要求专利申请人在全国范围内详细公开与专利相关的技术细节。这个要求在更早的年代是不必要的。因为当时的"尖端科技",比如蒸汽机、铁轨、纺纱机等,它们的结构都可以一眼看穿。发明问世之后,它的技术细节等于就自动公开了。

但是随着科学技术的发展，新的发明越来越复杂，以至于负责审议专利的机构首先崩溃了。工作量太大，专业性太强，审议专利的机构承担不了这个责任，所以要求申请人自己公开技术细节，向社会公示，征求公众的意见。

美国的《1836年专利法》问世还会产生一个副作用，那就是发明人在申请专利的过程中，被迫向全社会分享自己的知识。这就使得公众可以更加容易地在此基础上进一步创新，产生更多的新发明。

在此后的历史进程中，副作用渐渐变成了主作用。专利申请费的重要性几乎消失。专利，作为一种社会契约，它的核心逻辑转变成了发明人以分享自己的知识为代价，向政府换取市场上的排他性。

因为专利从来就不是什么天然的造物，而是发明人与政府之间的一笔交易、一项契约，所以在发明人与发明人之间、政府与政府之间，肯定会发生竞争。

比如说，前面提到的美国《1836年专利法》就规定，美国人申请专利，只需要缴纳30美元的申请费，而外国人则需要缴纳300美元；另外英国人被列为单独一档，必须缴纳500美元才能申请。要知道，500美元在当年已经是一笔不小的财富了。

再比如，专利法领域有一个很著名的"在先原则"之争。有些人主张"发明在先"，也就是说，如果有多人申请同一个专利，那么无论谁先申请，先发明者得之。有些人主张"申请在先"，也就是说，如果有多人申请同一个专利，那么无论谁先发明，先申请者得之。

从常理上说，似乎"发明在先"更近人情。但是实际上各国普遍实行"申请在先"原则。因为如果发明人迟迟不肯公开自己的技术细节,那么"以分享换排他"的社会契约就无法成立。毕竟,政府没有义务因为某些人才智超群就奖励他。政府只应该回报那些为公众做出贡献的人。

当然,完全实行"申请在先",对原创发明比较集中的国家不利。所以美国就长期实行"内外分治"。对于在美国境内完成的发明,适用发明在先原则。对于在其他国家完成的发明,则适用申请在先原则。美国的这种霸道嘴脸,说白了就是:我的是我的,你的还是我的。世界各国当然要群起而攻之。终于在2011年,美国修改了本国专利法,确认遵守"申请在先"原则。

专利制度曾经是人类社会、经济发展的重要推手。但是随着时代的变迁,有可能颠覆专利制度的新兴力量也已经出现了。某些跨国公司和企业巨头,倚仗着强劲的技术实力,已经不再需要寻求各国政府的保护了。这些公司通常只在全球几个大国申请专利,在小圈子里用"分享换排他"。至于其他中小国家,就算是把东西送到面前,让他们仿造也造不出来,还有必要跟他们申请专利吗?申请专利就要公开技术,技术公开了,得到的不过是10年、20年的专利保护期,而干脆不公开却可以让这些国家永远落后。

如果是更加机密的顶尖技术,这些巨头甚至不愿意跟任何一个外国政府分享。既然不公开技术,就不能申请专利,也就得不到保护。可是得不到保护,就要整天疑神疑鬼。直到哪天别人仿造成功了,他们也不愿意去反思当初的贪婪,想想自己为什么不满足于有限的专利期,偏偏要沉迷于追求永恒的垄断。

某些人经常指责别人偷了他们的东西。殊不知,这些东西本来就不存在。专利,只应该是一份平等、互利的社会契约。

非金属本位

在现代金融体系中,货币政策由中央银行制定。各国的中央银行都是根据法定目标来执行政策的,比如,美联储的政策目标有两条——稳定物价和充分就业,而欧洲央行只有一个政策目标,那就是稳定物价;中国人民银行的政策目标以前有四条——稳定物价、充分就业、经济增长和国际收支平衡,后来改成有侧重的一句话——保持货币币值的稳定,并以此促进经济增长。

总的来看,稳定物价是各国央行共有的一条核心职责。所谓稳定,就是既不要大幅通胀,也不要大幅通缩,过犹不及。

在中国历史上,乱世通胀,盛世通缩,这似乎是一个规律。比如贞观之治时,"斗米四五钱",而在战乱时则常见"斗米千钱"的记载。既然古代以通缩为盛世,那为什么今天我们的央行还要避免大幅通缩呢?

首先,如果真的"斗米四五钱",那么第一个叫苦的就是农民。因为粮食销售是农民的主要收入来源。叶圣陶的名篇《多收了三五斗》,就生动地描绘了谷贱伤农的现象。

其次,比农民更苦的是有净负债的人。在通缩环境下,物价普遍下跌,不仅大米卖不上价,其他东西也变便宜了。从以物易物的角度看,损失还算有限,然而欠款和税收是以名义值计算的,如果物价下跌一半,那就相当于偿还债务的难度凭空翻了一倍。本来2斗米可以还上的债务,现在得4斗米才能还上,所以大幅通缩往往导致债务危机。这在中国史书上也有记载,被称为"铜荒"。关于铜荒现象的由来,我们将在后文《货币古今谈》中提出一个

资本经济篇 —— 197

原创性的解释。

最后,古代社会的经济结构简单,当币值不稳定的时候,比较容易脱媒。而在经济活动高度复杂的现代社会,脱媒的结果必然是灾难性的。所谓脱媒,就是不再使用货币,一方面,可以在交易中采用以物易物的形式,以米、布计值;另一方面,尽量组成混合产权的大集体,比如大家族、大庄园,在大集体内部实行互助,这样就不必借助货币进行交易了。中国历史上南北朝时期的坞堡经济就是脱媒现象的典型。

工业革命以来的 300 多年,是全人类历史上无与伦比的大盛世,物产极大丰富,假如货币供应量保持不变,那简直可以通缩到无法想象的地步。幸好,这期间发生了两件提高货币供应量的大事。

第一件大事是贵金属存量激增。在欧亚大陆,易于开采的金银矿在几千年间已开采殆尽。地理大发现之后,秘鲁和日本的银矿,南非、澳大利亚和美国西部的金矿,先后投入开采,使得人类社会的贵金属存量猛增数倍。

第二件大事是现代银行体系的创立。在《国富论》中,亚当·斯密非常羡慕地介绍了荷兰储金银行的运行机制。在《印度的货币与金融》一书中,凯恩斯则向印度当局竭力鼓吹英国的银行体系。这两个人不约而同地将"节约贵金属"当作现代银行体系的核心优点。

什么叫"节约贵金属"呢?就是在保持信誉的前提下,利用有限的贵金属储备,去发行尽量多的货币。说得专业一点,就是提高货币乘数;说得通俗一点,就是在不搞砸的前提下,用有限的锅盖去盖尽量多的锅。

尽管发生了这两件大事,但是整个 19 世纪的世界经济还是处于通缩之中。尤其是 19 世纪上半叶，通缩导致的债务危机相当严重。整个欧洲几乎走到了革命的边缘。本文开头提到的人民之春，就是在这样的背景下发生的。然而大自然的奥妙难以捉摸，就在 1848 年欧洲革命爆发之后不久，南非和澳大利亚便先后发现了金矿，让这个问题又拖延了几十年。

然而依赖金矿毕竟不是长久之计，所以当时的银行都在拼命想办法提高货币乘数。当年的货币乘数，就是指贷款与黄金之间的比例。比如说，银行手里有 100 枚金币，却放出了价值 500 枚金币的贷款，那么货币乘数就是 5。而一家银行要想扩大它的货币乘数，除了巧立名目、弄虚作假，最主要的办法还是做大资产规模。

比如说，同样是 5 倍的货币乘数。对小票号来说，它给 5 个客户各放了 100 枚金币的贷款。这些贷款平时就体现在客户的账本上，只是一组数字。假如有 1 个客户想要提取金币，它可以用手里的 100 枚金币去应付。可是只要有 2 个客户同时要求提现，它就拿不出来了。这就叫挤兑。

对中等规模的银行来说，它手里有 1 万枚金币，然后给 500 个客户各放了 100 枚金币，账目总计 5 万枚。这时候，同时有 100 个客户来提现它都可以应付。要有 101 个客户同时要求兑现，才会导致它违约。

以此类推，对有 500 万金币的大型财团来说，除非有超过 100 万个客户同时挤兑，否则就绝不可能违约。这在统计学上称为分散效应。当样本之间不相关时，样本量越大，统计方差就越小，出现极端情况的可能性就越小。

纵观整个 19 世纪，经济危机反复发作，每隔几年就要经历一次繁荣与萧条的循环。而在这个过程中，小型银行不断破产，大

资本经济篇

型财团愈发膨胀。当金融垄断达到无以复加的地步时，就在欧文·费雪所谓"永恒的高原"上，1929 年大萧条发生了……

弗里德曼曾经架空历史地断言，当时只要美联储及时地强力干预，大萧条就有可能避免。但是不要忘记了，J. P. 摩根曾经有一句名言：黄金是唯一的货币，其他的都只是信用。所以历史的真相是：当年的美联储根本没有足够的权威来扩张货币，如果他们一定要硬来，那也只会损伤美元自身的信用，逼迫人们抛弃美元，拥抱黄金。

从根本上避免通缩导致债务危机的唯一办法，就是斩断货币供应量与贵金属存量之间的联系。否则，一切提高货币乘数的方法都不过是掩耳盗铃罢了。

1931 年，英国退出金本位。1933 年，美国退出金本位。第二次世界大战后，布雷顿森林体系建立，西欧各国的货币均与美元挂钩，美元名义上与黄金挂钩，但是禁止自由兑换。

如此又拖延了几十年。美国经历了朝鲜战争和越南战争，再加上日本、德国经济相继崛起，开始与美国竞争，终于在 1971 年，尼克松宣布美元与黄金彻底脱钩，布雷顿森林体系崩溃。

从此以后，货币供应量的决定权从矿山和银行家那里，完全彻底地转移到了政府官员手中。从法理上说，中央银行有完全的自主权来设置本国货币的无风险利率，任何高于这个水平的收益，都必须用承担风险来换取，19 世纪那种仅凭资本规模就可以坐收暴利的事情一去不复返了，至少在那些治理良好的国家是这样。

从时代发展的宏观视角看，货币供应量的决定权从大自然转移到了人类手中，这当然是一个进步，可喜可贺，值得肯定，但是也由此产生了新的问题。

比如说，人类怎样才能用好这个新获得的权力呢？货币政策应当服务于哪些目标？通过哪些具体手段？货币政策与财政政策的分界线在哪里？

更加棘手的问题是，在人类内部，这个权力应当如何分配？美国虽然是当今世界上最大的经济体，但是它的人口数量还不到全人类的5%。我们姑且认为美联储会向全体美国人负责（尚且存疑），可是由谁来向另外70多亿人负责呢？美国前财政部长康纳利曾经有一句名言：美元是我们的货币，却是你们的难题。

是啊，确实是个难题。不过，兵来将挡，水来土掩，有问题就慢慢想办法把它解决掉呗。人类的历史不就是这么一步一步走过来的吗？

社会的进化

众所周知，19世纪达尔文提出了进化论。可是现在有人认为，进化是没有特定方向的。比如鲨鱼的身体结构已经有上亿年没有变化过了，还有一些细菌可能已经以特定形态存在几亿年了。只要它们跟我们一样能够适应今天的地球，那么它们和我们在生物界的地位就应该是一样的，所以应该把代表"进步"的"进"字拿掉，把"进化论"改名为"演化论"。

这种说法有一定道理，但还是格局太小。从宏观上看，几亿年前的整个生物界就像一片平原，而现在已经隆起了巍峨的高原和山脉；几亿年前有单细胞生物，现在也有单细胞生物，可是今天世界上的鸟类、鲸类、人类，几亿年前却没有。所以从整个生物界的发展历程来看，确实是从低维到高维，从简单到复杂，"进化论"这个名字没有问题。

人类社会的发展规律，也同样是从低维到高维，从简单到复杂。比如说，在消费领域，所有权和支配权是没必要区分的。你自己种的瓜，想怎么吃就怎么吃，想吃就吃，想扔就扔。在小型手工业生产中，这种区分也不是很重要，你想干活就开张，不想干活就关门，做什么东西也都随便，有人买单就行。但是在能够影响公众利益的社会化大生产中，企业主就不能随心所欲地支配自己所拥有的企业了，它的经营必须符合一系列的法律法规。化工企业想扩张产能，那得符合产业规划吧？食品企业想研发新品，也得申请相关许可吧？汽车企业推出一款新车，要符合国家标准吧？哪怕你说我准备破产了，那也不能说破就破，必须提前处理好员工安置和业务往来才行，否则还不许破产。也就是说，现代政府对企业没有所有权，但是却能够与企业主分享支配权。

人们对于这个转变也是有一个接受过程的。凭什么政府能把手伸到企业里去呢？这对私有产权神圣不可侵犯的观念是一种冲击。19世纪末，以康芒斯为代表的制度经济学家们一度为此争论不休。但是历史的车轮滚滚向前，所得税制度普遍建立之后，再讨论那些东西已经没有意义了。股神巴菲特曾经风趣而智慧地指出："我们应该记住，现代政府是所有企业的合伙人，参股比例就等于企业所得税税率。如果税率是25%，那么政府就总是要分走企业利润的25%；如果税率是30%，那么政府就总是要分走企业利润的30%。当然反过来，政府也会为了税收而为企业着想。这可不就跟合伙人一样吗！"

你看，投资大师跟人文学者看待问题的态度是完全不一样的。这是一种世界观的区别。所以我才说，优秀的投资人都是唯物主义者。下文《股份公司制度溯源》还将进一步深入探讨这个话题。

有这么一个笑话，是讽刺人们对于科技创新的态度的：凡是在我20岁之前就已经存在的科技发明，都是天经地义的生活必需品。凡是在我20岁到40岁之间出现的科技发明，都是改变世界的非凡创造。凡是在我40岁之后出现的科技发明，都是没有必要存在的邪恶异端。

其实在面对经济制度的创新时，人们往往也抱有类似的心态，认为自己熟悉的那套制度才是最好的。殊不知今天的旧制度其实也曾经是昨天的新制度。人类社会的发展就像百川归海一样，不舍昼夜。

追忆往昔，展望将来。面对即将到来的百年变局，摆在我们面前的路径大致可以分为两个方向：一个方向是退化，比如回到金本位、反全球化、削弱政府职权等等；另一个方向则是进化，即用新的制度创造来解决问题。你觉得，我们应该选择哪一条呢？

股份公司制度溯源

当你买入一只 ST 股票时，有没有产生过一丝担心：如果这家企业破产清算，资不抵债，债主们会不会顺藤摸瓜地找到我这个股东家里来？

当你以"破净"的价格买入一只股票时，有没有产生过一个念头：能不能直接找到上市公司，要求撤资，把属于我的那一份净资产拿回来？

放心吧，股份公司制度帮助你消除了前一种风险，不过它也会阻止你以后一种方式获利。如果没有这个制度作为基石，整个现代金融行业的大厦都将无处安放。

通过本文的一番追根溯源，我们将会发现，通常看起来如山岳一般稳固的经济制度，在跨界大视野下竟然是一个不断进化的活物。股份公司制度的诞生过程千回百转，每每柳暗花明。这段曲折摸索的历史，恰可作为大航海时代欧洲强国崛起的注脚。

时至今日，美国政、商两界的领袖已经开始讨论新型资本主义的话题了。巨兽莫非又要开始新一轮的蜕变？

新型资本主义

大家可能都听说过达沃斯世界经济论坛。它的内容比较杂，参会人员来自全球各地，议题也不限于经济，从政治到环保都有涉及。也正因如此，它的名气比较大。而在美国，还有一个论坛，叫商业圆桌论坛，它只吸收美国本国最顶级企业 CEO 参加，讨论议题也仅限于企业治理。所以它在圈外的名气比较小，但是对实体经济的影响力却很大。

2019 年 8 月，商业圆桌论坛发表了一篇重磅公告，题为《股份公司的使命》。以摩根大通银行 CEO 吉米·戴蒙为首的 181 位美国顶级大企业 CEO 共同指出，股份公司存在的意义在于为顾客、雇员、供应商、社区和股东创造价值。后来人们把这 5 方合并起来，称为利益相关方。在英语里，股东被称为 shareholder，share 就是股份，shareholder 就是持有股份的人。利益相关方叫 stakeholder，stake 就是利益关系的意思，stakeholder 就是有利益关系的人，也就是利益相关方。

这篇报告的发表背景是这样的。2008 年金融危机已经过去十多年了，美国股市一骑绝尘，大幅上涨，股东们赚得盆满钵满。可是事实上，美国社会的整体幸福感非但没有相应提升，反而出现了严重的对抗和仇恨。从传统上讲，CEO 的权力再大，也不过是股东雇来的打工人，他们只应当服务于自己的老板。可是看到自己的祖国日益撕裂，这些大企业的CEO们实在是感到难以袖手旁观了。所以他们要扩大服务对象，从只服务于股东，增加为服务5方。

果然，这篇公告发表之后立即引起轩然大波。整个经济界都开始讨论股东资本主义（shareholder capitalism）和利益相关方资本主义（stakeholder capitalism）。虽然各方辩论相当激烈，但是基本倾向还是很明显的。套用东汉末年黄巾起义的口号"苍天已死，黄天当立"，现在西方主流媒体的看法是"股东资本主义已死，利益相关方资本主义当立"。

与民主党的桑德斯、沃伦等政治家直接主张"社会主义"相比，利益相关方资本主义相对保守一些。毕竟只有5个利益相关方在他们的考虑范围内，其他那些社会上八竿子打不着的人，他们还是不管的。不过也要注意，其中4个利益相关方——雇员、顾客、供应商和股东，这几个人群的定义是比较明确的（对优步、滴滴这样的共享经济来说，雇员的定义也不甚明确），只剩下"社区"的定义比较模糊。在目前西方主流媒体的语境下，社区通常可以理解为公司经营场所周围的街道。但是只要开了这个口子，后续社区的定义不断扩大，以至于跟桑德斯所说的"社会主义"相接近，也是一种可能的发展方向。

进入2020年，这篇公告引起的讨论热情非但没有随着时间的推移而消退，反而愈发热烈，甚至到2020年10月，罗马教皇方济各也加入了"群聊"。他以天主教最高级文书"教皇通谕"的形式昭告天下：自由放任的资本主义已经失败，人类应该以新冠病毒的大流行为契机，建设一个新世界。

孔子曰："必也正名乎。"股份公司存在的唯一意义就是谋求股东利益最大化，这是一度得到公认的资本主义基本原则。现在又提出来一个利益相关方资本主义，那就等于要求我们重新思考：股份公司存在的意义到底是什么？股东的权利由谁定义？对于此类问题，纯粹的口舌之争是没有意义的。各方应当首先找到共同的立论依据，然后再展开分析，而历史事实无疑就是最好最公允的依据。

俄罗斯公司

　　1492年，哥伦布发现美洲新大陆，拉开了大航海时代的帷幕。比他略早数十年，1405年到1433年，中国的郑和曾七下西洋。两者都是横跨大洲，行程数千公里的壮举。郑和的船队规模庞大，几十条船，数万人手，每次来往都要两三年时间。行程越远，船队越大，这是古代航海的常态。然而哥伦布的船队只有三条船，一百多号人，从非洲西海岸出发，连续航行一个多月就到达了美洲。

　　为什么会有如此强烈的反差呢？从地理上讲，是因为有北大西洋环流的存在。这是一条在欧洲、北非和北美之间顺时针循环的洋流。所以从欧洲先南下到北非，然后从北非向西到达墨西哥湾，再从北美向东跨洋回到欧洲，这是一条顺风顺水的天然"传送带"。对探险家来说，找到这样的"传送带"，其意义完全不亚于发现金矿。

　　我们今天看地球仪，往往只在意地理上的直线距离。这种视角在飞机和轮船的时代没有问题,但是在帆船时代,水流和风向才是最关键的。脱离了这个核心事实,我们就无法理解大航海时代的历史真相。比如说,有人批评明朝对于海洋缺乏进取心。这是十分可笑的短见。笔者将在社会文明篇中的相关文章揭开这个问题的谜底。

当年欧洲各国之间探索新航线的竞争非常激烈。葡萄牙人首先向东到达印度,西班牙人首先向西到达美洲,各自抢占了一个方向的先机,建立起殖民地,大发横财。那么其他人还有没有机会呢?如果我们从地图上看,似乎除了向东和向西,就没有其他路径了。但这其实是一种错觉。因为地图卷起来是一个筒,而地球是一个球啊!所以其实还有一种可能性,那就是从欧洲向北,穿过北冰洋,到达中国。事实上,如果这条航线可以打通,将是连接欧亚大陆两端的最短航线。可惜直到今天,这条航线还没有完全通航。

英国人对于打通北冰洋航线很有兴趣。但是英国国王又没有那么大的魄力,愿意像西班牙女王、葡萄牙国王那样自掏腰包,组织航海探险。这可怎么办呢?

发现新航线,它的意义跟发明新机器差不多。所以有人提出,可以模仿授予专利的办法,授予新航线的发现者一定年限的贸易垄断权。从法律上看,这个逻辑说得通。可是一般的专利都是先把东西发明出来,经实践证明好用,然后再授予专利。可是当年的北冰洋航线八字还没有一撇呢,这个专利应该授予谁?

1555年,英国国王搞了一个制度创新,把北冰洋航线的垄断权授予一个虚拟实体,这个虚拟实体不指向任何特定的自然人,不过它有一个明确的目标,那就是要开辟北冰洋航线。凡是致力于此目标的商人，都可以加入这个虚拟实体。等到航线开辟成功，垄断权就有你一份。当然，如果谁干到一半不想干了，也可以退出。

这样一个由国王的王权定义出来的虚拟实体，就叫作公司（company）。因为这条航线指向俄罗斯方向，所以这个公司就叫俄罗斯公司。而开辟北冰洋航线这个目标，就是世界上最早的公司章程。任何公司的设立都需要有章程，这个惯例一直流传到今天。公司章程对外说明自己的名称、住所和经营范围，对内确定本公司的管理制度。在批准设立公司之前，政府将对公司章程进行审核，并且有权驳回申请。

按照现代法律术语，公司属于法人，英文叫"legal entity"，是与自然人"natural person"相对的概念。我们知道，自然人来到这个世界上是不需要其他人批准的，顶多在客观上需要自己母亲的"批准"。自然人也不需要章程，不需要为自己的人生选择确立规则，而且外人也无法侦测他头脑深处的思想。但是法人来到这个世界是需要经过政府批准的，需要提供一个章程说明"来意"。从法律原则上讲，如果这个法人的设立有利于公众，那么政府可以批准它设立；如果不利于公众，则政府可以拒绝批准。

与现代的股份公司相比，俄罗斯公司的形态还很原始。参与俄罗斯公司的商人基本上是一盘散沙，互不统属，各行其是，缺乏统一的经营计划。现代法律术语中有一个词叫穿透式监管，就是要透过母子公司的层层股权设置，一直追查到最终股东自然人。当年的俄罗斯公司则是天然的穿透式监管，就像一个完全透明的气泡，你无法跟这家公司发生资金、生意上的往来，必须穿过它，直接找到它里面的商人，才能谈事情。

英国东印度公司

事实证明，北冰洋并不容易征服，英国人只能转过头来，硬着头皮跟西班牙和葡萄牙抢蛋糕，具体方式也很简单——当海盗。英国海盗埋伏在美洲和印度航线的必经之路上，抢劫那些满载归来的西班牙和葡萄牙货轮，著名的海盗德雷克就活跃在这个时期。

1580 年，西班牙和葡萄牙合并。1588 年，西班牙"无敌舰队"远征英国。可惜造化弄人，开战之前来了一阵风暴，把无敌舰队吹得七零八落，然后英国人乘势掩杀，大获全胜。有了这次战争胜利撑腰，英国人便把目光投向南亚，准备到西班牙（合并前属葡萄牙）的势力范围去抢生意。

1600 年，英国东印度公司正式成立。公司首次募资得到投资者的踊跃欢迎，参与股东人数超过 200 人。不过东印度航线跟北冰洋航线有一点本质上的不同。北冰洋航线是探索性质的，大家分头行更加方便。东印度航线则是西班牙的势力范围，而且双方早就兵戎相见了，相当于虎口拔牙。如果船队没有一定的规模和武力，肯定会被西班牙打得满地找牙。这就要求英国东印度公司必须在组织形式上比俄罗斯公司更加强大。

英国东印度公司做了一个制度创新——组建董事会。200 多个股东经过讨论，推举出 24 个最为德高望重、精明强干的人，称为董事。这 24 个董事组成董事会。从此之后，公司的全部资源就都由董事会统一负责经营，其他股东一律不得绕过董事会插手公司事务。

伴随着董事会这个组织创新，一条影响更加深远的法律原则也浮出了水面。在英国东印度公司之前,无论是自然人、合伙企业,还是俄罗斯公司,都要遵循一条原则,叫作欠债还钱,而且是欠多少还多少,即无限责任。但是英国东印度公司提出了一条新的原则,叫作有限责任。也就是以说,如果公司濒临破产,那么债主有权主张公司名下的所有资产,而且还可以追索那24名董事,但是不能追索非董事股东。非董事股东的潜在损失以出资金额为限。

从严肃的经济史研究来说,在15世纪之前的伊斯兰教社会,已经有类似有限责任的案例存在了,英国东印度公司也许算不上首创。但是从制度传承上讲,今天通行全球的有限责任原则,其源头至少可以追溯到英国东印度公司,这一点是没有问题的。另外,伊斯兰金融也给现代社会留下了许多有价值的启示。我们将在《伊斯兰金融的后现代意义》一文中加以讨论。

从当时的情形看,非董事股东只承担有限责任,这是完全合理的。因为东印度航线的投入大、风险高,如果遇到自然灾害、军事战斗,很有可能几条船就回不来了。假如非董事股东对公司经营无权过问,还要承担无限责任,那也太不近情理了。

对董事股东来说,公司的具体经营掌握在他们手里,因此由他们来承担无限责任是顺理成章的。但是与他们做个人生意相比,英国东印度公司多了一批"搭便车"的股东,这些"搭便车"的股东似乎又占了便宜,于是董事们在公司内部给自己留了很多特权,比如说利用公司的船舱容量夹带私货、私人交易优先于公司交易、在公司利润中额外提取管理费等等。

在1600年时,恐怕没人能想到,英国东印度公司后来竟然在南亚和东南亚一手遮天,俨然成了数亿人口的统治者。当初给予

资本经济篇

董事们的腐败特权也甚嚣尘上，最终引发 1857 年印度民族大起义，成了公司由盛极一时转入衰亡的转折点。而这一切的滥觞，都源于那个初创却不完整的有限责任原则。

荷兰东印度公司

得益于新航线的开辟，16 世纪的西班牙盛极一时，领土遍布欧洲各地。它在英吉利海峡南岸有一片属地叫尼德兰，地理上相当于今天的荷兰、比利时、卢森堡再加上法国北部的一些地方。

尼德兰人擅长经商，每年都向西班牙国王缴纳大量税金。尼德兰商人对此积怨已久，反抗不断。1588 年，西班牙无敌舰队被英国海军击溃，从此失去了控制英吉利海峡的能力。随后，西班牙承认尼德兰最北端的荷兰独立。荷兰成了一个没有国王的国家。这个国家由一群商人联合统治，类似于古罗马的元老院。故而荷兰自称荷兰共和国。这一变革，史称尼德兰革命。

虽然论起渊源，荷兰的独立还得益于英国，但是荷兰跟英国抢起生意来，一点儿都不手软。英国东印度公司成立两年后，1602 年，荷兰也成立了一个专营南亚和东南亚贸易的公司，叫荷兰东印度公司。

跟英国东印度公司一样，荷兰东印度公司也分别设置了董事股东和非董事股东。前者执掌公司经营，后者只负责出资并承担有限责任。但是荷兰人又做了一个制度创新，规定股东们一旦出资之后，便不许撤资。

在英国东印度公司，资本募集是按航次划分的。一个船队起航前，募集一次资本。这个船队回来了，做一次清算。如果有股东不想参加下一次航行，只要向董事会提出不再参与就行了。而在荷兰东印度公司，股东们一旦出资之后，是不能主动撤资的。假如股东不想参与投资了，或者有其他事情着急用钱怎么办呢？荷兰人开办了一个市场，允许那些想要退出的股东把他们的股权转售给其他人。这个市场后来有了一个高大上的名字，叫作股票交易所。今天人们公认，荷兰的阿姆斯特丹股票交易所是世界上最早的股票交易所。

股份公司的股东不能主动撤资，这个原则也一直流传到今天。在大多数现代国家，公司股东抽逃出资都是触犯刑法的重罪。为什么这么严厉？因为自然人的身份和肉体是无法分离的，所以自然人在世界上进行活动的最基本要素就是他这个人自身。而公司的资产，尤其是注册资产，则是公司进行活动的最基本要素。如果允许任意撤回资本，那么公司很可能就只剩下一个抽象的法人身份，而没有任何实体内涵了。政府、雇员、顾客和供应商等利益相关方怎么敢跟这样的法人打交道呢？经济运行秩序岂不要天下大乱？

对当年的荷兰东印度公司来说，不许撤资的规定主要起到了稳定长期资金来源的作用。这个作用在航海初期还不明显，再过几十年，等到公司生意越做越大，需要大规模经营殖民地的时候，它的威力就逐渐显示出来了。因为有稳定的长期资金，所以荷兰东印度公司的董事会可以大手笔地进行固定资产投资，兴建码头、基地、要塞，购置炮台，翻修船舶，等等事项，不一而足。而这个时候，英国东印度公司的董事会还在一笔笔地抠商品进出的小账本。

这两家东印度公司成立的时间差不多，但是在整个17世纪，荷兰东印度公司的经营业绩都远好于英国东印度公司，前者的亚洲舰队规模大概是后者的3倍。但是其实两者的资本金规模差异远没有这么大，真正的差异关键在于负债能力。

荷兰东印度公司借钱容易，成本也低，供应商愿意赊账给它，顾客也愿意预付货款。为什么他们不怕公司赖账？很明显，他们的信心源于"不许撤资"这个制度创新。荷兰东印度公司可以很容易地拿自己的1元钱，配上2元钱的负债，做3元钱的生意。但是英国东印度公司就很难了，在它成立后的半个多世纪里，基本上都是拿着自己的资本金，1元钱只做1元钱生意。

前文说到，英国东印度公司实现了部分有限责任，董事股东仍然对外承担无限责任。但是在荷兰东印度公司，对董事股东个人的追索权已经不重要了，因为公司的资产足够稳定，债权人完全可以根据公司名下的资产情况衡量借贷风险。更何况，在阻止其他股东抽逃资金这个问题上，董事会与外部债权人其实是一条心的。因此"不许撤资"的规定又产生了一个额外效果，那就是免除了董事股东的无限责任，实现了全体股东的有限责任。

时至今日，有限责任原则已经成了股份公司制度的最核心特征。历史上，荷兰东印度公司是凭借其自身的实力强劲、经营有道而赢得了利益相关方对有限责任的认可。而在当今世界各国，股份公司的有限责任原则却是由政府单方面认可，在公司设定时便已确定了的。政府为什么要代替利益相关方自作主张，广泛地运用有限责任呢？答案是显然的。因为有限责任原则极大地提高了股份公司募集资本的能力，所以有利于积累投资、拉动经济，最终扩大税收基础。今天的人们可以通过股票市场，非常轻松地一次投资数家、数十家公司的股票，用不着担心这些公司万一倒闭了，会有债权人追上门来。假如这些股票全都附带着无限偿债责任，谁还敢买？

南海公司

我们前面介绍过，公司是由政府强制力创造的一个法律概念，一个虚拟实体。所以在17世纪的英国，设立公司的权力专属于国王。平民可以向国王提交一份公司章程，如果国王觉得可行，便签发一张特许状，允许这位平民按照这个章程去募集资金，成立公司。当然，国王肯定也不会随便签字，要么这个章程对王室有利，要么商人给国王另外进献了贡奉。总之，国王多少要搞一点权力寻租。

1688年光荣革命，英国确立了君主立宪制度。从此之后，英国虽然保留着王室，但也与荷兰共和国一样，由商人主政。君主立宪最重要的经济后果，就是收税的权力从王室转入议会。那王室肯定要找其他机会敛财呀，签发公司特许状就是其中之一。

17世纪和18世纪之交，英国出现了一股海量成立公司、疯狂募集资金的投机风潮。1710年，南海公司成立。这家公司的题材非常"性感"，光是想一想就足以激动人心。它得到国王的特许，可以专营整个南大西洋的三角贸易。所谓南大西洋三角贸易，就是把英国的纺织品运到非洲西部，换成黑奴，再把黑奴运到南美洲，卖给种植园，换成金银，最后运回英国。这条三角航线，任何人一辈子哪怕只是成功地跑上一圈,后半生就不愁吃穿了,更何况是由一家公司垄断专营!

然而现实却很"骨感"。南大西洋并不存在像北大西洋环流那样的天然"传送带",回转航行非常不便。更何况当时的南美洲正在西班牙的统治之下,英、西双方已经发生过多次海战,英国海军未能占到便宜,英国商人根本不可能去南美洲做生意。所以南海公司的概念再好,也只是镜花水月而已。

不过,任何事情都挡不住英国民众的"投资热情"。很快,南海公司就募集了上千万英镑的资本金,远远超过了东印度公司和英格兰银行等企业巨头。此时南海公司的董事会,正处于一群大地主和大商人的操控之下。碰上南海公司募集大爆发,钱多得简直烧手。怎么办呢?他们想出了一个绝妙的计划。

在君主立宪制度下,英国的财政制度是这样的:首先,议会负责收税;其次,如果出现了战争之类的紧急情况,就先发行国债,把开支补上;然后再由议会安排额外的税收计划,慢慢偿还国债。因为所得税这个税种还要两个世纪之后才能问世,所以当年的税收主要出自大地主、大商人的土地税和关税,所以他们有动机为国债减负,至少是降低融资成本。请注意,在南海公司的故事里,除了最开始签署了一个特许状,并没有国王什么事。舞台的一边是大地主和大商人,另一边则是疯狂的散户。

南海公司董事会提出了一个国债置换计划,大致内容是:由公司出面,全额买断市面上的英国国债,然后作为唯一的债权人与英国议会谈判,进行债务重组。仅从字面上说,这个投资计划跟南海公司的公司章程毫不相干,非但没有多大吸引力,甚至连赚钱亏钱都不好说。假如南海公司能够跟议会拟定一个比市场价更高的利率，那么多少还可以赚一个利息差；假如只能拟定一个更低的利率，那就是白送钱。

事实的真相是残酷的，南海公司与英国议会拟定的重组利率远低于市场价。原本属于散户的一大笔钱，被董事会从公司转移给了议会，最终减轻了大地主和大商人的税收负担。散户们有意见又能如何？公司的制度规定，散户们第一不许干涉董事会，第二不许撤资。还记得荷兰人是怎么安抚投资者的吗？不许撤资，可以去股票市场交易啊。董事会多放几条利好消息，帮你们出货给别的散户不就好了吗？

巴菲特说过，如果你在厨房里看见一只蟑螂，那么就绝对不止这一只。股份公司制度的几条基本原则问世之后，立即遭到恶意滥用，像南海公司这样的绝对不止一家。1720年前后，出现了一场席卷大不列颠的波澜壮阔的大牛市。许多股票上涨了10倍、20倍，像英国东印度公司、英格兰银行这样的大蓝筹，也都走出了翻番行情。南海公司当时还没有任何业务，只是执行了一个亏本的国债置换计划，股价居然也上涨了7倍多。然而此后风云突变，股市又出现了断崖式的崩盘。在短短的几个月中，绝大多数股票又都回到了原点。时任皇家造币局局长的大科学家牛顿，也在南海公司的股票上亏掉了大半身家，并且留下一句名言："我可以计算出天体运行的规律，却无法预测人类的疯狂。"

逐利是驱动人类行为的最基本动力之一，就像水遇热蒸发变成水蒸气，体积自然会急剧膨胀，它本身无所谓善恶。而与当时当地情况相适合的制度，则像蒸汽机一样，它可以引导这些无意识的自然力量为公众服务。对17—18世纪的英国来说，股份公司这个制度工具太超前了，以至于当年的监管和行政制度无法与之相匹配。它给公众带来的混乱和损失，甚至超过了它所释放出来的正面能量。

1720年，也就是南海泡沫破灭当年，英国颁布《反泡沫法案》，从此禁止设立股份公司，仅保留已经成功运营的东印度公司等少数几家。股份公司制度在英国从此销声匿迹了很长一段时间。

18世纪60年代，工业革命在英国爆发，蒸汽机、纺纱机、轮船、火车等发明相继问世。这些发明对投资金额的需求一个比一个大，尤其是火车以及与它配套的铁路。投资铁路所需要的资本远远超过一般商人的个人积累能力，而火车对于生产力的拉动又不可或缺，于是社会公众开始重新呼唤股份公司的回归。

1825年，英国人终于决定是时候打开潘多拉的盒子了。存世105年的《反泡沫法案》被废除。1855年，所有在政府成功注册的股份公司都可以享受有限责任原则。现代股份公司制度的基本框架至此成形，沿用至今。还记得吗？这个时间窗口正对应着华尔街"应运而生"的故事开头。

人赋人权

通过上述回顾，我们可以得到一个很直观的结论：哪有什么天赋人权，从来都只有人赋人权！

股东的权利是从哪里来的？当然不是从天上掉下来的，而是来自利益相关方之间的社会契约。有限责任也好，不许撤资也好，哪一条不是在历史上经过长期试错、博弈、打磨出来的？哪有一点"天赋"的痕迹?

股东的权利如果是"天"赋的,那就不得了了,一字一句都不能变更。可如果它是"人"赋的,那么一切都是大家商量着办。环境变化了,制度自然也要相应地变化。

美国今天出现的所谓利益相关方资本主义,其实正是其资本市场发展到达新阶段的结果。由于市场价格对基本面信息的反映充分灵敏,所以美国的大多数主动投资基金都无法跑赢指数。2008年大衰退之后,复制指数已经逐渐超过主动选股,成为美国人资产配置的主流方式。这样就产生了一个现象,叫作全局投资。也就是说,我虽然是这家公司的股东,但是我持有的这家公司的股份只占我组合的百分之几,甚至千分之几,我还另外持有几十、几百家公司的股份,所以我并不在乎这一家公司的短期利益最大化,我在乎的是整个经济体的长期健康发展。

比如说,政府研究提高火电厂的排放环保标准。按照常理,火电厂的股东应该作为"反方辩手"加入讨论。但是假如它的主要股东们同时在新能源产业持有大量权益,甚至那一头的权益远远超过火电厂这边呢?博弈的形势就会完全不一样了。

再比如说,某家上市公司捏造利好消息,操纵股价上涨。对集中持股的股东来说,我管你合法违法,价格涨了就是好事。顶多给你来个高位出货,就算是履行社会责任了。但是对大型组合投资者或者对ETF(交易型开放式指数基金)持有人来说,一只妖股涨50%、100%,对净值的影响微乎其微,他们反倒更有可能担心,妖股横行会导致监管成本增加,甚至降低市场的整体估值。所以,采取全局投资的投资者会比集中持股的股东更加反对股价操纵。诸如此类的例子,我们还能举出许多。

在全局投资者看来，某一家公司的顾客和供应商很有可能也是他所参股的。因此与其只关心这一家公司的利益，不如关心整个产业链的健康。更何况，这家公司的雇员和社区很可能还是其他几家参股公司的顾客和市场。说白了，整个经济中的微观主体都是这样被交织在一起的利益相关方。从这个高度去看问题，我们也就不难理解，当全局投资成为资本市场的主流时，利益相关方资本主义自然也会悄悄取代股东资本主义，成为新的发展方向。

货币古今谈

货币对经济到底有什么样的影响？这是任何一个投资者都会关心的重大课题。本文试图提出一种解释，调和历史上各个学派对货币作用的认识分歧。

尤其有意思的是，笔者发现，对货币作用的宏观理解必须建立在钱币考古的微观基础之上。解决西方经济学学术争论的关键钥匙，竟然隐藏在东方大国的悠久历史之中。

神秘的货币

"货币"是一个奇妙的词,既让人感到亲切,又仿佛无比神秘。

在微观上,货币似乎就是一切。通过支付货币,我们可以随时享用法国红酒、意大利皮具、澳大利亚的龙虾,坐美国的飞机,玩日本的电子游戏。甚至通过货币,我们只要轻点几下鼠标,就能够成为苹果、任天堂、特斯拉或者紫金矿业等世界知名企业的股东,分享它们的经营成果。

但是在宏观上,货币又似乎什么都不是。经济学家们一再声称,货币不过是一层面纱,遮蔽着实体经济的真相。尤其是从长期、宏观视角来看,货币的多少除了影响价格高低,别无意义。举一个极端例子:假如我们在世界上所有资产、负债和商品的价格数字后面都添上一个零,看上去所有人的身家都变成了10倍,但是其实什么事情都没有发生。

不要说普通人难以看清货币的本质,经济学家对此也存在长期的争论。比如说,货币供应量的扩张能否切实促进经济发展? 16世纪、17世纪的重商主义者认为能;18世纪的亚当·斯密认为不一定能;20世纪初的凯恩斯认为能;20世纪70年代的弗里德曼认为不能;21世纪的美联储、欧洲央行和日本央行虽然没有提出明确的理论回答,但是从它们的实践上看,它们显然认为能。

2008年大衰退之后,每逢经济困难,全球央行的第一反应就是提高货币供应量，俗称"放水"。希腊危机，放；人民币贬值，放；中美贸易摩擦，放；新冠大流行，还是放。全球央行放水现在已经到什么程度了呢？从 2014 年开始，人类社会第一次出现了重要债券收益率为负数的情况。也就是说，你借银行的钱，银行还要倒付利息给你。当然，这里的"你"不是真的自然人，而是政府或者具有系统重要性的大企业。截至 2020 年 9 月，全球收益率为负的债券总额已经超过 15 万亿美元。这个数字有多大？2019 年美国的 GDP 也不过 21 万亿美元。

货币的作用到底为何？海量负利率资产的历史意义又是什么？这一切，都要从一个中国铜钱的故事说起。

中国铜钱

我们研究中国古代货币制度有一个特殊的优势，那就是考古证据特别丰富。自秦代的半两钱以后，历代铸币的存世量都很大。在许多文物交易网站上，一枚古代铜钱大概也就卖一杯奶茶的价格。

如果把历代铜钱排列展示，我们一眼就能发现其中的奥秘。从西汉五铢钱到唐代开元通宝，再到宋代太平通宝、明代永乐通宝，一直到清朝末年的光绪通宝，它们的形状规格都很相似，重量更是不约而同地保持在 4 克左右。换句话说，虽然 2000 多年来，中华大地上出现过不可胜数的钱币种类，但是其标准规格却一脉相承。

遗址考古更加直接地证明了这一点。在宋代、元代的墓葬中，经常同时出土唐代铜钱和宋代铜钱。在明清两代的墓葬中，汉、唐、宋的铜钱与明、清铜钱也是混合窖藏的，可见古人并不认为历代铜钱之间有什么区别。日本的考古成果也证明，古代日本人在进口、使用和窖藏中国铜钱时，并不区分其铸造朝代。

现代社会如果发生货币更替，通常会将旧币全部作废，换发新币取而代之。比如人民币取代民国法币，俄罗斯卢布取代苏联卢布，欧元取代德国马克，都是这样。反观古代社会，铜钱的铸造成本很高，收缴、运输也不容易，而且统治王朝几经兴替，货币的价值很大程度上来自金属材质自身，所以全部更换的优势很小，而成本很大，因此中国古代允许历代货币混用也就不足为奇了。

从上述逻辑引申开来，只要是金属铸币体系，那么保持历代货币混用都应该是更有效率的。但是中国古代铜钱的标准在2000多年间保持基本不变，这在世界经济史范围内仍然是一个罕见的现象。

我们或许可以用"路径依赖"来解释这种反差。历代混用本质上是一种跟随策略，依赖于一个强有力的初始状态。比如五铢钱，仅西汉一代就铸造了280亿枚，数量足够巨大，而且工艺优化、标准统一。这就是一个有效的初始状态，后续朝代只要跟随五铢钱的标准即可。其他如地中海、南亚等地区，因为不存在一个普遍可供跟随的初始状态，那么历代混用也就无从谈起了。

西汉五铢钱确立了中国历代铜钱的统一标准：外圆内方，直径2.4厘米左右，重约4克，我们称之为"标准钱"。可是除了上述主流标准，中国历史上还出现过许多"大钱"和"小钱"。它们又是怎么回事呢？

请注意，标准钱、大钱和小钱这三个概念是古代货币制度的核心，也是寻找我们问题答案的关键。

我们知道，汉武帝首创五铢钱。然而同样是他在位期间，还出现了"白金"和"赤侧"等大钱。白金钱分为三档，号称"白金三品"，分别可当五铢钱 300 文、500 文和 3000 文。赤侧钱则一枚可当五铢钱 5 文。上述大钱是为了填充财政赤字而发行的，其兑换价值由官府单方面指定，完全脱离其金属价值。过去人们通常认为，汉武帝此举增加了货币供应量，推动了通货膨胀。

狭义地说，上述判断并没有错。发行大钱确实增加了货币供应量，但是它背后的原理与现代中央银行发行高能货币完全不同，反而更接近现代意义上的发行国债。因为现代中央银行发行的高能货币一旦问世，便与所有存量货币混同起来，无法分离，相当于立即、均匀地剥削了所有存量货币的持有者，但是古代的大钱并不能实现这样的效果。

这些大钱必须明确标明其面值，比如以 1 当 5、以 1 当 10 之类的。根据历代公认的铜钱标准，市场会自动地识别这些大钱，并不会与存量铜钱混同起来。因此即使有损失，也不过是这些大钱的持有者遭受了损失。而且如果官府允许这些大钱用来交税，则大钱的持有者也未必会有损失。假如官府最后通过税收回笼了这些大钱，那么经济体中的货币供应量就会恢复原样，通胀也就无从谈起了。这样看来，发行大钱不过是政府把将来的税收提前支取了而已。如此理解，是不是跟无息国债差不多呢？

官府甚至用不着真的回笼全部大钱，只要给予市场信心，令市场相信官府有能力回笼，便足以维护大钱的价值了。对于这个原理，汉武帝是看得很清楚的，所以他规定"赋官用，非赤侧不得行"，也就是说，官府税收不仅接受赤侧钱，而且只收赤侧钱，这样就把"大钱"的货币信用给立起来了。

资本经济篇 —— 225

当然，这种"大钱国债"也有违约的案例。比如唐肃宗就曾发行乾元重宝钱，本来说好以1当10，后来竟然一纸公文就改为以1当1，持有者几乎血本无归。不过历史上更加常见的情况是，大钱发行方政权倒台，它的"国债"自然也就随之违约了。

通常来说，金属铸币的货币价格不会大幅偏离其金属价值。因为如果货币价格太高，就会引发盗铸，即市场自发采铜铸币；如果货币价值太低，则会引发私销，即市场自发销币取铜。

大钱的货币价值远高于金属价值，自然会引发盗铸。这种性质的盗铸，与今天的印刷假钞并无不同，我们可以称之为"第一类盗铸"。官府是此种盗铸的最大受害者，当然会予以严厉打击，仅汉武帝时期就有"坐盗铸金钱死者数十万人"。然而利益所在，仅靠严刑峻法是无法禁绝的。现代社会尚且会有伪钞案，更何况古代？此外，还有两个技术因素使得这个问题更加棘手：一是古代社会的铸造工艺不精，官铸与盗铸在品相上拉不开差距；二是古代社会信息传播效率较低，识别假币所需的知识难以普及。最终，官、私双方博弈的结果是，官府尽量少铸大钱，民间也就无从盗铸了。

除了大钱，官府也会发行小钱，也就是含铜量不足的劣钱，其目的同样是填充财政赤字。不过，其金融后果却与大钱截然不同。

因为标准钱的面值每枚1文，大钱的面值每枚N文，两者不可能混同。如果混同了，那么大钱也就不是大钱了。然而小钱的面值也是每枚1文，其铸造目的就是要与历代发行的标准钱混同，以次充好，因此天然地带有欺骗性质。更为恶劣的是，有时官府还会在收税时进行拣选，只收标准钱，拒绝接受自己发行的小钱。这样就破坏了市场的自净能力，将损失强加于小钱持有者。

由于不受市场欢迎,所以这种官铸小钱必须依赖官府的强制力才能进入市场。那么,市场对此的反应又是什么呢?《宋书》记载得很清楚:"(南朝)所铸钱形式薄小,轮郭不成就,于是民间盗铸者云起";"铸二铢钱,形式转细,官钱每出,民间即模效之"。

从"于是""每……,即……"等文字可以得见,古人非常清楚其中的因果关系。官铸小钱在前面用强制力开路,盗铸小钱紧随其后,鱼肉百姓。从性质上说,这种盗铸属于为虎作伥。我们可以称之为"第二类盗铸"。因为官府不会专门回收小钱,所以它盗的主要不是官府,而是百姓。

为了垄断小钱的发行权,官府当然也会打击"第二类盗铸"。不过,无论是官铸小钱还是盗铸小钱,都要受到技术因素的制约。在古代条件下,作为一种稳定的标准,铸币不可能做得太小,否则便无法通过铭文、花边、成色等因素鉴别真伪。从考古证据上看,能够保持品相、不影响使用的小钱,其重量至少要在 3 克以上,与 4 克左右的主流标准相去不远。

4 克是个什么概念呢?我们现在的人民币 5 角硬币,铜质金黄色,单枚重量是 3.8 克。古代条件下,要铸造重量明显小于 4 克的小钱,还要做得堪用,可想而知得多么困难。

如果放弃标准的稳定性,那么官、私小钱就会进入竞争性贬值的恶性循环,越铸越小,越铸越滥。比如南北朝时期的鹅眼钱,因其小如鹅眼而得名,史料称其"入水不沉,随手破碎"。小钱铸到这种程度,等待它的唯一下场就是自我毁灭、退出市场。

我们这里介绍了与大钱相关的第一类盗铸,以及与小钱相关的第二类盗铸。除此二者之外,还有第三类盗铸,由于其性质特殊,我们留到下一节讨论。

资本经济篇

钱荒

公元621年，唐代的标准钱"开元通宝"问世。根据史籍记载，开元通宝的重量是"一钱"。"一钱"到底有多重呢？考古资料证明，开元通宝的重量与西汉五铢钱并无差别，还是4克左右。只不过它来了个反客为主，以4克左右的重量作为"一钱"的定义。这再次证明，4克左右的中国铜钱标准得到历代沿袭，稳如泰山。

开元通宝问世不到50年，唐朝就出现了一种奇怪的盗铸行为。首先，盗铸的形态为小钱。其次，当时官府并未发行小钱，不存在模仿官铸、搭便车的可能。最后，从史料记载看，这些小钱"才有轮廓""轻漫无复钱形"，似乎在品相上很难具有欺骗性。没有政府强制力开道，按理说这类小钱应当很难进入市场。我们可以称之为第三类盗铸。

从后续史实上看，唐代的人们确实没有将第三类盗铸的小钱与标准钱混淆。唐高宗曾经提出以标准钱1枚换取5枚的办法，收兑盗铸小钱，结果人们"私自藏之，以候官禁之弛"。为什么会出现这种现象？唐人似乎并未对此多加讨论。

百年之后，史书上明确出现了"物轻钱重"的记载，也就是说市场上物资多铜钱少，人们为了缴钱纳税，不得不贱卖物资。进入宋代，问题愈发恶化，以致"公私上下，并苦乏钱。百货不通，人情窘迫，谓之钱荒"。此后的明代直至清前期，钱荒问题一直存在。中外史家均注意到，明代的物价、财政收入远低于唐、宋，这可能正是钱荒的长期后果。

既然是钱荒，那么在市场上肯定会表现为铜价高昂。我们前面已经分析过，由于每文标准钱的重量是给定的，所以铜价上涨会提升铜钱的最小单位价值，使之不再适合小额交易。这个时候，市场会自发地寻找更小的货币单位。所以唐高宗时代，那些顽固的第三类盗铸小钱，很可能正是这一市场意志的体现，只不过由于技术原因限制，无法形成气候。

我们假定，原本物价是一支笔3枚标准钱，一张纸1枚标准钱，此时人们使用铜钱交易顺畅无碍。可是铜价翻番之后，一支笔的价值相对跌落到1.5枚标准钱，一张纸相对跌落到0.5枚标准钱，这样的交易使用标准钱就很不方便，然而如果使用价值0.5枚标准钱的第三类盗铸小钱，则又显得很方便了。

事实上，西汉五铢钱标准的形成，也经历过一番类似的摸索。《汉书·食货志》记载："汉兴，以秦钱重难用，更令民铸荚钱。"我们知道，外圆内方的铜钱形态最早是秦朝确立的。但是秦代的钱比较重，称为"半两"。秦半两重达10克以上，价值过大，小额交易极为不便。所以汉代初年，曾经一度开放民间私铸，让市场去自发寻找最合适的货币单位。那时候市场上曾经出现过从2克到4克不等的诸多标准，相互竞争，也造成不少混乱。最后汉武帝出来一锤定音，在秦末汉初几十年摸索的基础上，确定了4克左右的五铢钱标准。

我们可以算这样一笔账。假设整个唐朝的经济活动规模，总共需要使用1000亿文钱。这个数字听起来很大，但是并不夸张。按照唐朝人口5000万计算，平均每人2000文，即2贯钱，其价值相当于后世2两白银。这么多铜钱，每文钱标准重量4克，就需要40万吨铜材用于铸币。当然，中国铜钱里用到的铜材并不是纯铜，而是一定比例的合金铜，不过我们这里姑且忽略这个问题。

资本经济篇　　229

40万吨是什么概念呢？清朝雍正年间开发云南铜山，最高时一年产量不到3000吨。按此速度积累，大约要满负荷持续开采130年才能达到40万吨。而且我们知道，铜是重要的生产物资，建筑、器具以及雕像都要大量使用铜材。历史上著名的"武宗灭佛"，就有销毁佛像，取铜铸币的意图在里面。

如果唐朝当年其他地方用铜较多，不能保证40万吨铜材用于铸币，而只能保证20万吨，那就相当于维持铜钱存量500亿文。由于此时每1文钱的价值过高，大量小额交易将不得不退化到以物易物的状态中去。这也就是前文所说的钱荒状态。我们知道，货币是经济运行的润滑剂。货币交易的效率远远高于以物易物。因此毫无疑问，缺乏足够的货币将极大地压制经济发展。

事实上，从汉末到中唐的大约500年间，中国确实曾经有过一段"废钱用谷帛"的时期。我们知道，古今中外，政府都是经济体中最大的单一主体。秦汉时期，政府税收既收粮食，也收铜钱。然而从曹操"屯田"到北魏"均田"，再到唐朝的"租庸调"制度，政府税收都只收粮食和布匹，不再收钱。中唐以后，"两税法"出台，铜钱才重新成为税收课目。再比如，《晋律》规定："盗赃五匹以上，弃市。"在这里，死刑的标准就是5匹布的价值，而不是多少钱。

所以钱荒的本质很简单，就是铜材供不应求。经济越发达，作为生产物资的铜需求就越大，同时作为铸币原料的铜需求也越大。而且这两种需求一旦形成相互竞争的态势，就会进一步加剧铜材的供应紧张。为什么呢？因为当人们预计到铜材价格长期看涨时，就会主动窖藏铜材，等着坐地起价。最终的结果就是经济水平达到一定程度之后，就不可避免地进入钱荒状态，无法进一步发展，只能转而倒退。

我们还可以再开一下脑洞。如果唐朝突然获得外星铸币技术，能够打造一种稳定的、2克左右的小钱，那么唐朝完全可以推翻西汉五铢钱的标准，将2克定义为"一钱"。这样一来，即使只有20万吨铜材，也可以铸造出1000亿文钱，足以支持唐朝的全部经济活动，从而避免钱荒。整个中国历史都将在唐宋之际转入另一种可能性时空……

由于缺乏某一项战略资源而改变一个国家的命运，历史上这样的案例并不鲜见。比如，南宋没有草原，难以养马，因此建立不起强大的骑兵；沙皇俄国找不到终年不冻的出口港；19世纪的普鲁士缺乏铁矿；二战时日本和德国没有石油基地；等等。依笔者之见，古代中国缺乏足够的铸币原料，大概也可以位列其中之一吧。

为重商主义正名

中国铜钱主要用于国内的日常交易，但是对于依赖骆驼、马匹运输的长途、大额西域贸易来说，携带几百、几千斤的铜钱就太不方便了，此类交易使用的货币主要是价值更高的金银。顺便提一句，中国古代对日本、东南亚的贸易主要用船，不怕负重，所以还是经常使用铜钱的。

作为货币，金银的需求结构跟铜差不多。它们都有生产物资的用途，金银可以打造首饰、器具，也可以打成箔片，用于包覆部件或者美化雕像等等。因此每当经济繁荣的时候，生产物资的用途就会与作为铸币原料的用途争夺有限的原料供给量。跟铜钱一样,金块、银块和金银币也不可能做得太小。如果说铜钱的重量下限是4克,那么金银的下限只会更高,所以金银比铜钱更敏感,更容易退出日常交易市场。

公元前1世纪到公元后1世纪,分处亚欧大陆两端的汉帝国和罗马帝国都达到鼎盛,丝绸之路上贸易络绎不绝。有趣的是,就在这段时间,双方同时出现了金银流出的记载。罗马的老普林尼在《自然史》中估计,罗马帝国每年需要向东方诸国支付1亿赛斯特斯(古罗马货币单位)的金银。汉朝的桑弘羊则在《盐铁论》中提出:"汝、汉之金,纤微之贡,所以诱外国而钓胡、羌之宝也。"他在书中的立场是为当时的政策辩护:金银乃无用之物,对外支付金银买入来自西域的有用物资,这种交易对汉朝是有利的,所以不需要改变。

顺便说一句,汉帝国与罗马帝国是人类文明史上罕见的对峙双峰。对照双方的史料,我们可以发现许多有意思的东西。读者若有兴趣进一步探究此话题,可以移步社会文明篇的《罗马的兴衰》。

为什么汉帝国和罗马帝国都觉得自己付出了金银?金银到底去哪儿了?现代人可以很轻松地讨论顺差和逆差,那是因为现代海关和中央银行能够严密跟踪全部进出口贸易的发生金额、交易对手和资金属性。无论是老普林尼还是桑弘羊,当时他们有这个条件吗?没有。所以,他们能够观察到的东西跟我们今天是不一样的。外国商队往来,说明对外贸易繁荣了,这个他们肯定能观察到;市场上金银日见紧张,不敷使用,这个他们只要观察到金银的相对价格上涨,也可以推断出来。把这两个现象串联起来,得出的结论肯定就是:我们的金银被外国人带走了。

当然，这个结论也不能算错。但是请注意，我们可不能把这个结论轻易套用到顺差或逆差的概念上来。我们不能随便下结论说，罗马帝国有逆差，或者汉帝国有顺差。因为同样是"把金银交给外国人"，可能是用于进口消费，也可能是用于扩大生意规模，这两种资金的属性是不一样的。按照今天的定义，一种叫经营性现金流，一种叫投资性现金流。尤其是当汉朝和罗马都认为自己的金银"被外国人带走了"的时候，很可能这只是国际贸易规模扩大的自然结果。

国际贸易需要占用大量的金银用于在途周转。如果你手头没有足够的金银做本钱，那么必然的结果就是被排斥在国际贸易之外。16世纪以前，欧洲流行着一种"重金主义"。它的代表政策就是限制金银输出。外国商人到本国来做生意，当他们在本国出售商品后，不得携带金银离境，必须把它们用于采购本国商品，全部花完之后才能离开。

如此只进不出，刻意地积累金银，到底有什么好处？现代人好像很难理解这一点。确实，你很难用收入、产出、物价之类的变量来解释它。但是具体到当时的历史环境中，答案又是很显然的。如果国王想要一件中国丝绸做的长袍，那么他手里必须有金银。有金银，那就好说。可能5两银子就够了，再不行就10两。不过你要是没有金银，那对不起，哪怕你愿意用100头羊或者整个仓库的苹果来换，旅行商人连眼皮都不会抬一下。

货币啊货币，你在微观上和宏观上的面目竟是如此不同！

类似重金主义的情况在中国也发生过。唐朝初年实行"租庸调"制。所谓租，就是粮食；庸，就是服力役；调，就是土产，一般指布料。此时官府收税，征收的都是实物，用不着铜钱。公元

资本经济篇　　233

780年,"两税法"颁布。因为它规定一年收税两次,故称"两税"。夏税6月缴纳,秋税11月缴纳。这两次收税,都只收铜钱。以前的租、庸、调一概取消。

在钱荒的大背景下,两税法改革引起了强烈的社会反弹。白居易有诗云:"私家无钱炉,平地无铜山。胡为秋夏税,岁岁输铜钱。"他的意思是说:在租庸调制度下,官府以粮、布等形式收税,农户无论有多困难,毕竟还可以通过辛苦劳动生产出来,但是在两税法下,官府收税要收铜钱,农户真的是没法凭空变出铜来。

重金主义积累金银的意图是可以理解的,但是它强买强卖的政策过于简单粗暴,效果不好。所以后来欧洲君主们改变方式,重点培养本国的出口产业,让外国人心甘情愿地把金银交出来。这种经过"市场化改造"的重金主义,被称为重商主义,后来人们干脆把重金主义作为重商主义的早期形态。

16—18世纪的英国,是重商主义政策的最典型代表。当时英国的扶持对象是羊毛纺织业。英国有牧场,羊的品种也好,出产的羊毛颇负盛名。在这些客观条件的基础上,英国进行了一系列操作:首先,禁止出口本国羊毛、小羊和公羊,以防品种外流,打击外国毛纺业;偷运种羊出境的,将被处以砍手的刑罚。其次,为了防止国内羊毛价格过高,鼓励进口外国羊毛。再次,鼓励进口棉花、亚麻和染料等生产配料。最后,严防技术外泄,禁止纺织机械出口,禁止制造业技术工人出国任职,初犯者罚款500英镑,入狱1年。要知道,当年的500英镑可是天文数字,一般人被罚500英镑直接就倾家荡产了。

后来的结果大家都知道了,英国的纺织业蒸蒸日上,一度执世界市场之牛耳,成为"日不落帝国"最重要的商业根基。其至可以说，美国和印度的棉花、英国的纺织机器，再加上全世界的市场需求，构成了引爆工业革命的三位一体。

历代经济学家中，总有许多人前赴后继地努力，想要否认当年英国重商主义的成功，这是很可笑的。《吕氏春秋》里有一则寓言，叫作"刻舟求剑"，讽刺有些人不懂时势变迁。确实，历史环境就像江河一样变动不居。过去能够成功的，现在未必能够成功；别人能够办到的，你未必能够办到。这本是很简单的道理，可是有些人的脑子就是转不过弯来，认为既然历史上有这个成功案例，那么只要自己依葫芦画瓢，就也一定能够成功。这些人已经很可笑了，更可笑的是有些想要反驳他们的人，却也沿用了他们的逻辑，以至于费了很大的工夫去否定历史上的那个成功案例。请问这样能够达到效果吗？恰恰相反，历史上没有人成功过的事情，我来试试，也未必不能成功。更何况，历史事实是不容否认的。

我们学习历史的正确态度应该是具体问题具体分析，把历史案例还原到历史背景中去，然后再将今天的环境与当年相比，看哪些条件发生了变化，有利还是不利，以此得出今天的最优决策并估计成功概率。哪怕是要变革某些事物，你也要首先承认它们历史上客观存在的合理性，然后指出因为这些合理性条件已经不复存在，或者被其他条件压倒，所以它们不得不做相应变化。如果丝毫不能发现既成事实的合理性，那只能说明你还没有把事情真正弄懂，不宜随便发言。

亚当·斯密在《国富论》中花了大量篇幅来反驳当时盛行的重商主义。其实仅就这一目的而言，他的很多论述都是隔靴搔痒。虽然他对放任自由的歌颂很有道理，但是这并不能有效地破坏重商主义的逻辑根基。在笔者看来，顶多算是"公说公有理，婆说婆有理"罢了。倒是他在第 1 篇第 11 章第 3 节后面的附录里,有一小段话足以起到"孤篇压全唐"的效果。

在这篇附录中,亚当·斯密指出,地理大发现之后,由于美洲金银的大量流入,欧洲物价出现普遍上涨,其中谷物相对于白银的价格,大约上涨了 3 倍。

是的,这就够了。中国铜钱 2000 年来反复探索的历史经验证明,由于物理性质的限制,金属铸币的存量有一个下限。低于这个下限,就会形成钱荒,影响它履行货币的职能,甚至破坏整个经济体的正常运行。可是一旦高于这个下限,则进一步增加金属铸币就只能起到通货膨胀、推高物价的效果。

所以,这是一个不对称的函数。金属存量低于下限的时候,重商主义是对的,积累金属铸币必须优先进行。"看不见的手"想要发挥作用,首先就得有足够的货币来维持市场的运转。而当金属存量高于下限的时候,放任自由是对的,因为此时已经没有必要牺牲经济自由来积累金属了。前三十年河东是对的,后三十年河西也没有错。

以上是笔者个人的原创性观点。道理似乎并不复杂,为什么这个问题会困扰经济学界如此之久呢?我认为这是西方经济史料断裂的缘故。他们已经不记得大航海时代之前,货币匮乏导致经济退化的历史了。而中国的史料恰好可以补上这个逻辑链条上的关键一环。

事实上,其他学科也有类似的情况。比如说,人类的祖先亲手驯化了狗、鸡、猪等动物。然而驯化的过程没有留下文字史料。所以后来的人们又遗忘了这段历史,以至于无法解释这些动物是如何来到自己身边的。直到达尔文提出进化论,才帮助大家"回忆"了起来。

仅就技术层面而言,当今世界各文明的历史资料都已经高度匀质化了。语言和信息量并不构成跨文明比较研究的根本障碍,傲慢自大的治学态度才是最反智的,比如欧洲中心论、美国例外论等等。

大自然的束缚

我们前面做过一个示意性质的估算,如果唐朝的经济活动需要使用 1000 亿文铜钱,那么就得保证有 40 万吨铜材用于铸币。可是假如唐朝的人口进一步增长,商品种类更加丰富,长途、大额交易更加频繁,甚至出现了资本市场,需要进行金融交易,那么经济活动的货币需求就会远远超过 1000 亿文,40 万吨铜材也就不够用了。

因此,上述平衡其实是一个动态过程。经济活动不断增长,铸币量也必须不断增长。铸币量的增长快于经济需求,就会产生通货膨胀;铸币量的增长慢于经济需求,就会产生通货紧缩。如果铸币的存量低于某一下限,就会触发钱荒状态,甚至会迫使某些经济活动停止,或者退回以物易物的状态。

这种来自大自然的束缚,是通过两重机制来生效的:第一,矿山决定了铸币材料的存量;第二,铸造工艺决定了每枚铸币所需的材料量。前者除以后者,就等于铸币量。所以人类想要突破大自然对铸币量的束缚,就必须从这两个方面下手。

资本经济篇

人们发明了纸币来绕开铸造工艺的限制。北宋初年，成都出现了民间商户发行的纸币——交子。发行交子的商户被称为"交子铺户"。1023 年，北宋官府正式发行交子。这是人类最早的官方纸币。南宋、元朝和明朝都发行了各自的纸币。17 世纪之后，欧美各国也都发行了纸币。

从理论上讲，纸币就是理想化的第三类盗铸小钱。我们要设定 4 克铜材为最小货币单位也行，设定 0.4 克铜材也行，甚至 0.04 克都行。但是实际上，早期的纸币面值都挺大。交子最小一张是 1 贯，也就是 1000 文，大约是 4 千克铜材的价值量。为什么呢？因为人们最初发明纸币，主要是看中它方便携带，易于保存。金额越大，这个特性就越明显。身上带一张薄薄的 10 贯交子，就可以免去 40 千克铜材的负重，这个好处太大了。

不过纸币也有一个问题。纸币这张纸本身没什么价值，它的价值来自一个承诺，即纸币持有者可以在必要时，找发行方将其兑换成铜钱或者金银币。如果纸币的金额很小，持有者找发行方兑换就很不方便。而这种不方便，就削弱了这个承诺的可信度，从而动摇小额纸币的价值根基。因此在《国富论》中，亚当·斯密甚至提出，应该禁止发行面值小于 5 英镑的纸币，以防止发行方蓄意欺诈。因为在他那个时候，英国市面上的纸币都是由私人商铺发行的，信用很成问题。

前面我们介绍过，重商主义者一贯主张通过积累金银来发展经济。

16 世纪地理大发现，海量金银涌入欧洲。于是亚当·斯密提出，增加金银币供应无益于经济发展。然而紧随亚当·斯密身后，工业革命引发了经济需求的强劲增长。此后，欧洲的铸币供给和经济需求持续增长，交替领先，犹如你追我赶一般。19世纪中期，铸币不足的情况一度达到极端，但是旋即在美洲、澳大利亚和南非都发现了金矿。到20世纪初，以铁路、电力为代表的重工业蓬勃兴起，金融交易日益旺盛。然而地球表面可开采的矿山终究是有限的，铸币量从此再也难以追上经济的增长了，大萧条终于发生。此时又有凯恩斯力排众议，大声疾呼增加货币供应。由此可知，几代经济学家的观点看似针锋相对，其实不过是"横看成岭侧成峰"，所处的时代位置不同罢了。

整个19世纪，英镑的含金量得到了很好的维持。几代人的共同经验造就了英镑的全球硬通货地位。持有英镑就等于持有黄金，这是当时人们公认的。1914年第一次世界大战爆发，英镑宣布贬值，调低了法定含金量。1929年大萧条发生，1931年英镑再次贬值。二战后，英镑又多次贬值。1913年，英镑的含金量是7.32克，而到1967年，英镑的含金量只剩下2.13克了。

半个多世纪跌掉70%含金量，这个速度是够惊人的。但是假如这一切都是为了满足实体经济的交易需求，又有什么坏处呢？

我们前面说过，大自然的束缚是通过双重机制生效的。我们只要破坏其中一条，就足以摆脱大自然的束缚了。在金本位下，通过不断调节货币含金量，我们完全可以实现任何货币供应总量的目标。

然而孔子曰：不患寡而患不均。如果允许随意调节货币的含金量，那么问题不会出现在"寡"上面，而会出现在"不均"上面。

在英镑贬值的过程中，整体经济的货币需求总量确实得到了满足，但是财富分布的结构同时发生了巨变。从中获利的人，要么拥有与黄金挂钩的资产，要么负有以纸币计价的债务，或者兼而有之。这些人悄悄占有了社会财富中更大的一部分。而那些仅仅持有纸币的穷人，他们的份额则被瓜分于无形。所以后来到20世纪70年代，弗里德曼又出来警告说，随意增加货币供应弊大于利。他的着眼点，不仅在总量，还在结构。

第二次世界大战之后，人类社会的金本位体系又发生了一个重要变化。二战前，世界各国的货币分别各自与黄金或者白银挂钩。二战后，布雷顿森林体系建立，其中美元直接与黄金挂钩，法律规定35美元可以兑换1盎司黄金。其他如英镑、法郎、德国马克、日元、意大利里拉等，都根据具体协议与美元挂钩。即使社会主义阵营的苏联卢布和中国人民币，也实际上维持着与美元之间的固定汇率。换句话说，金本位制度的生死存亡，从此就系于美元一线了。

20世纪60年代，美国的国运进入低潮，外部越南战争失利，内部民权运动兴起、经济停滞、通胀高企，贸易财政双赤字。这一切都对美元形成了巨大的贬值压力。但是如果美国此时选择调低美元含金量，那么最大的受益者将是其战略对手——苏联。因为苏联是当时世界上最大的产金国之一。我们前面说过"不患寡而患不均"的问题，这次"不均"要是贬损了自己而做大苏联，这对美国来说是绝对不能接受的。所以在1971年，美国选择直接放弃金本位，不再设置美元法定含金量。换句话说，从那一天起，美联储就取代了自然界的所有金矿，成为全球货币供应的总阀门。人类开始了一次彻底摆脱大自然束缚的伟大实验。从此之后，人类社会的货币供应无论是出现"寡"的问题，还是出现"不均"的问题，就都怪不到大自然的头上了。

不过在人类历史上，不设置含金量、完全凭信用发行货币的先例并非没有。

我们前面介绍过北宋的交子。1161年，南宋开始发行其官方纸币——会子。从一开始，会子持有者就没有向官府兑现铜钱的法定权力。但是南宋官府主动以税收、兑现等方式进行货币回笼。因此在最初二三十年间，会子的币值基本稳定。随后由于连年战争，财政开支巨大，南宋官府不断增发会子以覆盖财政赤字，结果导致币值下跌。到1210年，会子兑铜钱的比率大约下跌了一半。[①] 再到1253年，会子兑铜钱的比率大约下跌了3/4。[②] 1276年临安府被攻陷，存世面值数千亿文的会子也随南宋政权的倒台而沦为废纸。

　　2020年年底，1盎司黄金的价格大约是1900美元，较1971年的35美元上涨了53倍。当然，这么比较有些不公平。因为1971年贬值集中释放了之前几十年积累的压力。那么我们改以1980年1月的阶段最高点850美元计算，则在40年间，美元兑黄金贬值了一半还要多，这一速度大致与南宋会子的前50年不相上下。而且我们知道，美元已经是人类社会中数一数二的币值坚挺的货币了。

　　这样的比较并非耸人听闻。我们在日常生活中，总是假定地面是平面，这并没有什么问题。可是一旦转入太空视角，我们就会发现地球显然是一个球体，地面曲率无处不在。为什么我们平时感觉不到？参照系尺度相差太多的缘故。也正因为如此，我们才会身处一场伟大的社会实验之中而不自知。这样想想，是不是那15万亿美元的负利率债券也多了一分史诗感呢？

---

① （清）徐松，《宋会要辑稿》。
② （元）方回，《桐江集》。

社会文明篇

SOCIETY & CIVILIZATION

伊斯兰金融的后现代意义

如何处理经济增长停滞与资本无限增值之间的矛盾？富人应当怎样支配自己的财富？投资者应当如何克制自己的赌博冲动？这些看似新鲜的话题，其实都古已有之。汲取前人的智慧，古为今用，何乐而不为呢？

伊斯兰金融是当今世界上保存最完整的古代金融法规集合。在经济史研究中，它具有"活化石"一般的地位。现代化无疑是对古代事物的一重否定，但在本文中，笔者将试图在"否定之否定"的意义上，探讨伊斯兰金融对于后现代世界的思想价值。

非债原则

1. 什么是非债原则

《古兰经》明确规定，人们可以相互借贷，但是绝对不能收取利息，否则即为重罪。很多伊斯兰金融学家将这一原则称为禁息原则，也就是禁止收取利息。

我们知道，任何一笔借贷都可以分为本金和利息两部分。既然伊斯兰教禁止收取利息，那么本金又如何呢？《古兰经》指出，借入者必须竭尽所能偿还债务，但是如果借入者确实已经失去还款能力，则贷出者应该免去借入者的债务。

按照现代金融学的术语来说，伊斯兰金融定义下的借贷，是一种软约束。所谓"软"，是相对于"硬"来说的。现代社会的债务，可以通过法院判决来强制执行，这就是"硬"。如果没有外在的强制力来保证还款，只能根据借入者自身情况来决定，那就是"软"。所以从《古兰经》的本意来说，它其实有两条规定：一是禁息，二是软约束。这两条加在一起，债务已经不能称为债务了。所以笔者将其称为"非债原则"。

但是请注意，现代的伊斯兰金融机构基本上只提禁息，不提软约束。因为在现代人看来，这两条规定实在是太偏向借款者了。出于对信仰的尊重，穆斯林客户也许会同意自己的存款不生息，但要是连本金都不能保证，那恐怕谁都不肯干了。因此现代金融市场上的那些伊斯兰债券、伊斯兰贷款都不收息,但是必须还本。这一点已经与《古兰经》的本意不同。

2. 无风险利率

在现代金融学理论中,有一个非常基本的概念叫无风险利率。其他的一切利率都是在无风险利率上叠加各种因素加成得到的,而一切资产价格都是用各种利率进行贴现得到的。所以我们完全可以说,无风险利率是现代金融市场的变量之母。

无风险利率,顾名思义,就是指没有风险的利率。在现代国家里,只有两家机构是没有风险的,一个是央行,另一个是财政部。所以通常我们所说的无风险利率,要么指央行设定的基础利率,要么指财政部发行的国债收益率。

那么,无风险利率是怎么决定的呢?最简单的回答当然是:买卖双方博弈出来的。对一般的市场参与者来说,这个答案就足够了。这就好比坐火车,一般乘客不需要知道火车的机械原理,他们只需要把列车时刻表搞清楚就够了。但是我们现在挖得深一些,探究一下无风险利率的形成原理。

我们在《股神之末》一文中,曾经介绍过巴菲特指标。它的前提假设是:在整个 GDP 盘子里,政府、资本和劳动这三者的分配比例是相对稳定的,短期当然会有波动,但是除非发生重大政治变革,否则任何一方的分配比例都不会无节制地增加或减少。因为资本利得通常和 GDP 保持一个固定比例,而股票价格又是由未来的资本利得贴现而成,所以股市总市值也应该和 GDP 保持一个固定的比例。这个比例就被称为巴菲特指标。如果这个指标过高,则股市有下跌的风险;如果这个指标过低,则股市更可能上涨。

我们把这套理论搬到政府行为上。因为税收通常和GDP保持一个固定比例，而政府债务又是由未来的税收贴现而成的，所以在理想情况下，政府债务也应该和GDP保持一个固定比例。既然如此，那么长期来看，政府债务的增长率也应该大概等同于GDP的名义增长率。因为如果两者长期增速不同，两者的总量比例就不可能稳定了。仅就某一年来说，政府可能净借贷，也可能净还款，但是如果长期拉平，那么政府债务的增长速度就应该等于国债自身"利滚利"的速度，也就是无风险利率。所以我们绕了一大圈，最终得到的结论就是：在一个长期政治稳定的经济体中，无风险利率就应该大约等同于它的名义GDP增长率。

在无风险利率这个问题上，"巴菲特指标"的分析框架比一般的利息理论要好用。我们已经介绍过，GDP可以分成政府、资本和劳动这三部分。政府和资本的立场属性不同，分析它们的视角也不相同。一般的利息理论都是从资本的视角去分析的，但是这样分析出来的利率，实际上是股权收益率，或者叫ROE，也就是净资产收益率，它是已经叠加过风险因素的，不是无风险利率。无风险利率只能从政府这一视角去推导。

我们把这些概念弄清楚之后，再回过头来看伊斯兰金融。对一个拥有资本的人来说，他要获取收益的办法不外乎两种：一是参与实业，自负盈亏，获取股权损益，这是伊斯兰金融所提倡的；二是不冒风险，获取无风险收益，那就只能跟着经济总盘子的增长率走，这样说来也合理。但是我们知道，古代经济发展缓慢，几百年能翻一番就不错了，年化增长率只有千分之几、万分之几，基本上可以忽略不计。所以，伊斯兰金融规定利率必须为0，合理性正基于此。

最后，我们再用反证法检验一下上面的结论。假设古代经济体的总规模长期停滞，然而某个放贷者却可以无风险地获取利息。即使他收取的利率很低，比如说1%或者2%。但是只要经过长期复利滚动，他的本金和利息就会无限增长，几十年、上百年之后甚至会大于整体经济规模。而这是不可能的，所以古代社会的无风险利率必须为0。

3. 债务约束

利率史是一个有意思的研究课题。在世界各地的考古资料中，我们发现过五花八门的利率记录，既有低于5%的，也有15%或20%的，还有超过100%的。不过说实话，这些利率都是某一个微观主体的风险利率，没有太大的比较价值。这就好比在今天的债券市场上，有些垃圾债的收益率超过20%，这只能说明市场认为发行方快要破产了。还有一些AAA级企业债的收益率不到5%，这只能说明市场对发行方极其信任。这些数字都没有宏观上的意义。

前面我们已经论证了，在古代经济条件下，无风险利率必然稳定在0点附近。这是一个宏观的、逻辑上的结论。但是在微观的具体实践中，恐怕没有几个放贷人愿意放弃利息。这样就产生了一个矛盾：宏观规律要求利率等于0，可是微观主体不愿意，怎么办呢？答案是：宏观规律会以一种意想不到的方式，迫使微观主体屈服。

在人类社会，甚至在整个自然界，这种"大道理管小道理"的案例都是屡见不鲜的。比如说，马尔萨斯指出，在生产力水平给定的情况下，土地对人口的支持能力是有限的。如果人口数量

社会文明篇　　249

超出这一极限，就必须减少。至于如何减少，可能是以疫病的形式，也可能是以饥荒的形式，还可能是以战争的形式，再或者是以节育或者杀婴的形式。总之，无论采取哪一种形式，或者是它们的混合，人口都必须减少。

微观主体是无法对抗宏观规律的。比尔·盖茨和索罗斯等富豪，都曾经在非洲捐助过大量药品。从微观上看，这些慈善活动的效果极佳，几美分一支的特效药物就可以救人一命。可是这些活下来的孩子没有教育，没有工作，吃饭都成问题，最终反而会引发更多的社会动荡。所以贫困问题的唯一解法就是建立宏观秩序和发展生产，否则，你把再大的富豪找来，他也无能为力。

马尔萨斯定律体现在债务问题上，就表现为违约。因为古代社会的无风险利率是0，所以你只要收取利息，便已经种下了违约的种子。或早或晚，或以这种形式，或以那种形式，总之，违约必然会发生。

伊斯兰教对于债务违约行为是相当容忍的，这也就是非债原则中的软约束。但是这种思想并非伊斯兰教原创。我们知道，伊斯兰教的很多内容来源于基督教。其实在《圣经》中就已经有多处提到要反对债务压迫。

不过，《圣经》还不算最早的。中国的孟尝君，大约生在耶稣之前300年。他有一个"狡兔三窟"的故事。其中一窟，就是用免除债务的方法，获取了薛邑人民的支持。还有古希腊的梭伦，大约生在耶稣之前600年，他曾经主持"梭伦改革"，其主要内容就是禁止债务奴隶。也就是说，债务追缴以现有的财物为限。假如对方真的一无所有了，债务也就到此为止，不能再追究了。

说完了远的，我们再说近的。最近一次古典意义上的宏观债务违约,是在大萧条期间,世界各国货币脱离金本位。在金本位下,各国政府都承诺,本国的货币可以以一个固定的比率兑换黄金。脱离金本位之后,各国政府背弃了兑换黄金的承诺,各国货币的含金量一落千丈。任何持有本国货币的人全都受到了损失。持币量越多,损失越大。相应地,任何负担本币债务的人全都获得了收益,负债量越多,收益也就越大。

英国和美国并不信奉伊斯兰教,它们信奉的是私有产权神圣不可侵犯。为什么它们也搞债务软约束?归根结底,还是四个字——形势逼人。合同也好,法律也好,制度也好,全都属于社会契约的范畴,然而微观上的社会契约无论怎么设计,都不可能逃脱宏观规律。

大航海时代以来,尤其是工业革命以来,经济规模的总体增速提高了,不再像古代社会那样约等于0了。可是在政府、资本和劳动这三大部分里,资本的收益率还是太高,持续地高于总体增速。

我们可以用一个极度简化的数学模型来模拟这个过程。假设原本政府、资本和劳动的收入是1∶1∶1,各占1/3,资本的收益率是10%,政府和劳动的收入增速是3%,那么10年之后,资本的收入增加到2.59,政府和劳动的收入只增加到1.34;50年后,资本的收入将剧增到117.4,而政府和劳动的收入只增加到4.4。由此可见,增速差异的长期结果,就是资本的分配份额越来越大,政府和劳动的分配份额越来越小。

分配份额是经济学的说法,用社会学的说法,那就是贫富差距极端扩大,社会矛盾空前尖锐,暴力革命一触即发。孔子曰:不患寡而患不均。这时候,除了放松债务约束,让资本"出点血",还有别的选择吗?

4. 零利率世界

20世纪60年代，世界上第一批伊斯兰银行开业。它们可以保证本金硬约束，但是坚持禁息原则，既不向企业收取利息，也不向储户支付利息。西方学者对此非常不看好。他们提出三条反对理由：一是利率为0时，储蓄必将为0；二是利率为0时，借贷需求必将为无穷大；三是利率为0时，资本必将全部外逃。从经济学理论上看，这三条理由是无可挑剔的，后来的实践也证明，伊斯兰金融业务的发展确实举步维艰，除一小部分特别虔诚的穆斯林客户外，基本上没有发展空间。

勉强维持到20世纪90年代，伊斯兰金融的失败几乎已经可以盖棺定论了。可是进入21世纪，情况却又出现了转机。原因是2001年科技网络泡沫破灭后，美联储大幅降息，无风险利率最低降至1%，这与伊斯兰金融所坚持的0利率相差无几，后者的利率劣势被极大地抵消了。

当然，伊斯兰金融再怎么发展，也不过是现代金融市场中的沧海一粟，它们的客户群体也非常特殊。所以我们的关注点并不局限于伊斯兰金融本身，而是希望以它为鉴，反映出现代金融市场的一些问题。

2008年大衰退之后，全球各大央行均降息至0附近。此后，欧洲和日本更是相继进入负利率。截至2020年9月，全球负利率债券余额已经超过15万亿美元。然而西方学者当年的三大预言：储蓄为0、借贷需求无穷大和资本全部外逃，一个都没有实现。

为什么会这样呢？从宏观上看，答案很简单。我们已经知道古代世界的无风险利率为0，而当今世界与古代世界一样，都面临发展停滞的问题,所以无风险利率也不得不向下逼近0点。

图13把20世纪60年代以来,美国的名义GDP增速与10年期国债收益率叠加在一起。很明显,两者之间存在强烈的相关性。这也证明了我们在前文中论证的命题:在一个长期政治稳定的经济体中,无风险利率就应该大约等同于它的GDP增长率。

图 13　美国 GDP 与利率

当然,美国经济还属于相对比较强健的,经济增速和无风险收益率还没有完全降到0点,而其他一些经济体,比如日本则真的降至0点了。

现在我们回过头来,重视审视现代伊斯兰金融的发展历程。1960年欧佩克成立,1973年第一次石油危机爆发,1979年第二次石油危机爆发。经过这一系列事件,阿拉伯国家的国际地位明显提升,随之萌发了复兴伊斯兰文明的雄心。现代的伊斯兰金融机构,

社会文明篇　　253

正是在这样的政治背景下应运而生的。

大量的石油收入带动了阿拉伯国家经济高速增长。这样的经济环境,与长期停滞的古代世界截然不同,照搬原本适用于古代世界的禁息原则,怎么能够成功呢?相反,等到经济停滞,金融环境更加接近于古代的时候,伊斯兰金融反而又显示出了复兴的迹象。这就叫"时也势也"。

笔者认为,零利率是一个中性的经济现象,它与时代无关,也与宗教或者经济学理论没有什么关系。无论是公元7世纪,还是21世纪,只要经济增速在0附近,零利率就会出现;反之,如果经济高速增长,那么无论你实施怎样的教义,零利率都无法通行。

5. 非现代的启示

《古兰经》成书于1400多年前,它的主要内容就是各种劝诫和命令,没有论据,也没有推理过程。不过这并不奇怪,其他文明的初始经典,比如说《圣经》和《论语》,也都有这个特点。人们总是需要一套"不证自明"的公理和公设作为基础,然后才能通过阐发和演绎,搭建起一整座文明大厦。

《古兰经》没有解释为什么要有非债原则,我们甚至无法确定,先知穆罕默德是否明确意识到了它的真正底层原理,但它确实是与古代世界的经济环境相匹配的。

按照现代经济理论的解释,消费是有时间价值的,立即消费总是比等待未来消费更令人欢愉。英语谚语有所谓"一鸟在手,胜过双鸟在林",所以放贷人愿意舍弃立即消费的机会,将资金借贷给他人,是一种稀有的品德,而利息的存在,就是对这一品德的回报。

上述理论看似有理有据，环环相扣，非常符合现代人的理论审美，但是它忽略了贷出者与借入者之间的博弈关系，以及这种博弈关系对宏观经济的影响。这种纯粹微观的分析，没法解释古代社会周期性的债务违约现象，也没法解释现代社会 GDP 增速与无风险利率之间的强相关性。

在孔子时代，产生不了这种解释；在穆罕默德时代，这种解释也无法服众。只有在大航海时代乃至工业革命之后，现代化的进程开始推进，资本借贷可以促进生产，给人们带来更多的幸福而非痛苦时，这种理论才能流行开来。

从这个角度讲，任何经济理论都是具有时代特征的，没有什么万世不易之理。如果社会环境发生了变迁，则经济理论也必须随之而变。原本合适的理论会变得过时，而原本已经过时的理论，却有可能启发我们创新。

2008 年金融危机至今已经十多年了，现在人们对经济发展的长期前景有两种看法：一部分人认为，金融危机已经"翻篇"，世界经济必将重新回到高速发展的现代化轨道上；另一部分人认为，重大危机是有指示意义的，预示着一个时代的结束，接下来迎接我们的，很可能是一场百年变局。

笔者相信后一种观点，在形成根本理论创新并且据此建成新的一整套宏观秩序之前，不可轻言危机结束。我们以大萧条为例。大萧条始于 1929 年的美国股市大崩盘。进入 20 世纪 30 年代后，全球各地都出现了复苏迹象，美国股市收复了大部分跌幅，世界各国甚至跃跃欲试，想要重回金本位。然而此后形势急转直下，世界经济再次崩溃，直至第二次世界大战。

社会文明篇

我们知道,二战胜利之后,四块基石组成了新的世界秩序,它们是:联合国、世界银行、国际货币基金组织、关税及贸易总协定(WTO 的前身)。根据现在经济史学界公认的看法,直到这四大基石建立完成之时,大萧条才真正结束,整个过程超过 20 年。而这一次金融危机难道就靠 2008 年的一波大水漫灌就彻底解决了?

当今世界很可能正处于一个百年变局的前夕。作为古代文明产物的伊斯兰金融也再次焕发出了一定的现实意义。它的非债原则主要就是两项内容:一个是零利率,一个是软约束。零利率现在已经重现世间。在一个增长停滞的经济体内,资本不应该预期过高的收益率。如果一定要追求更高的收益,那只有一个办法——承担更大的风险,即所谓的"富贵险中求"。在零利率环境下,资金可能从债券转向股票,从上市公司转向私募投资,从生息资产转向类收藏品,比如虚拟货币。这是一个全链条向风险端迁移的过程。

软约束的重现恐怕也难以避免,问题只是以哪种形式重现而已。是货币的大幅贬值,还是金融机构的普遍破产?而且,由此产生的变革动力必将溢出金融领域,转向经济和社会。我们知道,社会发展具有惯性。如果发展势头很好,那么内生改变的动力就比较小,可是一旦出现停滞甚至倒退,就很自然地人心思变。常温下坚硬的铁大约在 1500 度时也会化为流动的铁水,所以只要积累足够多的痛苦,任何社会契约都有重新商议的可能。

总而言之,零利率环境下,投资者应该降低收益预期,否则就必须做好损失本金的准备。这是伊斯兰金融留给我们的重要启示。

非权原则

1. 什么是非权原则

所谓非权原则,就是指不存在产权。产权是现代社会最基本的概念之一。《古兰经》认为,世间一切财富都属于安拉,也就是一切归神。任何人对任何财富都没有产权。

追根溯源,产权的概念大概在石器时代的原始部落中就已经产生了。伊斯兰教不太可能把这个概念连根拔起,所以它承认占有权。一个人家里的东西,虽然产权属于安拉,但是占有权归于个人,两者可以并存。或者简单一点儿说,伊斯兰教承认有限产权。

伊斯兰教的非权原则是一个大的概念。因为人类的产权是不完整的,所以它必须受制于安拉的意志,并且由此产生了三个有意思的概念。它们分别是低能(Safih)、义产(Waqf)和天课(Zakat)。

2. 低能

由于最终产权属于安拉,所以人们占有财富的行为必须接受安拉的评判。在这种世界观下,人生就像一场牌局,安拉赐给你的财富,就相当于你摸到的牌。牌大牌小不是关键,关键看你的牌技。如果打得好,安拉就可以让你一直玩下去,甚至越玩越大;如果打得不好,安拉也可以随时令你终止游戏。具体到教义上,那些滥用财富的人被称为低能。清真寺有权剥夺低能者在生活必需品之外的全部财产,转交他人或者集体代管。

从这个角度看,伊斯兰教已经在一定程度上区分了消费资料与生产资料。当然,这两者之间的界限是模糊的。原则上说,一

社会文明篇 —— 257

笔小钱就是消费资料，一笔大钱就成了生产资料。

消费是比较私人的事情，没有多少外部性。但是生产是一项社会化活动，具有比较强的外部性，会直接影响他人的利益。比如一个富二代，他吃什么肉、喝什么酒对别人是关系不大的，可他要是把企业搞破产了，那就要影响一大批人了。所以为了安拉也好，为了其他利益相关方也好，如果一个人不懂得如何使用生产资料，那么就应该由其他人来代管。这个道理，又跟我们在《股份公司制度溯源》中，关于利益相关方的讨论联系起来了。然而，即使是消费，也不能任性。伊斯兰教对娱乐活动有严格的限制，许多活动都是被禁止的。在《古兰经》中，有许多提倡朴素生活的内容。如果一个人过度消费，或者沉迷于享乐，也会被认定为低能。

用现代金融术语说，人类的财富不外乎三种运用用途：一是消费，二是债权投资，三是股权投资。伊斯兰金融不支持债权投资，而消费又受到严格限制，这样就迫使富人进行股权投资。如果富人擅长经营，他可以自己下海经商；如果他无此特长，又不想被认定为低能，那么他可以作为出资人，与职业经理人合伙创业。

在穆罕默德时代，阿拉伯人的农业并不强大，也谈不上什么手工业。然而得益于横跨欧亚非三大洲的地缘优势，阿拉伯人的商业异常发达。他们的主要业务就是把中国和印度出产的货物，转卖到地中海世界。跨越欧亚贩运货物，需要的资金量大，周转时间长，危险系数高。作为一种投资项目，它具有高风险、高收益的特征。因为投入大、周期长，所以它往往需要融资。然而对此类项目来说，如果采取债权融资，则它的风险收益特征会变得更加极端。

我们用一个极度简化的例子来说明这一点。假设一个项目需要投入 100 元，成功时可以收回 200 元，失败时可以收回 50 元，那么如果投入的 100 元全是股权本金，则成功时净赚 100 元，收益率为 100%，失败时亏损 50 元，收益率为 -50%。但是如果这 100 元中，有 50 元是借来的，股权本金只有 50 元，那么成功时净赚 100 元，收益率为 200%，失败时亏损 50 元，收益率为 -100%。用现代金融术语说，债权融资具有"加杠杆"的效果。它会使得原本高风险的项目，变得风险更高。

风险收益特征越极端的项目，越容易出现逆向选择。也就说，借别人的钱猛赌一把，成功了衣锦还乡，失败了浪迹天涯。这种投机心态，既不利于出资方的资金安全，也不利于经营方的稳健经营。所以按照伊斯兰金融鼓励的方向，由富人出资，经理人出力，双方合伙，共担风险，这恰恰是最适合阿拉伯商业的融资方式。

3. 现代社会的低能者

伊斯兰教专门针对富人，创造了低能这个概念。它背后的理念是比较先进的。因为它已经意识到，随着一个人拥有的财富数量变化，这笔财富的性质也会发生变化。数量越小，它就越具有消费资料的性质；数量越大，它就越具有生产资料的性质。

如果按照穆罕默德时代的标准，当今世界的中产阶级大都可以算是富人，因为他们拥有的财富普遍超出了消费所需的水平，多多少少拥有一些房产、股票和储蓄。不过现代社会崇尚市场经济，以赚钱为能，似乎富人和低能之间并没有交集。

其实不然。笔者长年从事证券投资，对各行各业都有所涉猎，深知在赢得财富这个环节上,时势、机遇和运气的成分相当大,所以伊斯兰教视财富为神赐也是可以理解的。但是在支配财富这个环节上,就完全体现个人的素质和境界了。如果富人处理得不好,我们完全可以理直气壮地视他为低能。

那么在现代社会的富人中,有多少可以算低能呢?如果从绝对数量看,那恐怕还是不少的。现在网络上流行一个词语叫"智商税",针对的就是那些专门多花几倍、几十倍价格买东西的非理性消费。不过笔者相信,现代人的低能问题已经比穆罕默德时代大为缓解。但这并不是因为现代人的智商更高,而是因为现代人的消费行为已经被高度规范化了。

中外史籍上都有许多古代富人过度消费的记录,其恶劣程度往往令人咋舌,远非现代富豪可比。其中很重要的一条原因就是古代富人并不是一个人在消费,而是带领着一群人在消费。在中国历史上,有许多以荒淫奢靡著称的皇帝。但是那些荒淫奢靡的勾当,从来不是皇帝一个人干的,他身边必定有一群宦官、奸臣帮着他一起干。否则,仅凭一张嘴两只手,能干出多少事情来?

笔者曾经游历美国加州,参观过一号公路旁的赫斯特城堡。它是20世纪20年代美国报业大王威廉·赫斯特的豪宅。这座城堡共有165个房间,配有巨大的游泳池、电影院和动物园,上百名家仆与主人一起生活于此。这些家仆当然不是古代的奴隶,但是同样对主人有很强的人身依附关系。

这种人身依附关系,体现为工作与生活的混同。因为这些家仆直接就住在城堡中,所以不存在上班与下班的区别。他们永远活在自己的岗位上。从社会大环境来看,20世纪20年代的整个社会风气都认同这种人身依附关系。家仆对主人保持忠诚是理所应当的，连跳槽都会被视为背叛，会遭到外界的恶评，更不要说直接对抗主人了。

所以赫斯特并非一个人、一个家庭在消费，实际上他通过人身依附关系，建立起了一个庞大的消费集团。当他带领着整个集团追求奢侈的时候，能量就非常惊人了。

笔者也曾路过脸书创始人扎克伯格以及谷歌创始人拉里·佩奇的住宅。论气派恢宏，它们远不能与赫斯特城堡相比，然而温馨舒适则过之。上述两位都是当今世界的顶级富豪，他们的资产量是普通美国人的数万倍，但是他们房子、车子的价值恐怕只跟普通人相差几十倍，顶多几百倍。

对当今世界的顶级富豪来说，如果有必要，复制一座赫斯特城堡并非难事，但问题是没有那么多人住啊。如果找一群隔三岔五就要跟自己谈合同、准备跳槽的"员工"住在自己家里，又有什么意思呢？

对一个现代中产者来说，只要多跑几次超市，便不难复制出一片商纣王的酒池肉林。可是，这样的酒池肉林只能徒增笑料罢了。

总而言之，低能这个概念，为我们观察社会问题提供了一个新的角度。如果低能问题控制得不好，即使较小的贫富差距也会引发恶劣后果。如果低能问题控制得当，那么社会成员对于贫富差距的忍受能力将会大大提高。

换言之，在贫富差距给定的情况下，富人将财富用于消费或债权投资，都不如用于股权投资。因为只有股权投资才能把富人和公众的利益捆绑在一起，同亏共赢，在追求财富的过程中创造和谐。这也是伊斯兰金融为我们留下的又一个宝贵启示。

4. 义产和天课

我们前面已经说过，伊斯兰教的财富观认为，输赢多少并不关键，关键是要干得漂亮，赢得安拉的赞许。所以富人们除了理财生财，也应当热衷于捐助公益。如果他们一次性捐出一大笔钱或者一处不动产，由此形成的慈善基金，就称为义产。如果他们从每年的收入中抽取一定的比例用于捐赠，就称为天课。

按照现代社会学的说法，收入减去成本等于利润，这叫一次分配；从利润中拿出一部分来交税，再通过政府开支转给他人，这叫二次分配。从这个角度看，义产和天课似乎应该属于二次分配，但是它们与典型的二次分配还有所区别。因为它们是一种无条件的宗教义务。

现代经济学将政府提供的公共服务视为商品，那么税收就是这件商品的价格。这个概念在宏观上讲得通，但是在微观上就面临一个问题：每个人支付的税收金额不同，纳税较多的人是否有权享受更多的公共服务？

在一定程度上确实如此。任何国家都有发达地区和欠发达地区，发达地区的税源丰富，公共服务的水平自然就好，学区好、医疗好、治安好，这是世间常态。但是也不完全如此。从宏观上看，世界各国都有财政统筹、转移支付的做法。从微观上看，直接税通常都是无条件累进的。你的收入越高，那么适用税率也就越高，而且这跟公共服务没有关系。所以上述问题的答案，有的地方是"YES"，有的地方是"NO"。

事实上，如果我们坚持将纳税视为一种购买行为，那么就不可能得到完满的回答。所以我们必须引入其他原则。我们称之为"能力越大，责任越大"也好，称之为道德情操也好，称之为安拉的旨意也好，总之，富人有一种天然、无条件的义务，去进行慈善或者承担更多的税款。请注意，这可不是一句口号，而是一个事实。如果不是这样，我们就无法解释现代社会的许多通行规则。只不过有些现代人还在这个问题上扭扭捏捏，而伊斯兰教则大大方方地把它写在《古兰经》里。

从教义上讲，宗教义务是无条件的。你不可能跟安拉讨价还价，但在实践上，还是有一些巧妙的安排。义产通常是富人捐赠给清真寺的，但是捐赠之后，义产的原主还可以对义产保持控制。这一点跟中国古代的义田、现代的慈善基金会都有相似之处。

中国古代的很多村庄都设有义田。义田由村里的名门望族设立，其收入通常用于儿童教育，但是义田的日常经营仍由设立者负责，因此对名门望族来说，设立义田是一种既能赢得美誉，又能扩大影响力的方式。

从法律上说，现代的慈善基金会应该由理事会管理，但是法律并不禁止创始人直接或间接地控制理事会，所以许多富人都把资产转入基金会，这样既能继续支配财产，又可以达到避税的效果。

与义产不同，天课是一笔现金流，即时缴纳，即时分配，但是缴纳者仍然可以在一定程度上控制天课的流向。比如说，清真寺确定了扶贫项目，缴纳者可以"认领"，即将自己缴纳的天课用于帮扶指定的贫困人士。另外，《古兰经》还规定，缴纳天课是一项荣誉。受益于天课的人，应该对缴纳天课的人表示感激，并且可以长久地称颂其名。

现代经济学有一个理性人假设，它假设人们的行为方式就是永远追求物质利益最大化。可是经济学也承认效用曲线是弯曲的，边际效用递减,也就是说,越是没钱才越想钱,等你真的有钱了,就开始想别的了。所以理性人假设可以解释社会上的大部分人,尤其是中产阶级以下的行为方式,但是在解释富人行为的时候往往效果不佳。

许多中国企业都有过度扩张的习惯,这种现象当然很复杂,但是其中一个很重要的原因就是地方政府的诱导和催促。如果企业家是完全理性的,那么地方政府开出的各种条件也都可以换算成损益数字,只要算一笔会计账就可以了。但是实际上地方政府往往打的是荣誉牌、人情牌,企业家不知不觉地被抬到一个很高的位置上下不来了,于是便只能"明知不可而为之"。

中国古代就十分重视运用名誉来调动富人。晁错在《论贵粟疏》中,建议汉文帝向富人出售爵位,这样既可以充实军需,又不加重农民负担。实现"富人有爵,农民有钱,粟有所渫"的目的。请注意,晁错所说的"爵",是指商鞅所创的二十等爵。经历秦末大乱,二十等爵已经完全退化成了一种"出于口而无穷"的荣誉称号。这跟"三年清知府,十万雪花银"的实权知府官职完全不是一回事。

《道德经》有云:民不畏死,奈何以死惧之。意思是,穷极了的人不怕死,要想用死刑去吓唬他们,并不会有效果。这是一个极端。而在另一个极端上,富人不稀罕钱,你想用钱去激励他们,恐怕效果也不会太好。

所以我们不应该遗忘,名誉也是一项重要的社会资源。在这一点上,我们中国的传统文化中已经有了深厚的积累,倒是用不着去借鉴欧洲或者伊斯兰文明。"富人有爵,农民有钱,粟有所渫",这是多么美好的目标啊!

非赌原则

1. 什么是非赌原则

对现代的伊斯兰金融机构来说，影响最大的教义有两条：一条是非债原则，一条是非赌原则。所谓非赌原则，就是禁止任何形式的赌博，包括带有赌博性质的商业活动。

第一，所有期权和类期权业务都是被严格禁止的。比如说，购房者与地产公司约定，如果周边房价下跌超过多少，地产公司可以全额退款。这属于类期权，是禁止的。

第二，所有期货和类期货业务也都是被严格禁止的。比如说，某人自己不经营钢铁厂，但是认为钢铁价格即将上涨，所以与钢厂约定，以一定固定价格包销后者的全部钢材，这属于类期货，是禁止的。

第三，保险和类保险业务也都是被严格禁止的。比如说，县政府跟农户约定，如果发生水灾，将借其田地泄洪，为此每年给予补贴数百元。这属于类保险，也是禁止的。

为什么会有这样的规定？很多人都认为非赌原则简直是蛮不讲理。但是如果从伊斯兰教自身的哲学体系出发，还是可以看出其中一些脉络的。

伊斯兰教认为，世间一切财富属于安拉，所以必须从一个大统一的最高视角，对人类进行的各种经济活动进行评价。农业、手工业这两个行业，毫无疑问都是可以创造财富的行业。阿拉伯商业的老本行是长途贩运，它的背后是交通运输业。因为它改变了资源的位置和形式，所以也可以认为它是创造财富的。

期权、期货和保险的共同点是零和游戏，要么 A 向 B 支付，要么 B 向 A 支付，但是无论怎么支付，世间财富的总量并不会因此增加，当然也就无法取悦安拉。这样理解，非赌原则是不是稍近人情一些了呢？

2. 驾驭人性

现代社会中的很多规则，都是模仿自由市场而来的。比如说，税收就被理解为购买公共服务，企业被理解为降低交易成本的组织方式，等等。所以现代社会是非常鼓励交易行为的，无论这笔交易多么晦涩、多么复杂，只要买卖双方同意，就都是有利的。

现代金融学指出，任何交易，即使它是零和游戏，都会向外部发出价格信号。而对公众来说，这个价格信号本身就是有价值的，所以这被称为市场的价值发现功能。

比如说期货市场，我们不能期待它真有预知未来的神力。但是它所显示的价格，确实是无数金融人才拼命挖掘、吸收、处理各种信息之后，用真金白银博弈出来的。对于外部公众来说，每天看看市场行情，就相当于享受了一顿免费的信息盛宴。

孔子曰：听其言而观其行。经济学家的解释虽然非常漂亮，但是笔者在境内外市场拥有多年投资经验，深知当今市场的参与者中，只有一小部分是抱着价值发现的心态来的，其他人的具体心态光怪陆离，不一而足。但是如果抽丝剥茧，拷问到最终的内核，其实大多都是一个"赌"字。

对于典型的赌博方式，比如百家乐、轮盘赌之类的，大多数国家都是禁止的，即使有些国家允许，也会严格限制其经营范围。只不过赌博行为披上了商业活动的伪装后，就很难认定和监管了。

"认定"和"监管"是法律概念,法律是从外部约束人的,而宗教是从内部约束人的。所以宗教在制定教义的时候,并不需要着重考虑如何认定或者监管成本的问题。你干了什么你自己知道!

从这个角度说,要治理过度投机,加强监管固然是一个趋势,不过我们是不是也可以做一点心理建设?每个人都应该发自内心地相信,赌博行为的泛滥是有害的。而且很多问题,不一定要用交易的方式来解决,用生产的方式解决可能更好。

我们现在根据非赌原则的指引,回过头来看前面的几个例子。第一个例子,地产公司担心客户购买意愿不强,它可以跟客户进行对赌,促进销售,但这只是零和游戏的玩法。它也可以在其他地方动脑筋,比如切实提高房屋质量,增加附属设施的价值,这就是正和游戏的玩法。

第二个例子。如果某人确信钢铁将要涨价,可以买入钢材期货,但是他这样做即使获利了,全社会的钢材总量并不会增加,所以这还是零和游戏的玩法。他也可以自己经营实体钢材贸易,或者投资上下游产业链,帮助提高钢材产量,这是正和游戏的玩法。

第三个例子。县政府需要防治洪水,它可以买断一块农田作为泄洪地,这是零和游戏的玩法。它也可以加筑堤坝,清理河道,从根本上治理水患,这就是正和游戏的玩法。

当然,现实生活中的问题千变万化,挂一漏万。能够解决问题是第一位的。但是如果存在多个解法,那么正和游戏的解法,难道不比零和游戏的解法更加有利于这个世界吗?

蒙古源流

有人说，市场是一所永远无法毕业的大学。30年来A股市场的发展历程证明此话不假。从最早的一张K线图包打天下，到后来的三张财务报表和实体经营数据，再到今天令人眼花缭乱的各种概念；上至GDP（国内生产总值），下至CPI；近至垃圾分类，远至"一带一路"，无一不是投资者需要关心的课题。

在处理这些课题时，我们可以采用跨界大视野的方法，突破时间和空间的局限，达到更加透彻的研究效果。可是某些特别时髦的课题，比如气候变化、科技进步、贸易战，它们也能够从历史上找到参照吗？

本文的回答是肯定的，而且这三个课题都可以对应到一个案例中去。气候变化是蒙古帝国崛起的前因，科技进步是蒙古人盖世武功的重要支柱，而贸易战则体现了元朝对中华文明的持续影响，并且可以由此引出人类世界治理体系的终极问题。

希望本文能够刷新你对历史研究的认知。

华北困局

公元 1101 年《清明上河图》被收入御府，成为宋徽宗的收藏。这幅名作描绘的是北宋首都开封府摩肩接踵、鳞次栉比的繁华景象。然而，无论是宋徽宗还是画中人物，恐怕都想不到，仅仅26 年后，金朝军队就会攻入开封，灭亡北宋。

从地形上看，华北平原一马平川、无险可守。宋朝建都于此地，早已注定了军事上的弱势。宋太祖也曾考虑过移都洛阳，但是因为"京师屯兵百万，全藉汴渠漕运东南之物赡养之"，只能作罢，此即华北困局之始。

唐代漕运的规模，大约在每年 100 万石。裴耀卿在 3 年内运了 700 万石，就算是一大政绩了。然而宋代漕运，最低也要每年600 万石，高的时候一年 800 万石也曾经有过。800 万石粮食，折算成口粮，大约可以养活 200 万人。

北宋开封的人口可能略多于唐代长安的人口，这其中有很大一部分是驻京军队，两者的人口估计中值分别为 150 万和 100 万，相去并不远。我们知道宋代的人口基数远高于唐代，那主要是因为江南人口从 2000 万暴增到 8000 万。刨去这一因素，则唐宋两代的北方人口都在 3000 万上下。同样以整个北方的 3000 万人口供养首都的 100 多万人口，为什么宋代就如此依赖漕运？

最直观的解释恐怕就是北方的粮食生产力下降了。事实上，漕运量只是官方的粮食调运量，如果再算上民间贸易的粮食，说宋代北方人口中有十分之一由江南养活，并不为过。除口粮之外，江南还向北方输送了大量的纺织、手工艺品等劳动密集型商品。如果这些商品也都改由北方自行生产，势必会挤占更多的劳动力，进一步缩小其粮食供给的基础。换句话说，输送劳动密集型商品等于输送劳动力，也就等于输送劳动力所需的粮食。这是一笔额外的"隐形漕运"。总之，宋代的北方经济明显已经无法自我维持，如果失去江南的补给，华北将立即面临经济崩溃、人口锐减的危险。

北方的粮食生产为什么会下降？根据文史考证，宋代的农业技术相比唐代是有所进步的，在个人劳动能力方面，也不见得会有什么差异，因此根本原因可能还得从自然环境中寻找。

现代气象学对雪山雪线、古树年轮、沼泽沉积等气象证据进行了研究。结果显示，从12世纪开始，全球气温出现普遍的下降，并且一直持续到17世纪，形成了一个小冰期。这可能是解释人类历史进程的一个关键因素，有人甚至试图把它和太阳黑子的周期性变化联系起来，但是直到目前还不能提出比较完满的理论。

姑且不论全球气温的宏观趋势到底如何，仅从中国史料的具体记载看，宋代天气转寒也是比较明确的。在唐代的长安和洛阳，栽种梅花十分普遍，但是到了宋代，就只有在江南才能看到梅花了，北方则只剩下更加耐寒的杏花。苏轼有诗咏杏："关中幸无梅，汝强充鼎和。"王安石则咏梅："北人初未识，浑作杏花看。"这些诗句说的都是这个现象。

公元1111年，史籍记载太湖全部结冰，冰面结实得可以行车。公元1153年，金朝使臣出使杭州，记录了苏杭一带的运河在冬天冰封。公元1170年，南宋诗人范成大出使金朝，发现重阳节（阴历9月9日，当年阳历10月20日）的北京已是满山皆雪，还对景赋诗："苦寒不似东篱下，雪满西山把菊看。"苏杭河道冰封，北京重阳节下雪，在今天都算是极寒的现象，但是从这三则记录的文字来看，当事人并不认为这是异常现象。

福建的地方志提供了连续1000多年的农业记录，其中当地荔枝全部死亡的事件在历史上只发生过两次。一次是1110年，一次是1178年，都在宋代。同期，浙江的地方志中，寒流袭击导致柑橘大面积死亡的记载，也异常频繁地出现。

除了上述具体小范围的个例，气候变化还在更加广阔的地理范围内发挥影响。在唐代，最强大的北方势力是渤海国，其首都在今天的黑龙江宁安市。后来与宋朝南北对峙的辽朝，其首都在内蒙古赤峰市巴林左旗，纬度已较宁安市偏南不少。灭亡辽朝并取而代之的金朝定都在北京，位置更加偏南。灭亡北宋之后，金朝还进一步向南迁都到河南开封。而宋朝的人口重心，则在北宋初年就已经主动转移到长江以南。毫无疑问，有一股超越行政边界的力量，催促着欧亚大陆东端的人口分布持续地向南倾斜。

历史像是特意要证明其必然性，让擅长游牧的契丹和擅长渔猎的女真先后进占华北。这两个少数民族的后续反应是相似的，他们都规划了繁华的城市，为官员营造官邸，为商人建立市场，为僧侣兴修寺庙，为学者创办学堂，为艺术家提供表演舞台。而在这些人的身边，又围绕着数倍于他们的家仆和城市服务业者。

一言以蔽之，进入华北之后，辽、金两朝不参与食品生产的人口急剧膨胀。至于长江以北的粮食生产，虽然丰歉有常，但是总体上恐怕不会比北宋治下的华北更好。从此之后，华北困局便不再只是北宋的困局了……

社会文明篇 —— 271

辽、金两朝先后与宋朝对峙，在社会上层建筑方面多少会有一些攀比。比如辽朝皇帝要求宋朝称其为"辽天子"，金朝的皇宫布局也"全依汉制"。可是宋朝能够在华北铺开皇家排场，是因为有强大的江南经济作为后盾，而辽、金两朝的华北都市，则从一开始就陷入了头重脚轻、不能自持的困难境地。

华北平原上繁华的城市生活就像吸引飞蛾的篝火，辽、金两朝先后为它而来，又相继因它而死。所以作为第三个上场与宋朝争夺华北的少数民族，蒙古人对城市生活采取了一种非常谨慎甚至是抗拒的态度。

在蒙古崛起的前20多年，蒙古人虽然反复劫掠金朝，但是一直没有试图在华北建立稳定的政权。在蒙古西征，征服了整个中亚之后，成吉思汗甚至认真地考虑过要将华北的全部人口屠杀殆尽，以便将其化为草原，所幸被他身边的智囊劝阻。

成吉思汗刻意保持其帝国的野蛮原始，在他的治下，蒙古帝国甚至没有一个固定的首都。直到他的儿子窝阔台登基，才在蒙古高原的深处设立了一个主要由蒙古包组成的城市——哈拉和林。

受限于简陋的环境，这位大汗虽然统治着半个世界，但是他本人的享受仅限于海量的金银器、丝绸和美酒。就像所有的暴发户一样，由于缺乏对"质"的品位，第一、二代蒙古统治者只能在"量"上放纵。成吉思汗的4个儿子，有3个死于酗酒，察合台和窝阔台两位大汗都在其中。

作为成吉思汗最优秀的孙子，忽必烈成长于蒙古崛起之后。这使得他获得了良好的教育，具备较高的个人修养。他不仅精通政治和军事，更有与历代圣贤帝王比肩的雄心。所以，他需要一个无与伦比的城市来作为帝国的首都。

不过，他并不心急。在元大都（今北京）开建之前，筹备和规划工作早已进行了几十年。其规划的核心正是中南海、积水潭、通惠河水系。因为元朝本无水运，所以这一水系的唯一用处便是将来对接江南的漕运。

公元1267年，元朝全面进攻南宋。同年，元大都开始建设。忽必烈显然深知：华北的城市生活必须建立在江南的经济基础之上。在这件事情上，他既要摆脱祖父辈的野蛮，又想避免重蹈辽、金两朝的覆辙。

忽必烈的顶层设计固然气象恢宏，不过江南的支援并不是帝国安定的绝对保证。他身后的几代元朝皇帝穷奢极欲、横征暴敛，令富饶的江南也不堪重负。再加上政治昏暗、内战不断，元朝只存续了97年便退出中原。无论是宋、辽、金，还是元，哪朝占有华北似乎都难逃迅速灭亡的厄运。

如此说来，华北困局就无解了吗？也不尽然。欲解此局，至少要满足三个条件。

首先，华北必须与江南同属一个政体，从而获得后者的经济支援。像辽、金那样单独割据华北注定是不能长久的。

其次，华北平原无险可守，为避免重蹈北宋之覆辙，国境线必须逼近东北和蒙古，即太行山至山海关一线。换句话说，需要天子守边。北京一破，后面就是一马平川。

最后，以元为鉴，与民休息。严格控制中央政府的规模，压缩财政开支，即使有重大项目或工程，也应该尽量在江南进行。

后来的历史证明，华北困局的三个约束正是有明一代三百年的最高治国准则。直到清朝中期以后，随着气候回暖和美洲高产作物的引进，华北平原才逐渐恢复了人口自持乃至增长的能力。困

社会文明篇

扰了宋、辽、金、元、明近千年的华北困局,这才烟消云散。

草原上的科技革命

维多利亚时代的英国,号称"日不落帝国"。可是如果我们只注意到它那空前绝后的全球扩张,并不能完全理解这个时代的意义。只有把它和法国、俄国的全球扩张行为对照起来观察,才会发现重塑世界版图的真正力量是工业革命。

论军事战绩,成吉思汗当然是无与伦比的。不过历史上还有一个君主的战争轨迹与他十分相似,可以两相参照。此人名叫耶律大石,生于1087年,比成吉思汗大75岁。他是一个汉化了的契丹人,参加过辽朝的科举,并且考中了进士,授职翰林院编修。在金朝攻灭辽朝的过程中,他成为军事将领。但是因为无力回天,他便带着200铁骑向西而去。

耶律大石在西行途中,一路上收编、击败了许多游牧部落,队伍扩张至数万人,最后在今天新疆一带"重建"了辽朝,史称西辽。西辽建立之后,首先想到的当然是反攻金朝,可是屡战不利,只好转而向西扩张。没想到方向一变,这位败军之将从此时来运转,很快就征服了中亚大国花剌子模,威震中亚,势力直达咸海。他的后人还击败过统治着阿富汗和印度北部的古尔王朝。1129年,耶律大石被中亚诸国尊为古尔汗,意为"世界之汗"。

耶律大石的传奇一生可以如此总结:他令花剌子模臣服于西辽,而西辽只是辽朝的分支,辽朝又被金朝所灭。这就像一个战斗力从小到大的排序链条。数十年后,成吉思汗崛起。这位一代天骄首先就击败了金朝,随后征服西辽、灭花剌子模,似乎也都是顺理成章的事了。

事实上,比耶律大石再早600年,公元5世纪时,匈奴人也发动过类似的西征。他们被汉朝击败后,先迁徙到中亚,然后再进军欧洲,不仅劫掠了东、西罗马帝国边疆,还一度围攻东罗马帝国首都君士坦丁堡。"上帝之鞭"的绰号,最早就是罗马人称呼匈奴王阿提拉的。

如果把以上几个案例对照起来看,那么成吉思汗的伟业似乎就不能完全归功于他个人或者种族的某些品质。事实上,东北亚地区持续不断的科技创新,才是这些世界征服者的真正力量来源。目前考古学的主流观点认为,游牧民族的两大根本发明——马镫和复合弓,都是起源于东北亚的。

在波斯人撰写的《史集》中,作者惊讶于蒙古人对科技的重视。当时的蒙古人以残酷无情、大开杀戒闻名。但是在屠城之前,他们通常会把铁匠、木匠、工程师、医生等专业人才挑出来,收编留用。在此类人才中,他们最重视的是医生。据记载,成吉思汗西征时就有大量汉医随军。

成吉思汗重视汉医,可能始自西夏之战。《元史》记载,蒙古人攻破西夏都城之后,士兵们都忙于抢劫金银,唯有契丹族谋士耶律楚材抢占了几部书籍和两车大黄。大黄是一种能清热解毒的中药材。后来蒙古军队中发生疫情,这两车大黄拯救了数万名士兵,令成吉思汗大为惊诧。

《元朝秘史》详细描写了成吉思汗在统一蒙古时期,有一次中箭受伤的处理过程。他先是让人用嘴帮他把伤口中的淤血吸出,再

社会文明篇 —— 275

喝些冷水冲调的奶酪充饥，然后就是静养了。受伤以后，既不知包扎，也不懂用药，这种医疗水平无疑是非常落后的。当然，这可能也是因为高原上物种稀少，无药可采。

汉医、中药的引入，无疑大大缓解了蒙古军队的伤病减员。成吉思汗西征，历时5年，行程万里，几乎是马不停蹄，后勤隔绝，而兵锋始终锐利。如果没有超凡的随军治疗力量，那是绝对不可能的。

忽必烈对医学的重视与成吉思汗一脉相承。他建立元朝之后，下令网罗全国人才，除大儒、高僧之外，就是名医。而且他求医并不专为了自己治疗保健，同时还着眼于医疗事业的发展。元朝实行医生免差、减税政策，待遇从优。此外还开设了专门的医学13科考试。《伤寒论》《神农本草经》《圣济总录》等书都被编为教材，广为传播。元朝开设全国医科考试之后数十年，才想到还要开设选拔官员的科举考试。

史料显示，蒙古人到南方后非常容易生病。这一方面是因为各地病源不同，蒙古人没有相应的抵抗力；另一方面是因为从人口密度较低的草原转入人口密度较高的城市，人际传染病成了一大问题。《马可·波罗游记》提到，所有经办忽必烈饮食的人都必须用面巾遮住口鼻，这说明那时蒙古人虽然还不知道什么是细菌和病毒，但是已经懂得采取措施，防止传染。

成吉思汗西征花剌子模时，该国的防御力量集中在东、南两个方向。因为该国北部是著名的"红沙漠"，历来无人能够穿越，所以不需要布防。不料成吉思汗让他的儿子正面迎击花剌子模大军，自己带领大军主力历时数月穿越了"红沙漠"，迂回到花剌子模军队的后方。完成了这个漂亮的战略包围之后，蒙古人西征的胜局事实上就已经奠定了。

在总结这一战役时,人们通常只是注意到蒙古军队的风餐露宿,吃苦耐劳。不过在戈壁沙漠长途行军,最大的危险并非饥寒,而是迷路。沙漠与大海一样,面积广阔且景物单调,人们通常只能依赖夜观星象来判断方位。当然,大部队也许会找到向导来带路,但是由于蒙古骑兵随时需要分散穿插,所以辨识星象可以说是每一个蒙古骑兵的必备技能。

利用星座定位,并不算什么高深的科技。但是由于西征的行程极远,总共跨越5个时区,所以中亚的午夜星空要比蒙古的午夜星空偏东,所有星座的位置都会有所不同,这就给定位带来了很大的困难。如果要克服这个困难,就必须掌握时差的概念,至少得理解脚下的大地是一个球面。

蒙古人的天文学是怎么解释这件事的,我们无法考证。不过有一个叫丘处机的汉族道士,在成吉思汗西征时前去投奔。他从山东一路跑到中亚,《长春真人西游记》中记载了西行途中的一次日食。他每到一地,都向人们问起此事。他发现,在今天新疆一带的人们提起那次日食,都说时间是正午,看到的是日全食;而在今天哈萨克斯坦一带,日食发生的时间是上午,而且只是日偏食。对此反差,他不仅不以为怪,还正确地指出,日全食和日偏食是由于月亮遮挡太阳的角度不同造成的。我们可以设想,有丘处机这样的人才在身边,成吉思汗肯定不难获知当时最先进的天文知识。

成吉思汗的孙子们建立了四大汗国。其中忽必烈统治中国,旭烈兀则征服了波斯,他们之间的科技交流非常频繁。先是忽必烈派出了几名中国天文学家前往波斯,协助建立了著名的马拉盖天文台。其中最著名的学者在波斯史籍中称为 Fao moun dji,按拼写方式推测，很有可能是一位汉族人，可惜他的中文名字已不可考。然后波斯方面又派出了天文学家扎马鲁丁到中国，帮助建立了回回司天台。

东西方天文学知识的大交流产生了一系列科学成果，郭守敬主持的"四海测验"就是其中之一。这项工程覆盖27个观测点，北至西伯利亚，南至中沙群岛。在此基础上编制的《授时历》达到了与300多年后哥白尼相同的精度。

除了天文，蒙古人同样热衷于地理勘察。元朝举行了中国历史上首次黄河溯源活动，其本意是想找到一条通往西藏的水路，但是没有成功。此外元朝还修编了《全国地理志》和《天下大地图》，前面提到的扎马鲁丁也参与了这两项工作。此人很清楚地球的形状，回回司天台中就有他制作的地球仪。那么《天下大地图》是否也运用了球形世界观？由于此图已失传，我们不得而知，但是有扎马鲁丁的参与，亚洲各国的面积比例会真实得多。这本来可能是一个改变中国人世界观的机会。他还最早地把《几何原本》带到中国，可惜很快就失传了，直到300多年后才由徐光启再次引进。

都说蒙古人弓马娴熟，那他们打起猎来，是不是就靠策马奔腾、百步穿杨？不是的。蒙古人的传统狩猎方式，叫作围猎。他们用兽皮等材料制成几千米长的围栏，狩猎时先用这种围栏把水草丰茂之地圈起来，然后再从各个方向缩小包围圈。圈中的动物意识不到已被包围，不断地向圈中央聚集。最后等到围栏收无可收之际，便是蒙古人收获猎物之时。

根据欧洲人的记载，蒙古远征东欧时，对梁赞公国采用了一种奇特的战术。梁赞公国位于伏尔加河边，城墙厚实高大，所以蒙古人没有选择强攻，而是就地砍伐森林，在城市之外又造了一层木质围栏。这道围栏建得比城墙更高,而且密不透风。城墙上的欧洲士兵无法往外射箭,甚至看不到外界的情况,但是蒙古人的发石机却可以把石块和燃烧着的焦油不断地投掷进来。封闭的环境让城里的士兵产成了巨大的心理压力,恐慌令守军弃城而逃,蒙古人则先让出一条路,转而再从背后掩杀。战场上很快就尸积如山,血流成河。

这些欧洲士兵至死也不会知道,这正是蒙古人围猎的进化版本。当然它也不是简单的放大版,传统的蒙古围栏是用兽皮围成的,而这里用的是木材,工程量增加了何止千百倍。如果再考虑到它是在战争环境下迅速实施的,说它是一项工程奇迹恐怕也不为过。由于蒙古人没有做木工的传统,所以有人猜测,这些木材工程是由随军的汉人木匠完成的。蒙古史料也指出,蒙古人的军事装备中包括斧、锛、锯、凿4种典型的汉族木工工具。

在进攻南宋重镇襄阳时,蒙古军队又故技重演。这一次,他们的围栏已经进化成了一道土木长城,总长度超过100千米,内嵌了大小40多座堡垒,有些地方甚至还修成双层的。这次史籍中有明确记载,超过10万名汉族工程兵参与了这项工程。

由此可知,蒙古军队绝非"只识弯弓射大雕"。事实上,成吉思汗统一蒙古之后,首次对外用兵就使用了工程手段。当时他们掘开了黄河堤坝,想要水淹西夏城市。不过可能是经验不足,那一次弄巧成拙,反而淹没了自己的营地。

蒙古人的工程技术是从哪里来的?除直接使用汉族工程兵外,他们显然也能从其他民族中学到不少。在蒙古崛起之前,已经有契丹、女真两族先后在中国北方建立政权,辽、金两代的建筑水平很高。现存赤峰市的辽代石房,由7块巨大的石板组成,最大的一

社会文明篇

块约有 32 吨，可与金字塔的基石相比。庆州的辽代白塔，内部立有一根长达 15 米、重逾 30 吨的大铁柱。这些例子都可以证明，经过上百年的城市生活，游牧民族已经掌握了非常高超的工程技术。

蒙古人吸收和改进技术的能力超乎想象。他们最早使用的发石机是从金朝学来的，可以把几公斤的石块发射到 150 米开外。1219 年成吉思汗西征之后，伊斯兰国家的工程师对它做了改进，使射程增加到 350 米以上。之后，蒙古人就带着这种改良版本的发石机打遍了欧洲的城堡。1258 年围攻巴格达时，蒙古人已经能把整棵棕榈树的树干当成"炮弹"发射出去。1273 年围攻襄阳时，最新版本的发石机已经能够将重达半吨的石块轰击到数百米之外。具有讽刺意味的是，东土人士已经不认得它了。南宋把这种原产于中原，进化于西域的巨炮称为"回回炮"。

对欧洲人来说，蒙古人入侵让他们第一次见到了火药。不过当时的火药还不能做成热兵器，主要用于制造一种可以发出呼啸声的火箭，或者是烟幕弹，从而达到惊吓对方士兵和马匹的效果。先后有数万名欧洲重装骑士死于火药制造的混乱，所以才会有"蒙古人骑着会喷火的巨龙"的传说。

就像辽、金两朝的建立加速了汉族工程技术的扩散一样，蒙古帝国的崛起也使汉族的几项核心技术扩散到了全世界。后来历史学家总结的中国四大发明，除火药外，还包括造纸术、印刷术和指南针。虽然它们最早的某一次西传时间未必发生在元代，可是就像《几何原本》引入中国而又失传一样，零星、偶然的交流并不一定能够真正完成知识的扩散，只有像蒙古四大汗国那样的密切关系，才会产生全面、系统性的技术交流。所以我们有理由猜测，东方相对于西方积累上千年的技术优势，正是被蒙古人抹平的。

犁庭与锁国

"马后炮"是许多评论家的通病。比如在 2021 年，解释 2020 年的股市行情几乎就是世界上最廉价的事情。无论谁来说几句，都会显得头头是道。为了避免由此带来的误导，金融工程里有一条原则叫作"回溯测试"。

"回溯测试"就是按你说的那一套道理建立模型，然后对截至 2019 年年底的数据进行拟合，得出一个 2020 年的操作策略。然后把这个策略与 2020 年的实际情况做比较，看看效果到底如何。其中的关键就是要在建立模型的时候，剔除所有关于 2020 年的信息。这样得出关于 2020 年的结论才不会是"马后炮"。

历史研究也是如此。如果要真正理解古人的思想和行为，我们就必须把那个时代之后的所有信息从脑袋里清除出去。站在古人所在的那个时点上，只根据他当时所能够获得的信息去研究、判断、决策。

明太祖朱元璋一生最重要的对外战略是什么？是海禁吗？不是，是北伐。《明史》280 多万字，其中提到海禁的文字一共只有 7 处，但是关于北伐的叙述却连篇累牍。他先后 8 次组织北伐，远征蒙古，还把自己的 9 个儿子封为塞王，分段镇守北部边疆。

明成祖永乐大帝一生最重要的对外战略是什么？是下西洋吗？不是，是北伐。出洋之事，不过是委托给郑和在江南自行办理，而他则迁都北京，践行"天子守边"。永乐大帝一生"五出漠北，三犁虏庭"，最后死在北伐的征途上。

我们通常认为明朝是中国历史上一个典型的大统一王朝，但是其实它与汉、唐有很大的不同。因为明朝虽然推翻了元朝在中原的统治，可是蒙古政权却始终没有被消灭，他们只不过是退回了蒙古高原，史称北元，后分裂为鞑靼、瓦剌。明朝和北元，事实上形成了一个划阴山山脉而治的"南北朝"。

在明朝人眼里，整个世界基本上就只有两股势力：明朝和北元。

那么很自然地，当时世界的主要矛盾就是明朝和北元之间的矛盾。其他所有的外交问题，要么是由这个矛盾派生出来的，要么就是可以忽略不计的。

明朝初年，对北元实行的是"犁庭"政策。所谓犁庭，就是要把对方的势力连根拔起、彻底扫除。传说罗马击败迦太基之后，用海盐把迦太基人的土地全都犁了一遍，令其寸草不生，这就算是犁庭了。但问题是犁庭只对定居民族有杀伤力，而北元以游牧为主，居无定所，所以虽然明军多次攻破、毁灭蒙古王庭的所在地，但是终究不能令其屈服。

明朝北伐是不是全无效果呢？那倒也不至于。游牧民族的产生方式是逐水草而居，需要人口分散放牧。连年征战，使蒙古人一直保持在战备状态。几万户人一直生活在一起，牲畜的饲养和繁殖都受到制约。所以在明初北伐高峰期，北元的经济濒临崩溃，民不聊生，权力斗争激化，政权更替非常频繁。

问题是，明朝北伐必须深入不毛之地，远离后勤补给。为了保证胜算，明朝一方的动员人数必须远大于北元。所以这场消耗战的结果是两败俱伤，明朝并不能占得很大优势。而且有明一代，华北困局始终无解。粮食从江南运到北京已属不易，更不要说远达漠北了。

明成祖北伐身死之后，明朝改变了策略，对北元实施贸易战，也就是"锁国"政策。许多人一听"锁国"二字,便以为是明朝要搞自我封闭,实则大谬。"锁国"的意思是断绝往来,这完全是一个中性词。它的效果取决于你在世界上的地位:如果你在世界上占主流,那么锁国就是你锁别人;如果别人在世界上占主流,那时候锁国才是锁自己。

明朝和北元,谁是主流?这是不言自明的。蒙古高原物产稀少,粮食、布帛、铜铁、工具都很缺乏。明朝人的禁运措施十分严格,蒙古人想要买一口铁锅都不行,怕他们拿去熔化了做兵器。不过明朝人搞制裁也讲究"人性化",如果确实是拿去烧菜,把锅用坏了,那么只要把旧锅交还,就可以买一口新的,维持"控锅限额"不变即可。

在如此严厉的经济封锁之下,北元的经济奄奄一息,国力空虚脆弱,早已失去了成吉思汗当年的雄风,实在被穷困、饥寒逼急了,才会进犯明朝边境,其所求也不过是贸易通商而已。1449年土木堡之战,明英宗被北元俘虏。北元本来想把他当成人质,好吃好喝地供养着,借以要挟明朝开放贸易,不料明朝很快就扶持了新帝即位。这下北元急了,宣称"如欲迎上皇,就奉还京。若不讲和,我三家尽起人马来围大都,彼时毋悔"。居然以战争来威胁对方,要求对方接回人质讲和。可见此时的北元,一心只求开通贸易,已经到了口不择言的程度了。得到明朝开放贸易的承诺后,当时蒙古的最高统治者"也先太师"大喜过望,亲自护送明英宗回到北京。

即使有限地开放了贸易,明朝仍然利用贸易作为武器,分化打击蒙古各部。比如在15世纪初,也先部崛起,明朝就向与之敌对的阿鲁台部开放边境贸易。把阿鲁台部扶持起来,打败了卫拉

社会文明篇 —— 283

特部之后，明朝又转而与后者贸易，阿鲁台部则随之陷入困境。

明朝还经常任意中断贸易。1546年，蒙古俺答汗派使者到明朝求贡不下数十次，均被拒绝。明朝官员上书称"敌恳恳求贡，去而复来……正当羁縻，使无扰"，可是明朝皇帝充耳不闻，还纵容边吏多次杀死其使者。在此情况下，俺答汗6月举兵入侵，8月就杀到北京城下。这时他又主动宣布："予我市，通我贡，即解围。"和议退兵之后的第二年，他又对交战之事深感后悔，特意"以象1匹，骟马3000匹，白骆驼7头"献于明朝，并且请自"外塞称臣"，可谓谦恭至极。

在明朝看来，"锁国"政策无疑是成功的。依靠这个政策，明朝在很大程度上"驯服"了自己的主要战略对手。而东南方向的海禁，则可以视为这个政策的配合和延伸。这个说法怎么理解？还是让我们回到当时的世界形势。

在中原地区，蒙古人的统治是被推翻了，但是在中亚、西亚和东欧，蒙古人的势力仍然存在。事实上，直到20世纪20年代，中亚最后一名成吉思汗嫡亲统治者才在苏俄的压力下退位。明朝时，传统上的绿洲丝绸之路一直在察合台汗国的控制之下，海上丝绸之路则又大多通向帖木儿帝国治下的西亚。从这个角度看，说明朝仍然处于蒙古势力的包围之中也不为过。立足于这样的世界观，任何对外贸易都有可能破坏对北元的经济封锁。比如在著名的捕鱼儿海战役中，明军就抓到了数百个前来贸易的中亚商人。

以上是从配合的角度说的。如果从延伸的角度说，海禁就是要把对北元实施锁国的成功经验，复制到对其他战略对手的压制上，比如日本。自从成功防御了"元寇"入侵之后，日本对中国的态度就逐渐从仰视转为平视，挑战之心间或有之。普遍实施海禁与偶尔开放朝贡相结合，相当于胡萝卜加大棒，是明朝对日制约的两大手段。从实际效果看，明朝基本上能够做到不兴兵戈，而令日本恭敬称臣。

此外，还有一些战术层面的原因导致海禁。比如说沿海的方国珍、陈友定等势力，打着"誓死报元"的旗号，行走私海盗之事。他们就像游牧民族一样，打不着，跑得快。对这种势力，实行"犁庭"政策是非常困难的，只能以"锁国"应对。有趣的是，清朝取代明朝之后，又出现了郑成功等"反清复明"势力，于是这又成了清朝实行"锁国"政策的推力之一。

有明一代近300年，蒙古势力的影响始终挥之不去。如果要研究明朝的主要战略决策，绝不能忽视蒙古势力的影响。其实从结果来看，明太祖、明成祖的战略判断并没有错：危机在北。明朝最终也正是亡于东北的女真族。

明朝确实是皇权专制空前加强的时代。但是如果把海禁和思想禁锢联系起来，那就纯属无稽之谈了。持此论调的人显然是幻想了一个西风劲吹的场景，将明朝置于弱势、被动、防御的地位。事实上，中国历史悠悠几千年，外来思想能够撼动、取代本土思想的，唯有清末一次而已，所以李鸿章称之为"数千年未有之大变局"。明朝皇帝有何特殊能力，可以提前几百年预见到这一危机，并对之采取"预防措施"呢？

其实直到虎门销烟时，道光皇帝还在考虑对英国人实施贸易战。他写信问林则徐：其茶叶、大黄，果否为该夷所必需？倘欲断绝，是否堪以禁止？因为时人传说英国人没有茶叶、大黄就会便秘腹胀而死，所以就留下了"茶黄制夷"的笑谈。

即使一定要说有思想上的锁国，那也仍然是锁别人，而不是

社会文明篇

锁自己。因为明朝从来没有怀疑过自己代表世界主流的地位。如果回顾一下辽、金、元三朝的崛起，不正是汉族人员、物资、技术的流出，给汉族政权制造了一个个强大的对手吗？如果说海外小国不足为虑，难道蒙古不是从一个只有十几万人口的小国发展壮大起来的吗？如果说海陆两地环境悬殊，可是那些海贼"乘风往来，瞬息千里"的特点不也正与游牧骑兵相似吗？

从这个角度说，明朝的锁国是对辽、金、元三代异族统治的应激反应，甚至可以说是对隋、唐两代大交流、大开放的反思。并且由此引出了一个世界体系治理的终极问题。

今天的人们回看明清两代的海禁政策，常常觉得愚不可及。但这只是因为你已经知道了地球的真实形状，知道了传统意义上的"天下"只占世界的一小部分。我们不妨"回溯测试"一下，假如地球上没有南北美洲等新大陆，明朝确实已经占据了地球上绝大部分资源、人口和技术，那么在这种情况下，你觉得应该怎样对待周边国家呢？

无私开放可能带来危险，"犁庭扫穴"则又得不偿失，那么"闭关锁国"何尝不是一项合理的选择呢？坚壁清野，画地为牢，让对手自生自灭。当年欧洲殖民者占据美洲的绝大部分之后，对待印第安人也就是这个态度吧？

甚至我们可以设想，假如若干年后，整个欧亚大陆完成整合，然后对世界其他地区实施"锁国"。由于欧亚大陆在人口和资源上都占据了绝对优势，其他地区将无法选择与之对抗。到那时，世界又会是一番怎样的景象？

罗马的兴衰

马克·吐温有一句名言：历史不会简单地重复，但总是押着相同的韵脚。富有经验的投资者应当对此深有体会。

抽象地看，任何一波行情都是由基本面与资金面共振产生的。但是具体地看，它们的驱动力往往来自不同的主题，有时是行业景气度，有时是资产注入，有时是政策导向，等等。

股市如此，国运也如此。本文将以粗略的线条勾勒出罗马兴起与衰落的轨迹。从中不难看出，决定其国运兴衰的主要矛盾也在不断地变化。每个时代都有每个时代的问题，答案当然也不可能一成不变。

为什么要关注罗马呢？因为它是人类历史上，除古代中国外，规模最大、水平最高、发育最完整的文明兴衰案例。对我们中国人来说，罗马作为"他山之石"的研究价值是绝无仅有的。

笔者将罗马的兴衰总结为农、军、政、民四个阶段。对于其他古代文明，甚至某些现代大国来说，这四者的先后顺序可能都有一定的参照意义。

国运在农

在许多人的脑海中,地中海是与欧洲紧密相连的。一说到濒临地中海的国家,往往首先想到的是西班牙、意大利或者法国等国。意大利半岛就像是一只伸入海中的长靴,而罗马城的位置,似乎正处于整个地中海的中心。

然而实际上,西欧国家只不过位于地中海的西北一隅,远远谈不上中心。在地中海的西南方向,有摩洛哥、阿尔及利亚和利比亚;在东南方向,有埃及、叙利亚和黎巴嫩等国;在东北方向,有土耳其、希腊和塞尔维亚等国。这四个方向合起来,才是一个完整的地中海世界。

从人类文明发展史的角度看,地中海世界的格局大致是这样的:埃及和两河流域是两大原生文明,依赖本土的物质和文化资源发展;希腊和迦太基则是两个次生文明,需要借助外部资源的输入,而罗马不过是一个次次生文明。

重新确定了视角的中心之后,我们不难看出罗马的尴尬处境:黑海与地中海的交流必须经过希腊,大西洋与地中海的交流必须经过迦太基,这是它俩成为次生文明的天然条件。但是当时没有任何一条重要商路需要经过罗马,它所处的位置,实际上是地中海世界中一个孤零零的角落。因此地理环境就决定了罗马不可能以商业立国。

在拉丁语中,财富和牲口是同一个词。由此可见农耕对于罗马人的重要性。意大利半岛也许是地中海世界最能锻炼农民的地方。这里的火山灰质土壤十分肥沃,但是土层很薄,容易被山洪冲走。激励与挑战并存的环境,促使这里的居民在水利方面取得了相当的成就。考古学家在这里发现了史前水坝和排水沟的遗迹。今天我们在旅游景点还能见到罗马帝国时代遗留下来的高大宏伟的引水渠。

在客观上,发达的农业支持了更大数量的人口。这决定了罗马不可能像希腊那些只有两三万公民的城邦一样,实行一人一票的直接民主。事实上,古希腊哲学家柏拉图认为,理想国的人口上限是5040人。

罗马的政治系统要复杂得多。罗马最早实行君主制,有自己的国王。古希腊文化传入之后,君主制被推翻。随后整个罗马被分为35个部落,平均每个部落有数千人。以每个部落推出1名代表的形式议论政治,史称"部落会议"。有财产的市民还可以参加"百人队",以每队推出1名代表的形式议论政治,史称"立法会议"。此外还有大地主组成的元老院,这里实行1人1票。这三种体制的混合,构成了罗马人的"共和制"。我们或许可以这样换算:普通罗马人每人1票,有钱的商人每人100票,大地主每人1000票。总之,在罗马共和国中,不同人物的话语权各不相同。我们这里的具体数字只是示意性质的。

以纪律性著称的罗马军团,作为农民军队,热衷于进行土地兼并战争。到公元前3世纪时,罗马人已经基本统一了意大利半岛。当他们向迦太基宣战时,战争的目标也是西西里岛上的耕地,而不是商路或者掠夺。

根据记载，罗马与迦太基的第一次战争从公元前264年一直打到公元前241年，持续不断地打了23年。这意味着战争开始时出生的婴儿，到后期已经成长为老练的战士了。在持续不断的绞肉战中，农业国家占据有利地位，因为他们只有春种和秋收这两段时间比较忙，其他时候都由大自然替他们"生产"。而经商国家则必须细心操作每一笔交易，很难分出心来跟人拼命。迦太基在雇佣兵身上花费了大笔金钱。然而当战争失利时，雇佣兵担心拿不到报酬，反而在其国内发动叛乱，由此造成的恶性循环令迦太基国力持续衰落。

当然，迦太基也曾经在战场上获胜。那时他们会逼迫罗马签订城下之盟。内容包括不许罗马人到某处经商，罗马船只不得驶入哪片海域，罗马水手不得在哪个港口上岸。不过诸如此类的要求对罗马来说，无异于隔靴搔痒。而当罗马最终打赢的时候，他们就只有一个要求：割让土地。第一次迦太基战争的结果是，罗马占据了盛产小麦的西西里岛。传说罗马只是征收了西西里岛十分之一的小麦，就足以养活自己一半的人口。

对农业社会来说，土地就等于粮食，粮食就等于人口，而人口则是古代战争的核心资源。所以存在一个很简单的逻辑：钱赔了不要紧，只要有地，迟早可以把钱抢回来。然而如果地丢了，那么你手里有再多的钱，恐怕也保不住。

当然，迦太基也不是完全看不到这一点，所以第一次战败之后，他们就开始全力以赴，准备跟罗马人决一死战。第二次迦太基战争爆发于公元前218年，也就是第一次战争结束后的23年。这差不多又是一代人的时间，罗马的人口又已经大大增加了。从地理位置上看，罗马在南欧，迦太基在北非，两者隔地中海相望。

但是这一次，迦太基名将汉尼拔出奇兵，绕道西班牙，翻越阿尔卑斯山，从北向南横扫意大利。

汉尼拔与高卢的蛮族联盟，建立了一支极其彪悍的军队，以至他在十几年的漫长战争中，竟然没有一次败绩。当然，这不单单说明他兵法高超，同时也是精确权衡利弊的结果。汉尼拔从来不啃硬骨头。因为罗马人是好农民，也是好工兵。他们的防御工事能够让汉尼拔的轻骑兵无从下手。所以他纵然野战无敌，却只能绕罗马城而过，不敢强攻城池。

不能破城，就无法彻底征服罗马。汉尼拔被迫在敌人的领土上打起了持久战。迦太基人对组织农耕没有兴趣，他们每到一处，就破坏水利、蹂躏农田。

然而在意大利本土遭受了巨大破坏的同时，罗马人仍然在西西里、西班牙甚至北非保持攻势。因为在这些地方作战时，罗马军团除了有限的后勤补给，很多物资都是在当地解决的。所以骚扰罗马本土无法起到"围魏救赵"的作用。

《孙子兵法》云："智将务食于敌，食敌一钟，当吾二十钟。"它的意思是说：有智慧的将领，必须尽可能地占有对方的补给。吃掉对手的1份粮食，造成的此消彼长，效果就跟自己拥有了20份粮食差不多。按照这个标准，汉尼拔可以算是猛将，但还算不得智将。归根结底，迦太基是商业民族，他们能够意识到土地是罗马人的力量源泉，也能够想到去破坏它，却不懂得如何吸收、占有这个源泉，所以最终逃不过失败的命运。很显然，当年罗马的国运在农业。农业兴则罗马兴。

深刻的变化发生在战争之后。迦太基一方的大量人口沦为奴隶，促进了罗马种植园经济的发展。即使是那些逃脱了奴隶命运的人，也不得不把他们的一部分经营成果作为赋税上缴给罗马人。从西西里和北非输入意大利的廉价谷物如此之多，以至当地的自耕农因为无法与之竞争而纷纷破产。军事上不曾败北的罗马军团，却输在了自家的田庄里。

更有意思的是，战后的罗马农业迅速出现了"产业升级"。葡萄、橄榄等多年生植物园代替了谷物和粮食的大田。一方面，这些经济作物需要持续多年的培育投入，后续的酿造和榨油也需要大量的资本来购置工具设备。另一方面，这些种植园占地面积大，对人力的需求却比较低，无法吸收大量佃农在其间工作。

在这种"资本密集型"农业的挤压下，土地迅速向大地主手中集中，破产农民只能涌入城市，成为无业游民。为了抑制失业人口带来的不安定因素，罗马只能让他们参军，并且发动更多的对外战争。

这对罗马的国运来说，是一个决定性的转折。第二次迦太基战争结束之后，罗马的经济和人口都遭受重创，但是他们却进入了一种更加疯狂的战争状态，似乎手中的铜剑完全停不下来。他们进攻高卢，进攻萨丁尼亚，进攻希腊。但是战争越是顺利，进入罗马的奴隶就越多。罗马俗语"便宜得像萨丁尼亚奴隶"就是在这个时期产生的。这是一个自我加强的循环，罗马的小农经济迅速瓦解，罗马人开始从农民变为军人。

国运在军

在第二次迦太基战争中，罗马基本上把整个地中海西部都纳入了自己的势力范围。当然，如果向北翻越阿尔卑斯山，他们还可以进取今天的法国、德国等地域。但是当时占据法国的高卢人穷得叮当响，根本没有征服的价值。我们前面说过，当年地中海世界的中心在东方。那里有埃及和两河流域两大原生文明，以及希腊这个次生文明。既然另一个次生文明迦太基已经被罗马征服，那么下一个目标显然就是希腊了。

公元前200年，罗马人进攻希腊城邦马其顿。这并不是罗马历史上第一次主动发起战争，但却是第一次不以土地为目标的大型战争。马其顿是希腊诸城邦中最强大的一个，纵横欧亚的亚历山大大帝就出自马其顿。因为地理上隔着一个亚得里亚海，所以罗马人知道自己不太容易把马其顿完全消化兼并，于是他们通过战争胁迫马其顿缴纳了一大笔赔款，并且获得了希腊各个城邦名义上的臣服。随后他们又以希腊为跳板，成功进击叙利亚。这些远离本土的战争虽然名义上为帝国增加了许多东部行省，但实际上掠夺战利品才是罗马人的主要收获。

在罗马人东进的过程中，他们把军需后勤都外包给商人来做。所以在战场上，前面是士兵，后面就是商人。士兵们在前面抢到奴隶、珠宝，就直接拿到后方换酒肉。出生入死的士兵，哪懂得什么讨价还价，所以这一群商人发战争财赚得盆满钵满。

打完了仗，商人又出来调停了，说领土就别占了，狠狠地收他一笔赔款得了。其实商人的小算盘是这样的：第一，领土占了就结束了，下回生意没法做了；第二，那么大一笔赔款，对方肯定是交不出的，所以先由我们商人垫付，回头再让我们分成几年，连本带利去找对方慢慢算。这就是所谓的"包税制"。

在"包税制"下，罗马城的大地主是总包商。他们会预先向罗马国库支付一笔税款，以换取收税的权力。然后由他们负责在各地收税，实际收得的税款与预支税款之间的差额就是总包商的利润。税收当地的大商人通常会担当第二层分包，下面可能还会有第三层乃至第四层。当然，每一层都会力保自己的收入大于承包的标额。

与两次迦太基战争相比，罗马在地中海东部进行的那些战争算不上激烈，持续时间也短得多。掠夺式战争就像一场旋风，对社会基础的破坏不大。但是正因为没有打烂，所以也就无法融合。从长远历史进程看，这些地方罗马化的程度也比较低。500年后罗马帝国分裂，其中西罗马帝国的疆域，基本上就是罗马在两次迦太基战争中确立的势力范围。而在罗马的影响力抽离之后，东罗马帝国也很快分裂成原本就独立的希腊、叙利亚和埃及3个部分。可以说，当年罗马选择了"包税制"的时候，其国运在冥冥之中已有定数。

在行政上，罗马人把海外领地划分为一个个行省，然后派总督去管理。行省总督这个位子很有意思。一方面，他的权力极大，行省之内无人能够制衡。就算他在任期内犯下天大的罪行，也得等他卸任，回到罗马城之后再论。在任期之内，元老院是绝对不能干涉总督的，这就是"将在外，君命有所不受"的道理。

另一方面，行省总督在组织结构上也是真正的"孤家寡人"。因为无论是罗马的共和制，还是希腊的民主制，都是根据本地人民自治的要求设计的，没有预留对外统治的"接口"。所以总督到了行省以后，向上没地方请示，向下没人听他布置，想跟罗马联系些什么事情，找不到对口的部门。

现代世界的各国政府，虽然也有各种制度上的不同，但是其实只有最上面10%的区别，剩下90%都是一样的，叫作文官系统，或者叫公务员系统。现代公务员系统有两大特点，一是必须经过考试，二是讲究升迁序列。前者要求公务员必须具备一定的专业知识，后者要求循序渐进，小事办得好，才能办大事。

古罗马的行省总督想要快速建立自己的"公务员系统"，求之于罗马本土是不可能了。所以摆在他面前的，只有两个办法：一个是依靠商人，一个是依靠军队。前者具备专业知识，后者有严格的升迁序列，都是可以出人才的地方。

地中海东部的各个行省，经济条件比较好，历来有经商的传统，所以东部行省依赖商人比较多。商人控制的行省是怎么治理的呢？第一条，修路造桥这些基础设施实施难、见效慢，都别搞了。第二条，没有基础设施，就无法大量输出农民到行省来搞开垦，怎么办？没关系，农业不要了，我们经商。第三条，度量衡都没统一，经商收税也很麻烦，那就干脆由商人承包，每年认缴一个固定的金额，类似于包税，其他的事情就不劳总督操心了。

地中海西部的各个行省开化比较晚，蛮族没有彻底归顺，治安都成问题，所以西部行省依赖军队比较多。军队控制的行省是怎么治理的呢？第一条，必须有仗可打，这样才能维持住军队和权力。第二条，大仗少打，小仗不断。战争损耗不能大于战利品的收

社会文明篇　295

获,军队才能越打越大。第三条,打仗之余,做一些省力来钱快的勾当,比如说打劫、收保护费、开采金银矿之类的。

东部行省搞的那套制度,与古希腊城邦的民主制十分相似。而西部行省搞的那套制度则更接近于蛮族的君主制。无论如何,它们都找到了足以支撑自身存在的社会基础。反倒是罗马本土,此时还实施着部落会议、立法会议和元老院三者并行的传统共和制。罗马的国运再一次面临着道路抉择。

随着外部征服达到极限,大量老兵相继返乡,罗马本土的社会矛盾开始日益激化。这时候有一对格拉古兄弟,他们向元老院提出三个要求:一是限制兼并,分配土地;二是开发殖民地,输出农民;三是改变行省的包税制度,让罗马人自己担任包税商。

这三个要求,直指问题的核心。但是元老院是由罗马本土地主和商人组成的,在他们看来,这三个方案无一条可行。第一条是要割他们的肉,他们当然不愿意了。第二条、第三条说得好听,可是改革行省治理需要做大量顶层制度改革,触动一大批人的利益,谈何容易!所以他们就采用掩耳盗铃的办法,暗杀了格拉古兄弟,这样就没人再提意见了。

老兵的待遇没有着落,军队战斗力也在持续下降。公元前100年左右的一段时间,罗马共和国的几大版图,包括西班牙、北非、小亚细亚都先后发生骚乱,罗马军团疲于应付。最后连阿尔卑斯山北面的蛮族日耳曼人也蠢蠢欲动,准备南下劫掠罗马。

这下元老院慌了。他们找到老将马略,请他到罗马来主持大局。这位马略,是西部行省的实权派,帝王一般的人物,长期在西班牙和北非担任总督和将军。他也不客气,提出约法三章:第一,只要打退了日耳曼人,立刻分地;第二,提高军饷待遇;第三,装备和训练费用由元老院承担。这三个条件，比30年前格拉古兄弟的方案严厉多了。但是蛮族已经兵临城下，元老院不答应也不行啊。这就叫"敬酒不吃吃罚酒"。

按照罗马共和国的传统，执政官任期一年，不得连任。但是马略一口气连任了5届。为了打击马略，元老院又把马略的副官苏拉扶植起来。可是苏拉的胃口更大，他先是带兵赶走了马略，然后挥师杀进罗马城，把反对他的元老斩首示众，最后自任终身独裁官，几乎成了罗马的皇帝。不过这个命运对苏拉来说可能太过突然，他自觉还无力建立起一个新的制度，所以在自己临终前突然宣布退位，留下一个已经残缺不堪的元老院继续执掌罗马。

苏拉死后4年，斯巴达克起义爆发，超过10万名奴隶参与了这场起义。南起西西里岛，北至阿尔卑斯山，战火席卷了整个意大利。罗马人终于认识到，有没有选举权不重要，甚至财产多少都不重要，安全和秩序才是他们现在最紧迫的需求。

国运在政

经过一番混战，公元前50年左右，罗马出现了历史上第一个名正言顺的终身独裁官——恺撒。他的威望如此之高，以至他还活着的时候，就已经被册封为神。罗马的共和制就此终结。

在战前，恺撒就以劫富济贫闻名。为了资助无产者，他甚至把属于神庙的土地拿出来瓜分。通过战争消灭了其他对手后，他又宣布战前形成的所有债务，以债务人战前的资产为限。换句话说，那些通过战争翻身发家的无产者，可以合法地赖掉战前的全部债务。

恺撒曾经长期在高卢作战，深知同盟军的重要性。只要指挥得当，蛮族士兵完全可以发挥出不亚于罗马士兵的战斗力。所以他上台之后就力排众议，坚决削减了罗马城中无业游民的福利口粮，以减轻对行省的搜刮。在他看来，逐步减少罗马城的特权是必须的。他还极力主张让罗马人去各个行省"下乡锻炼"。虽然此时罗马帝国还没有正式形成，但恺撒无疑是第一个站在帝国整体角度去思考的人。

恺撒的雄才大略超越了时代。他既要带领罗马平民去革贵族的命，又要允许蛮族革罗马的命。他想把所有的力量都融为一体。可惜这个步子迈得实在太大了。公元前44年，元老院组织人暗杀了恺撒。

纵观人类历史，恺撒的悲剧反复重演，引无数人为之扼腕。公允地说，一个时代有一个时代的主题。准确把握时代脉搏是合理应对的前提。过于超前或者落后的认识，本质上都属于"审题不清"，只能说是很可惜的。

在恺撒遇刺之后，罗马又经历了十多年的内乱。最后屋大维胜出。他打败了所有的对手，并且还把埃及并入了罗马的版图。元老院封他为奥古斯都，意思是"至尊者"，也就是皇帝。因为他是恺撒的养子，所以他的名字中有恺撒·奥古斯都。后来的罗马皇帝，无论与恺撒有无血缘关系，多冒称恺撒之姓。再后来俄国的统治者称为沙皇，也是因为沙皇正是恺撒（Caesar）一词在俄语中的发音。

与恺撒不同，奥古斯都不是一个改革家，而是一个矛盾调和者。他既贵为皇帝，又很尊重元老院。中国有个"三辞不受"的典故。说的是当年汉献帝把帝位禅让给曹丕时，曹丕曾经反复拒绝了三次以示谦虚。奥古斯都也曾经向元老院提出要交还军政大权。元老院当然毫不犹豫地拒绝了这个要求。不过这样一来，还是给足了元老院面子。他自称为元首（Princeps），我们现在也把它翻译为皇帝，其实它的字面意思就是指元老院的首席元老。

奥古斯都也很注意照顾罗马平民的生活。恺撒赏赐士兵，是为了激励他们更加勇敢地作战。奥古斯都同样慷慨地赏赐士兵，目的却是让他们告老还乡。他恢复了恺撒削减的福利口粮，并且大量兴修免费剧院、浴场和斗兽场，确立了罗马城"福利娱乐"的传统。据估计，当时罗马人口大约 100 万，而其中坐吃福利的无业游民竟然多达 30 万。

在讨好罗马城中各个阶层的同时，行省的负担居然也没有增加。奥古斯都广泛授予行省城市自治权，使它们在法律上成为罗马的同盟而不再是罗马的附庸。不仅如此，他还在各个行省设置了税收官员，让他们对各省的包税商进行监督。总的来说，行省的税赋变得更轻了。他还邀请各地首领把他们的继承人派到罗马，学习拉丁语，接受罗马教育，以此培育行省与罗马之间的长期向心力。

在这一切"仁政"的背后，是一个在恺撒时代还不曾拥有的财富源泉——埃及。根据当年的航海记录，埃及每年运往罗马的谷物多达 10 万吨。仅此一项，养活罗马城中几十万游民就已经绰绰有余。据说，当年奥古斯都满载埃及的财宝归来后，罗马城中的金银泛滥，以金币计算的物价竟然翻了一倍。

然而人性的奇妙之处就在于，幸福感来自实际享受与预期水平之差。所以无论物质享受多么丰富，随着时间的推移，人们的心理预期越来越高，一次性改善带来的幸福感终究是会消失的。

奥古斯都没有恺撒那样的集权手段，所以在他身后，军队和元老院就开始争权夺利，大搞宫闱政治。皇权衰落又导致了帝国瘫痪。各行省纷纷叛乱，罗马城所依赖的给养也无法保障。在长期的军事混战中，罗马城表现得软弱无能，毫无原则。谁稍占上风，就封谁为皇帝。旋即皇帝被杀，就马上改封篡位者。

公元81年，罗马城中的各派终于闹够了，册封了一个西班牙出身的大军阀图拉真为皇帝。这是罗马历史上的第一位非意大利籍皇帝。图拉真对罗马城中的那一套不感兴趣。他的大部分统治时间都在军营里度过，最后也死在军营里。

图拉真戎马一生，南征北战，把罗马帝国的版图推向了巅峰。但是他征服的都是一些贫瘠之地，得不偿失。仅就对外扩张而言，罗马的国运在征服埃及之后就已经达到了顶点，此时的主要矛盾在于理顺内部。

图拉真的侄子哈德良继位后，毅然放弃了图拉真打下的大部分土地。他与图拉真一样，保持着务实勤勉的品质，游历四方，很少回到罗马城中。他利用罗马城的虚弱，推进其与行省之间的平等。他一方面致力于发展行省，包括增加行省出身的元老数量，给行省免税，给行省自治权、财政补助，在行省进行大规模基本建设，等等；另一方面，他推翻了罗马从公元前3世纪流传下来的宪法，剥夺了罗马城立法会议的立法权，收归皇帝所有。他的理由也很简单：元老院只是罗马城这一座城市的元老院，只有罗马皇帝才能站在帝国全体利益的角度上去判断是非。这是一句大实话。因为受制于交通、通信、语言等技术条件，一个"全国的元老院"

对罗马人来说是无法想象的。

哈德良无子而终，高卢人安东尼·庇护继任皇帝。这一时期，罗马帝国的连续几任皇帝，或出身于蛮族，或崛起于行省，给本已衰败的罗马注入了新鲜血液。历史上，把这七八十年的中兴盛世称为"五贤帝"时期。它被公认为罗马帝国国运的最高点。

国运在民

熟悉东西方历史的人很容易发现，罗马与秦朝有许多相似之处。这两个帝国原本都处于文明的边缘地带，开化之后，他们又都反过来吞并了文明中心，成为世界级的大帝国。

不过有一点不同。秦朝的存续时间实在太短了，一共只有15年，就被汉朝取代了。所以如果要跟罗马帝国做比较，单单把秦朝拿出来是不合适的。于是有人就把秦朝和汉朝放在一起，合称秦汉帝国。

秦汉帝国和罗马帝国的人口和国土都差不多，文化、科技、建筑等方面也各有千秋，不相上下，分别代表了东西方的最高水平。不过在政治影响力方面，这两个帝国差距可就大了。秦汉帝国开创了中华文明2000多年的基本框架，后来的唐宋元明清都是在这个框架上再做点细节装修而已。汉朝的国号"汉"，更成了中国主体民族的名称。

从罗马帝国灭亡到今天，大约有1600多年了。在这段时间里，中国经历了几次分分合合，到现在仍然是一个统一的国家。可是地中海世界一旦分裂，就再也没有合起来过。更加奇怪的是，罗马帝国灭亡之后，它的帝国框架似乎也消失得无影无踪，就像房子倒了，连地基都没留下。现在的地中海周边，有大大小小几十个国家，它们语言不同，风俗各异，完全看不出它们曾经是"一家人"。

东西两大帝国对后世的影响，为何如此不同？这个话题历来受人关注，引发了无数讨论。

不过实际上，这样的比较本身就是不公平的。

因为如果是拿技术、工艺来比，那么秦汉帝国本身就代表了四大古国中的中华文明，罗马帝国的疆域则包含了四大古国中的古埃及文明和两河流域文明的区域，它们是同一个级别上面的东西，可以比较。

但是如果拿政治制度出来比，那么秦汉帝国的君主制早在夏商周时代就已经按部就班地传承、发展，到秦朝时就已经有不下一两千年的经验了。而罗马帝国则在短短500年内，从蛮族部落到王国，再从王国到共和国，一路加速"冲刺"进入帝国的。两者在实质上的差异远远大于形式上的相似。

事实上，罗马能够从地中海的一个次次生文明迅速崛起为庞大帝国，绝不仅仅是因为罗马人命好。在它的背后，还有更大的历史趋势在推动。这个大势，就是地中海文明从中心向外扩散。各地的次次生、次次次生文明兴起，急切需要一个与原生文明和次生文明交流的平台。正是借助这个最大的国运，罗马才有机会败而复战，衰而复兴，不断地改进自己的政治体制，直至称霸。

现代考古学家对法国和西班牙海岸附近的海底沉船进行了研究。由于沉船的数量很多，人们把它们按照年代分类，发现在公元前后200年间的沉船数量特别多，而这恰好是罗马共和国晚期到帝国早期的阶段。

沉船的数量,取决于两个变量:一个是在海上航行的船只总数,一个是船只沉没的概率。历史学家经过研究,确认在那段时间,造船和航海技术并没有什么显著的提高,也没有显著的倒退,所以船只沉没的概率应该是差不多的。因此沉船数量的变化说明在罗马共和国晚期到帝国早期这段时间,地中海西部的航海有一个突然兴盛,然后又突然萎缩的过程。

陆地上的考古学家对各地遗址中发掘出来的硬币进行了分析,发现罗马货币的铸造数量也是在帝国早期出现激增,然后就迅速回落。历史学家也有类似的发现。他们收集了大量历史文献中对商业活动的描述,进行统计分析,发现在帝国中后期的商业记录也明显减少了。

罗马帝国统一地中海,自然会促使内部交流兴旺。这是显然的事情。但是为什么在一两百年的高峰期过后,交流活动又会迅速萎缩?罗马国运的最终衰落是否与此有关呢?因为罗马帝国没有正史,我们找不到太多的宏观历史资料,但是考古学家还是给了我们一些微观的线索。

在高卢行省,人们曾经大量进口罗马的葡萄酒。但是到了公元2世纪,高卢自己的酿酒业就发展起来了,高卢人不仅停止从罗马进口,还反过来向罗马出口一部分葡萄酒。

在不列颠行省,人们一度特别喜欢使用罗马风格的家具。但是这阵时尚并没有持续很久,也是在公元2世纪左右,出现了大量工艺同样精美但是具有不列颠本地风格的家具。

在北非的罗马遗址中,曾经出土过许多双耳瓶。这种瓶子很有特色,是典型的罗马产品。但是考古学家发现,在时代较晚的遗址中，有很大比例的双耳瓶其实与罗马无关，都是在本地仿制的。

以上几个案例总结起来，正应了一句中国古话："教会徒弟，饿死师父。"我们知道，文化、科技的学习比创新容易得多。地中海东部文明几千年的积累，西部蛮族大概只要经过几代人时间，就学了个八九不离十。

对于古代人来说，地中海本来就是难以跨越的天堑，商船从罗马城出发，到达埃及的亚历山大港再返回，整个过程至少需要一年时间。所以在山河连绵的中国，统一是不需要理由的，割据是需要理由的。而在天各一方的地中海世界，统一才是需要额外理由的，分裂则是不需要理由的。

在罗马共和国时期，地中海两端的发展水平差异极大。西部蛮族为了跨越天堑，进军东部是可以不计代价的。但是经过帝国时代一两百年的频繁交流，西部蛮族已经建立起了自己的文化体系。虽然发达的程度还不能与东部相比，但是他们对东部的渴望无疑已经大大减弱。

罗马帝国，实际上就是一个地中海东西部交流的政治平台。正是当年西部蛮族对东部的向往，成为帝国崛起的推力，而当这个推力不复存在的时候，罗马帝国的国运也就开始摇摇欲坠了。

在中国史书中，提到王朝覆灭，经常用到的说法是"席卷""燎原"，这些词非常形象。因为中国的改朝换代，通常都是从一条边、一个角开始，逐渐扩散到全国的。而罗马帝国的灭亡景象就完全不同了，它就像一个瓷器盘子，往地上一摔，裂成两半；再一摔，碎成更多片。

公元293年，出身于蛮族的罗马皇帝戴克里先宣布实行"四帝共治制"，分别设置了4个首都。公元476年，北方游牧民族人侵，西罗马帝国灭亡，地中海西部从此分属十多个不同的国家，再也没有统一过。当然，东罗马帝国的好运气也没有持续太久。公元6世纪，阿拉伯帝国崛起，东罗马帝国失去了埃及和叙利亚，只剩下希腊和小亚细亚那一小片领土，成了历史上一个普通的中等国家。

罗马帝国的一代雄风，从此只付笑谈中。

官山海

许多投资者都有这样的感受：A股市场的运行规律似乎与世界其他地方有所不同。事实上我们不应讳言，中国经济从来都是具有中国特色的，其根本原因在于中国的独特历史、独特文化和独特规模。

中国经济的这种特色体现在许多方面，其中最突出的就是顶层设计。本文将以管仲、商鞅和汉武帝为例，回顾他们对经济领域进行顶层设计的逻辑，以及这种设计对国家命运的影响。

管仲

《诗经·小雅》中有一句很著名的话,叫"普天之下,莫非王土",意思是全天下的土地都是属于周王的。周王一个人管不过来那么多土地,于是把土地分封给诸侯。诸侯们也管不过来,于是再分封给贵族。贵族获得的土地称为封地,又叫食邑、田邑,从历史记载看,它们是按亩计量的耕地。那么问题来了,那些耕地以外的土地归谁所有?

这是一笔糊涂账。理论上,既然没有分掉,那就还是周王的。但是那些山川海岸远离都城,周王鞭长莫及,所以它们事实上处于无主状态。不过好在上古时代人们的主要需求还是吃饱肚子,眼睛就盯着耕地,对山珍海味兴趣不大,所以这笔糊涂账也没什么大影响。随着时代的发展,人们逐渐掌握了开发山海的技术手段。山上有铁,可以熔炼;海里有盐,可以煮晒。这样一来,山海的价值需要重估,它的所有权问题也就浮现出来了。

周朝的铁矿很分散,盐场则很集中,主要分布在当时的齐国境内。所以很自然,山海所有权的问题在齐国最为突出。齐国的管仲,成了历史上第一个提出"官山海"的人。所谓"官山海",就是把原本无主的山海收归国有,变成官营。这是一个制度上的顶层设计,并且由此引导出一系列衍生结果。比如说,海洋的所有权明晰之后,海盐的生产就不能随便进行了。海边的农民晒出盐来之后，必须以指定价格卖给官府，再由官府批发各地。

晒盐是个体力活儿，没多大技术含量，也不存在明显的规模效应，所以官营之后，生产效率不见得有什么变化。但是齐国掌握了周朝主要的食盐资源，统一的官营可以带来垄断效应，出口议价能力肯定是增强了。同样的东西、同样的成本，但是可以卖得更贵。事实证明，"官山海"政策实行之后，齐国很快就商业兴隆、日进斗金。

某些不求甚解的人，看到这里便以为管仲成功了。历史可没那么简单。其实这里还有一个根本问题没有说清楚，那就是：赚钱有什么用？

钱有什么用，这在市场经济、和平年代根本不算个问题。但要是碰上饥荒战乱，钱还真就没什么用，只有粮食和武器才有用。而管仲所处的先秦时代，饥荒和战乱几乎连绵不绝。易子而食、析骸而爨、赤地千里、饿殍遍野……这些先秦典故，光想一想，就足以让人不寒而栗，所以那绝不是一个"钱很有用"的时代。

根据《管子》记载，管仲赚钱的第一个用途是打经济战。齐国的邻国鲁国擅长生产一种叫作"绨"的纺织品。管仲先在本国推广"绨"，流行后又禁止本国民众生产"绨"。于是，对"绨"的强劲需求如潮水般涌向鲁国。这还不算，管仲又向鲁国商人喊话，有意渲染紧张气氛，鼓动他们产"绨"。于是大量鲁国民众放弃务农，投身于织"绨"行业。

一年之后，鲁国粮价暴涨。这时管仲突然停止所有的"绨"进口，鲁国经济顿时崩溃，鲁国的国君也不得不亲自跑到齐国去献礼示好。制服鲁国之后，管仲又用同样的手段收服了莒国和莱国。借此威势，齐国的国君齐桓公才能够约会诸侯，当上了春秋霸主。管仲纯粹运用经济手段，不费一兵一卒，就使齐国实现了霸主地位。其背后的逻辑就是以金钱引诱，令敌人轻视、放弃农业，最后不战而败。关键点，其实还是粮食。

管仲赚钱的第二个用途就是奢侈享乐。管仲鼓动消费，铺张人工，提倡厚葬，甚至相传他还是色情业的祖师爷。在他任内，齐国从上到下极尽欢娱享乐之能事。齐桓公自诩有三好：好吃、好田、好色。《战国策》描写齐国都城民众"无不吹竽鼓瑟，弹琴击筑，斗鸡走狗，六博蹹鞠"。在经济战中，管仲善于用金钱腐蚀敌人，诱使他们舍本逐末，而让他自己来抗拒金钱的诱惑，看来也不是那么容易的事。

我们知道，先秦生产力低下，牛耕、铁犁均未普及，育种和栽培的技术也不成熟。农民就算全力耕作，也未必能养活全家老小。在这种情况下，齐国经济能否支持工商业乃至服务业的高度发展？

假设农民一家4人，全力耕作，所得收成可以供养5人，那么4个农户才可以供给1个非农户。全国至少要有80%的人口务农，一旦低于这个比例，就要饿死人，这还是在不考虑任何奢侈消费的情况下。所以生产力约束是死的，你选择了"逐末"，就必然会"舍本"。这是时代条件所决定的，管仲就算是天纵奇才，也不可能绕过去。

果不其然，管仲的顶层设计惹火烧身，齐国的霸业一世而终。齐桓公死后，国家陷入混乱，诸子争权，相互攻伐。齐桓公死后67天无人收尸，凄惨无比。此时距他称霸诸侯，前后还不到40年时间。

管仲为后世的顶层设计者们留下了一条经验：社会上的事务大

社会文明篇

多是短期、微观、近似于匀质的，市场机制处理此类事务的效率最高；但是也有某些事务是长期、宏观、具有战略重要性的，比如说一个国家的粮食生产，处理此类事务则不能完全依赖市场机制。

对小国寡民来说，他们面对的主要是前一类事务，较少遭遇后一类事务，因此在他们的文明中也没有进化出相应的处理工具。而中国则由于其历史和规模，天然需要处理更多后一类事务，中华文明因此进化出了文官制度作为市场机制的补充。关于这一点，我们在《现代经济制度中的四大发明》中已经有所讨论。

如今人类世界正处于百年变局的前夕，中华文明是否能够做出某些独特贡献呢？笔者对此抱有信心。

商鞅

秦并吞六国，这是众所周知的。其实在周朝初年分封天下时，并不存在秦国，只有一支在西部边境上养马的部族被称为秦人，后来，秦人帮助周王对抗蛮族入侵有功，才被封为诸侯。

秦人本来就居住在周朝的西部边境上，他们的封地又在崤山以西，所以周王对秦人的分封，等于是开了一张空白支票，想填多少就填多少，只不过填完了得凭自己的拳头去兑现。

后来，秦人的表现远远超出了周王的预期。秦国不断向西扩张，连灭周边 12 国，辟地千里，一下子成了周朝最大的诸侯国之一。这样的历史渊源，造成了秦国三个与众不同的特征。

首先，秦国没有叠床架屋的贵族阶层，治理结构扁平化。在对周边的征战中，秦国先后有多位国君战死，这在周朝诸侯中是绝无仅有的。

其次，秦国的人口土地大多是征战得来的，正所谓"一张白纸好画图"，没有贵族分封的历史，有利于中央集权，推行各种改革也都比较容易，更便于进行顶层设计。史称秦国"君实有郡县"，也就是说，相比于其他诸侯的"虚有"，秦国的中央政令可以实实在在地通行于郡县。

最后，秦国地处黄土高原，物产种类并不丰富，桑、麻、木材都比较匮乏，先天就缺乏发展工商业的基础。但是这里土地肥沃，十分适宜种植粮食。

相比于中原诸侯，秦国无疑是一个另类的国家。而商鞅变法，更是一个另类的故事。商鞅是卫国人，曾经在魏国做官，后来经人引荐，他当面向秦孝公阐述了自己的改革计划。获得认可后，他就被直接提拔为左庶长（最高行政官），进行改革。可以说，仅仅这个故事的开端，在其他诸侯国就是不可能发生的事情。要是秦国国内也有一大群习惯于争风吃醋的权贵集团，他们能眼睁睁地看着一个外人爬到他们头顶上去？

商鞅变法，本质上也是顶层设计，主要内容也涉及"官山海"。当然秦国没有海，只是把矿山收归官营。管仲在齐国实行"官山海"的同时，还推出了不少配套措施，比如降低税率、简化行政、招徕客商等，商鞅的"官山海"则反其道而行，提高税率、限制交易、禁止迁徙。所以管仲是以官营手段来发展山海，而商鞅则是以官营手段来限制山海。

商鞅一手限制山海发展，另一手却力推农业，降低农业赋税，组织开荒，奖励高产。如果把商鞅的这两手棋归纳起来看，那就是4个字：产业降级。

通常意义上的经济发展都是产业升级，产业链是延长的。比如消费粮食，直接吃是最初级的；喂养牲畜然后吃肉，那就是升级；收罗食材，精细烹饪，又升一级。吃的升级了，穿的、用的、住的也都可以升级，永无止境。

但是如果从热量获取的角度看，上述"产业升级"其实是名副其实的"效率降级"。100克小麦直接吃的话，可以提供300多卡的热量。如果用同等数量的小麦喂猪，转换成猪肉的热量不到80卡。如果精细烹饪，热量还要大打折扣。如果再讲究用餐环境，那么消耗掉的人力热量将远远超过300卡。换句话说，本来是想消费100克小麦的，但是弄到最后一个人没吃饱，还累坏、饿坏了三四个人。

假如热量的供给不是问题，那么大可置"热量效率"于不顾，以产业升级、满足人欲为先。但是先秦时代最大的问题，恰恰就是热量的供给。

马尔萨斯的《人口论》指出：土地的供给能力与外部投入相关，总是线性增长；而人口的增长则与基数相关，总是指数增长。因为指数增长是加速的，所以无论初始值是多少，它迟早都会超过线性增长，因此每当人口数量超出土地的供给能力时，就必须有人死去。至于怎么死去，是饿死、病死还是战死，并没有本质区别。所以长期来看，唯一有意义的事就是尽可能地提高土地的供给能力。

商鞅主张发展农业、抑制工商业、对外征战，这三个手段，形式虽异，却互为表里，为的都是同一个目标：提高土地对秦人生存的供给能力。商鞅的眼光，超越了某些庸俗的历史评论家。秦国破格重用商鞅的眼光,也超越了其他诸侯。甚至后来商鞅在政治斗争中身败名裂,他的对手们却也不曾"因人废言",继续沿用他的顶层设计,直至国富民强,席卷中原。这是一种惊人的现实主义精神。

秦始皇统一中国后,为了彪炳自己的千秋功业,在泰山举行封禅大典。面对皇天后土,他总结了8个字:"上农除末,黔首是富。"意思是,推崇农业,抑制工商,老百姓因此富足。

商鞅如果地下有知,应当可以含笑九泉了。

汉武帝

水利工程是一项非常特殊的事业。因为它的设计和实施必须针对整个河流水系,而它的收益和损害也会不可避免地涉及各个流域,这在经济学上叫作"外部性"。中国最早关于经济"外部性"的论述来自《孟子》,讲的是在洪水期间,各国都想把邻国当成泄洪渠,把水排到邻国的土地上去,由此就有了"以邻为壑"这个典故。秦汉两个大一统王朝,消除了水利等许多社会工程的"外部性",有力地促进了农业的发展。汉初60年的休养生息,更使社会经济得到了很好的恢复和发展。

汉朝经济的恢复阶段终结于汉武帝。他对内削平藩王,加强中央集权,对外远征匈奴。经过20年的穷兵黩武,汉朝开国以来的积蓄几乎被全部用尽。为什么汉武帝要停止休养生息?或者反过来问,为什么休养生息政策在汉武帝时代终止?这是一个很有意思的问题。

从表面来看,是因为汉武帝有这个资本。《史记》记载:"京师之钱累巨万贯,朽而不可校。太仓之粟,陈陈相因,充溢露积于外,至腐败不可食。"钱已经多得数不过来,粮已经多得吃不完了。那么,这时候汉武帝打打仗、抖抖威风,似乎也很正常。不过如果我们研究历史只是看到具体人物的个人层面,总觉得不太"解渴"。

深一层的原因,是人心取向的变化。以对匈奴的"和亲"政策为例。汉朝初年距离战国、秦朝的战乱年代不远,君臣上下都对战争的苦难有直接的认识。在他们看来,战争的痛苦要大于和亲的屈辱。到汉武帝这一代,所有人都没有经历过大规模战争,匈奴的骚扰倒是真真切切的。所以他们的看法反过来了,认为和亲的屈辱要大于战争的痛苦。这是从群体意识的角度来解释,视角比个人层面要高一些,但还是偏重于主观因素。那么还有没有更深层次的原因呢?

最根本的原因,恐怕还是在人口上。据估计,汉武帝初年的总人口大约是3500万,已经创出中国历史的新高。在汉武帝之前,汉朝的版图仅略大于周朝。当时,朝野上下都已经注意到"土地兼并,豪强四起"的问题。豪强四起的原因是土地兼并,而土地兼并的直接后果是人均耕种面积萎缩,小农经济无法维持。所以这一切问题的核心,归根结底就是"生存资源"4个字而已。

在K线分析中,突破创新高是值得重视的。因为原有箱体的上限往往构成阻力位置,所以此时如果没有基本面上的支持,价格更有可能是往下走的。

具体到马尔萨斯原理来讲,人口到达土地承载能力的历史上限,则瘟疫、饥荒、战争、灾难即将降临人间。然而难就难在它们将要出现而没有出现的时候。中医说：上医治未病。进行顶层设计的政治家往往面临着这种困境。

假如你什么都不做，人民会遭受苦难，但是你不用为此负责。假如你决定做些什么，那么不外乎两种可能性：成功了，很可能也不过是落个毁誉参半，功过相抵；如果失败了，那更是万劫不复。

汉武帝是如何决断的呢？他以损失将近1000万人口为代价，在西北、东北、西南方向拓展了大片领土，置郡设县。其实这些边境领土本身的生产力还是小数，它们带来的战略安全空间使得内地得以安定发展，这部分收益才是大数。

汉武帝身后百年，汉朝人口不仅迅速恢复，而且开启了新一轮上涨，一直逼近6000万的水平，之后才回落。在这里，马尔萨斯定律再一次应验。从长期来看，损失多少人口都只是过程，因为人口总是倾向于无限增长的。唯一影响最终状态的变量，是土地的供给能力。假如土地的供给能力是4000万，那么在达到这个上限之后，饥荒、瘟疫和战乱仍然是无法避免的，而且如此损失的人口全然无益。如果能以一定的人口损失为代价，把供给能力提高上去，则将给全民族留下一个可以长期享用的遗产。

不过，从人口的角度看问题，只是看到一个总量，而在人与人之间，永远存在分配的问题。比如经过多年征战，存在于汉朝境内的铜钱总数，恐怕并没有减少，但是它们大都从皇帝的国库转移到了富豪商人的手里，因此造成了"用度不足"。如果说汉武帝的功业是为整个经济提供"公共服务"，那么暴露出来的问题就是，这项"公共服务"的成本，也就是军费，无法合理地分摊到整个经济中去。

面对军费吃紧，汉武帝想到的第一个办法是"卖爵"和"赎罪"：只要出钱，想当官的当官，想免罪的免罪。这样还不够，他的第二招就是把"少府"的商税拨给"大司农"使用，等于是拿皇室的私房钱补贴给政府。但是这样仍然不够，他又使出第三招，号召富豪商人们捐款，可是响应者不多。不得已，他只好放出第四招，称为"算缗"。这是一种财产税，直接抽取富人资产总额的5%~10%。那富人肯定不乐意，就大肆隐瞒资产。终于第五招出台了，称为"告缗"，凡是揭发富人瞒报资产的，可以分得税额的一半。

汉武帝的这五招，逐次递进。他首先放弃了自己的部分行政特权，然后又做出个人财务上的牺牲，再然后把矛头对准富人，并且越收越紧。请注意，无论财政多么紧张，直到最后汉武帝也没有向农业伸手。汉朝初年定下的十五税一，也就是6.7%的史上最低农业税，始终未变。

不过，战争花销实在太大，仅用这些办法还是难以实现财政平衡。所以在推行上述五招的同时，汉武帝又对"官山海"这个顶层设计进行了改革。汉武帝时期的"官山海"主要涉及3种商品：酒、铁和盐，对它们实行政府专营，也就是统一生产、统一收购和统一销售，中间的差价归政府所有，称为"榷"。

汉朝的酒业还不发达，主要是本地人自酿自饮。所以酒榷完全是政府横插一杠，等于强行加税。而且酒的酿造有相当的技巧性，官府酿酒的品质通常较差，因此酒榷是严重违背经济规律的，很快就取消了。

铁是汉朝的战略资源。配备了铁兵器的汉兵，对匈奴作战优势极大。集中铸铁可以防止铁器流失，而且铁矿的开采冶炼具有规模经济性，所以政府接手之后，效率和水平都得到了极大提高。中国最早的成规模炼铁就发生在汉武帝时代，比欧洲早了1600多年。西汉高炉遗址中出土的铁块最重竟有 20 多吨,远远超过英国工业革命初期的水平。所以铁榷制度成了汉朝的一项国策。直到唐宋之际,炼铁技术日益普及,它才逐渐式微。

盐对每个人来说都是生活必需品,但是又没有人会吃得特别多,所以盐专营等于平均向全体人口征税。承担此义务的对象群体,基本上与享受政府"公共服务"的对象群体相吻合。因此在政府机构运作效率低下的古代,盐榷是非常理想的政府税收替代品。盐专营的制度影响力比铁专营更大。从西汉一直到清代,盐榷之利始终是中央财政的重要来源。由此还引出了无数关于盐票、盐商的历史公案。

汉武帝的"官山海"显然是沿袭管仲而非商鞅,但是两者的出发点仍然有着根本区别:管仲的盐榷,着眼点在攫取类似于"石油输出国组织"式的垄断利润;汉武帝的盐专营,却把着眼点放在平衡政府预算上。所以从这个角度看,汉武帝是当之无愧的"开万世之先河"。

利弊之辩

管仲、商鞅和汉武帝,是中国历史上对经济制度进行顶层设计的 3 个标志性人物,唐朝的刘晏、宋朝的蔡京等人也都颇有作为,但是终究不能超出这 3 个人的成例。

管仲治理下的齐国"煮沸水以籍于天下",靠自然资源就可以向天下人收费。它类似于今天的沙特,是拥有特殊资源的国家。今天很少有人认为沙特以工业立国，更没有人认为它以商业立国。所以虽然管仲确实很重视工商业发展，但是他最主要的一条政绩"官山海"，很难算是工商业上的成功。

商鞅所处的战国时代，是名副其实的乱世。史籍所载，动辄斩首几万人、坑杀几十万人。在这种情形下，任何产业升级都是奢谈，生存永远是人的第一需求。在商鞅看来，活下去就是胜利，至于手段是农业、工商还是文学，是发展山海还是抑制山海，都没那么重要。

从这个角度说，商鞅与管仲的处世哲学并无不同，都是以智谋调动天下的资源。他们之间的区别，只是最终目的不同。前者以维持君王贵族的安乐为限，后者则谋求整个民族在全国的生存空间。

与前两者不同，汉武帝可用不着去适应时代，而是有机会去开辟一个新的时代。所以他面对的环境，才是更加典型的政策抉择。下面，我们就展开讨论一下，汉武帝的顶层设计对国运的影响。

第一，不削藩行不行？恐怕不行。因为中国地理上缺乏自然分隔，所以割据势力的边界天然不稳定。合未必强，但是分则必乱，这已被春秋战国的历史所证明。此外，统一的大市场无疑也对贸易和文化有利。

第二，不征匈奴行不行？消极防御或许也可以，但是从结果上看，汉武帝主动出击，开疆拓土，此后几十年间人口倍增。征匈奴的决策是划算的。如果再考虑到沟通西域、走向世界，引进新的物种和技术，那更是善莫大焉。

第三，打仗不花钱行不行？这个问题似乎有点儿奇怪，但是先秦时代打仗还真不怎么花钱。当时经济发展水平低，当兵的只求吃饱，打仗主要消耗粮食，赏赐激励主要用耕地。但是汉朝的生活丰富多彩，货币已经是必需品了。

第四，军费不加于民间行不行？汉武帝已经把"少府"的私房钱捐了，政府的钱也不能凭空多出来，所以羊毛必须出在羊身上。

第五，开征财产税行不行？"算缗"就是这样的政策。不过针对存量财产征税，偶尔一次或许可以，很难周期性地反复执行。当然，其根本症结还是赤字巨大。汉武帝把自己的身家放进去，犹如杯水车薪，再抄几个富翁的家，也还是不敷使用。

第六，开征所得税行不行？在现代社会，这是最完美的办法，但是在汉武帝时代，纸张尚未发明，信息的收集、存储和传输都非常困难，建立相关的观念和制度更需要潜移默化，因此开征所得税无异于天方夜谭。直到今天，也只有少数发达国家建成了以所得税为主的税收体系。

第七，开征流转税行不行？汉朝确实征收流转税，主要体现为各式商税。商税附加在商品上，提高其价格，缩小其市场。对商业发展来说，商税是确凿无疑的抑制力量。不过汉朝商税历来较少，汉武帝也就没有打它的主意。当然，从税制原理来说，盐榷也是一种流转税，这一点我们留到下一条再说。

第八，实行其他商品专营行不行？这个问题比较关键。财政收入取自哪种商品，哪种商品的发展就受到抑制，这是显然的。那么应该如何选择收入来源？为什么要选择盐呢？

盐产业链很短，提取技术上也没难度，而且是人人需要的必需品。所以作为一个产业来看，盐业是最不怕低效率，最不怕压制的。相比之下，茶、酒的工艺和销售要求就比较高，产业链也更长，低效率经营对这些行业的损害就比较大。其他加工食品或手工艺产品更是如此。这些经验都是经过历史摸索证明的。

社会文明篇　　319

汉武帝以来，历代财政在田赋之外的大头都是盐权，而不是其他商品专营，或者是普遍征收的商税。这其实是牺牲盐业，保护了其他行业。这已是古代条件下的最优解。

我们以宋朝为例。宋朝不仅重视盐权，而且把军需增量全部都压在盐业上。盐专营收入占宋朝财政总收入的比例，从北宋的不到20%，一路攀升到南宋的50%以上。可以说，宋朝其他商品和商业的繁荣发展，正是建立在盐业专营的基础之上。

第九，为什么不能提高田赋？我们知道，种田需要人力、工具、种子等成本投入，把这些成本扣掉，可以得到一个种田的毛利率。如果田赋高于这个毛利率，那么这块田就不值得种，就会荒芜，全国的粮食总产量就会减少，就要饿死人。

但是问题到这里并没有完。如果我们再想下去，饿死人之后呢？无疑人口和耕地会达到新的平衡。而这时候，低毛利率的劣田已经退出了耕作，全国耕地的平均亩产提高了。

假设原本农民1家4人，全力耕作也只能供养5人，现在则可以养6人了。那么原本4户农民才能供养1户非农人口，现在2户农民就可以供养1户非农人口了。原本全国至少要有80%的人口务农，现在只要67%就可以了。

更少的人口，更多的人均资源，更高的非农人口比例，假如这就是一个民族的终极追求，为什么不能动田赋？